航空运输管理系列教材

民航客货运输管理

赵桂红 主编

江 红 冯 敏 马春芳 副主编

科学出版社

北 京

内 容 简 介

本书介绍民航客货运输全流程设计内容，包括基础知识、民航客货运输市场和销售管理、民航客货运输组织和服务管理以及发展趋势。基础知识主要包括基本概念、国际组织和国际规则。民航客货运输市场和销售管理涵盖市场构成，旅客和货主偏好与选择行为，票价和航空运费计算以及收入结算管理。民航客货运输组织涉及民航旅客运输流程和货物运输流程，飞机载重与平衡以及客机腹舱装载优化方法。服务管理包括民航客货运输服务质量策划、保证、控制以及改进。另外，从服务、技术及管理新理念等角度出发，剖析了民航客货运输的最新发展动向。

本书适用于交通运输类和经济管理类专业本科生与研究生理论和方法的学习，也适用于其他专业学习者跨学科学习民航客货运输管理知识。

图书在版编目（CIP）数据

民航客货运输管理 / 赵桂红主编. --北京：科学出版社，2025.3
航空运输管理系列教材
ISBN 978-7-03-077677-8

Ⅰ．①民⋯ Ⅱ．①赵⋯ Ⅲ．①民用航空–客货运输–管理–高等学校–教材
Ⅳ．①F560.8

中国国家版本馆CIP数据核字（2024）第020116号

责任编辑：方小丽 / 责任校对：姜丽策
责任印制：张 伟 / 封面设计：有道设计

科学出版社 出版
北京东黄城根北街16号
邮政编码：100717
http://www.sciencep.com

三河市骏杰印刷有限公司印刷
科学出版社发行 各地新华书店经销

*

2025年3月第 一 版 开本：787×1092 1/16
2025年3月第一次印刷 印张：16 1/4
字数：385 000
定价：68.00元
（如有印装质量问题，我社负责调换）

前　言

党的二十大报告指出："我们要坚持教育优先发展、科技自立自强、人才引领驱动，加快建设教育强国、科技强国、人才强国，坚持为党育人、为国育才，全面提高人才自主培养质量，着力造就拔尖创新人才，聚天下英才而用之。"[①]教材是教学内容的主要载体，是教学的重要依据、培养人才的重要保障。在优秀教材的编写道路上，我们一直在努力。

运输航空和通用航空是民用航空业的"两翼"，运输航空对象是旅客和货物，不仅追求运输功能，也强调服务属性，呈现出"运输+服务"的独特特征。旅客运输、货物运输是运输航空的核心业务，也是航空公司、机场等的主要收入来源。随着旅客和货主需求的多元化，旅客和货主已经不再满足于始发地到目的地的航空运输，更加追求提升体验的服务满足。随着智慧民航路线图的不断推进，行业对民航客货运输中的管理理论和实践提出了新的要求。

民航客货运输包括旅客市场和销售、货物运输市场和销售、运输收入结算和客货装载，即配载、客货服务等环节。现在多见这几个部分独立编写的教材，内容独立不仅破坏了业务流程的完整性和系统性，也不利于提高客货运输管理的质量。实际上，民航客货运输管理是一个闭环过程，是一个对客货运输管理螺旋式上升不断优化的过程。在实际工作中，航空企业不仅关心正向运营过程，即始于客货市场和销售，经历现场操作和服务、配载，终于收入结算，也关注民航客货运输的结果和绩效。本书打通了民航客货运输环节限制，力求编写一套理实结合、业财融合、数实相通的民航客货运输管理教材。

本书按照旅客市场和销售、货物运输市场和销售、运输收入结算和客货装载，即配载、客货服务等全流程组织相关内容，共分为12章。第一章和第二章由赵桂红和谢同乐编写，介绍了综合交通运输系统及民航运输在其中的地位和作用、民航客货运输管理相关理论和方法、国际组织和国际治理。第三章由江红编写，介绍了民航客货运输市场构成、旅客和货主偏好与选择行为。第四章至第七章由冯敏编写，介绍了包括：民航客货运输运价制定的基本理论和方法、运价结构和基本规则；民航旅客运输单程、来回程、环程、特殊运价等票价和税费计算方法及其优化；普通货物运价、指定商品运价、等级货物运价等航空货物运费计算方法及其优化；客票的使用、民航旅客乘机流程和行李运输。第八章至第十章由江红编写，介绍了民航货物运输的业务环节，包括贵重货物、活体动物等在内的特种货物运输的规定，民航货物运输中不正常情况的处理以及民航货物运输流程的优化；飞机载重与平衡基本流程，飞机重心的计算方法，

---

① 《习近平：高举中国特色社会主义伟大旗帜　为全面建设社会主义现代化国家而团结奋斗——在中国共产党第二十次全国代表大会上的报告》，https://www.gov.cn/xinwen/2022-10/25/content_5721685.htm，2022年10月25日。

以及客机腹舱装载优化方法；民航客货运输凭证构成，旅客运输凭证和货物运输凭证的性质、地位和作用。第十一章至第十二章由马春芳编写，介绍了民航客货运输服务的内涵、服务质量管理活动；从服务、技术及管理新理念等角度出发，剖析了民航客货运输的最新发展动态。

本书是一部基于民航客货运输全流程提出完整管理理论和方法的教材。书中打造客货运输市场、销售、运输以及收入结算的闭环管理框架，强调民航客货运输管理理论与实践的结合，注重采用定性和定量方法解决民航客货运输管理中的问题。以本章概要导入，并结合章节内容增设了延伸阅读，拓展前沿理论和实务知识。学生可以利用丰富的数字资源，加深对民航客货运输管理理论和方法的理解，满足学生学习民航客货运输管理知识的需求。

虽已成书，书中难免存在不妥之处，希望读者朋友们能够与我们进一步探讨，提出宝贵意见，以便我们以后更正和充实内容。

作 者

2024 年 12 月

目 录

第一章 综合交通运输系统概述 ... 1
　第一节 综合交通运输系统 ... 1
　第二节 交通运输方式技术经济特征分析 ... 2
　第三节 民航在综合交通运输系统中的地位分析 ... 10
第二章 民航客货运输相关组织、规则及概念 ... 15
　第一节 民航运输管理相关组织与规则 ... 15
　第二节 民航客货运输的概念 ... 27
第三章 民航客货运输市场与需求分析 ... 44
　第一节 民航客货运输市场 ... 44
　第二节 民航客货运输市场需求分析 ... 48
　第三节 民航客货运输产品及销售渠道 ... 57
第四章 民航客货运输运价管理 ... 63
　第一节 运输成本及运输价格 ... 63
　第二节 民航客货运输运价制定及管理 ... 67
第五章 民航旅客票价及票价计算 ... 71
　第一节 民航国内旅客票价 ... 71
　第二节 民航国际旅客票价计算基础知识 ... 73
　第三节 采用普通运价的国际旅客票价计算 ... 79
　第四节 采用特殊运价的国际旅客票价计算 ... 83
　第五节 旅客国际运输中的税费 ... 87
第六章 民航货物运价及航空运费计算 ... 90
　第一节 民航国际货物运价和航空运费计算基础 ... 90
　第二节 普通货物运价及航空运费计算 ... 93
　第三节 指定商品运价及航空运费计算 ... 98
　第四节 等级货物运价及航空运费计算 ... 102
　第五节 其他费用 ... 111
第七章 民航旅客运输流程 ... 114
　第一节 客票的使用 ... 114
　第二节 民航旅客乘机流程 ... 119

第三节　行李运输 123

第八章　民航货物运输流程及其优化 133
　　第一节　民航货物运输业务环节 133
　　第二节　特种货物运输 140
　　第三节　不正常运输及其处理 145
　　第四节　民航货物运输流程优化 150

第九章　飞机载重与平衡 159
　　第一节　民用航空器最大业务载重量的计算 159
　　第二节　多航段航班各航段可用业务载重量的分配 163
　　第三节　实际业载配算 167
　　第四节　飞机平衡及重心位置求算 172
　　第五节　客机腹舱装载优化 178

第十章　民航客货运输凭证 187
　　第一节　运输合同概述 187
　　第二节　民航旅客运输凭证 189
　　第三节　民航货物运输凭证 194

第十一章　民航客货运输服务质量管理 205
　　第一节　民航客货运输服务相关概念内涵 205
　　第二节　民航客货运输服务质量策划 213
　　第三节　民航客货运输服务质量保证 219
　　第四节　民航客货运输服务质量控制 222
　　第五节　民航客货运输服务质量改进 231

第十二章　民航客货运输发展新动向 237
　　第一节　民航客货运输服务新发展 237
　　第二节　民航客货运输技术新发展 243
　　第三节　民航客货运输管理新发展 247

参考文献 251

附录：相关代码 253
　　附表 A　主要机场代码 253
　　附表 B　主要国家和地区及货币代码 254

第一章 综合交通运输系统概述

本章概要：本章主要介绍综合交通运输系统的构成、各种交通运输方式的技术经济特征、各种交通运输方式之间的关系以及民航在综合交通运输系统中的地位和作用。通过本章的学习，能够正确、深入地认识民航与其他交通运输方式之间的关系，并思考民航在竞争与合作并存的市场环境中应该如何发展。

第一节 综合交通运输系统

一、综合交通运输系统的内涵

综合交通运输系统分狭义和广义两种。前者是指灵活运用各种交通运输方式所具有的安全、准时、大量、高速、舒适等特性，综合组织成最有效和最适合交通运输需求的交通运输系统。后者指用综合和长远的观点，把各种交通运输方式最合理地组织形成的交通运输系统。

二、综合交通运输系统的构成

综合交通运输系统包括铁路运输（简称铁路）、道路运输（简称道路）、水上运输（简称水路）、航空运输（简称航空）和管道运输（简称管道）五种方式。其中铁路包括铁路旅客运输、铁路货物运输、铁路运输维护活动；道路包括公路旅客运输、道路货物运输、道路运输辅助活动；水路包括水上旅客运输、水上货物运输、水上运输辅助活动；航空包括航空客货运输（简称民航）、通用航空服务、航空运输辅助活动；管道包括海底管道运输和陆地管道运输。按照构成要素，综合交通运输系统可以进一步分为硬件系统和软件系统。其中，硬件系统又可依据可移动性区分为交通运输基础设施和交通运输设备两类，软件系统主要包括交通运输行政管理组织和交通运输生产经营组织。

（一）硬件系统

1. 交通运输基础设施

交通运输基础设施是一个国家（或地区）中各种交通运输方式的固定设施，包括交通运输线路、交通运输场站及与其密切相关的导航系统、通信系统和管制系统等设施。

交通运输线路是供交通运输工具定向移动的通道，具体包括陆上交通运输线路（包括铁路和公路）、水运航线、民航航线及管道等。交通运输场站是位于交通运输线路点的节点，是旅客和货物的集散地、各种交通运输工具的衔接点、办理客货运输业务和交通运输工具作业的场所，是交通运输网络的重要组成部分。按照交通运输方式的不同，可将交通运输场站分为铁路车站、汽车站场、港口、空港（机场）及管道站等。同时，对于交通运输场站来说，部分场站在运输网络中发挥不同交通运输方式之间或同一种交通运输方式不同线路等之间的衔接作用，这种交通运输场站称为交通运输枢纽，是大量的客流、货流的集散地，具体可分为综合性交通运输枢纽以及方式性交通运输枢纽，也即港口枢纽、铁路枢纽、航空枢纽等。导航系统为驾驶员提供定位信息，协助控制甚至自动控制中心可以随时了解飞行情况，并及时向飞行员下达指令。通信系统是用以完成信息传输过程的技术系统的总称。管制系统除指挥中心外还要有交通控制站、终端交通控制站和服务站等。

2. 交通运输设备

交通运输设备通常指在交通线路上用于装载旅客或货物，并使它们发生水平或垂直位移的各种设备，具体可分为交通运输工具、搬运装卸工具及其他交通运输设备。其中，各交通运输方式下的常见交通运输工具如表 1-1 所示。

表 1-1　常见交通运输工具

航空	铁路	道路	水路
飞机（客机、货机）、直升机、气球和气艇	铁路机车、车辆	客车、载货汽车、牵引车、挂车、特种汽车	船（货船、客船）、驳、舟、筏

（二）软件系统

1. 交通运输行政管理组织

交通运输行政管理组织是交通运输管理宏观层面的概念，一般指的是各级政府主管部门及授权机关，它是行使交通运输行政管理的主体。目前，我国主要由交通运输部在交通运输系统中发挥着计划、组织、协调、控制等作用，保证交通运输系统有效地满足社会发展需要，促进社会经济发展。

2. 交通运输生产经营组织

交通运输生产经营组织是直接进行交通运输生产与经营活动的组织和机构，通常情况下，交通运输生产组织特指交通运输企业，包括铁路运输企业、公路运输企业、水路运输企业、航空运输企业、联运运输企业、运输服务企业等。

第二节　交通运输方式技术经济特征分析

铁路、道路、水路、航空和管道各有优势，在一定的地理环境和经济条件下有其各自的合理使用范围。深刻认识各种交通运输方式的技术经济特征，科学确定各种交通运输方式在综合交通网络中的地位，是综合交通运输系统协调发展的基础。

一、各种交通运输方式的技术特征分析

（一）交通运输能力

由于技术和经济的原因，各种交通运输方式的运载工具都有其适当的容量范围。从单一交通运输工具本身的最大载运能力来看（表1-2），水运最大，其次是铁路、航空、公路。

表1-2　交通运输工具最大载运能力比较

飞机	高铁列车	一般铁路列车	公路大巴	水运轮船
50～555人	600～1061人	1200人	100人	3000～5000人

交通运输能力的大小不仅取决于单一交通运输工具的载运能力，还取决于交通运输工具的数量以及交通运输网络的规模。如表1-3所示，我国目前的交通运输系统中，公路完成的旅客运输量最多，铁路完成的旅客周转量最多；在货物运输方面，公路完成的货物运输量最多，水路完成的货物周转量最多，航空货物运输，即民航完成的货物运输量和货物周转量都居末位。

表1-3　各种交通运输方式供给运输能力情况

项目	民航	铁路	公路	水路
运输工具	飞机4 054.00架	客车78 000.00辆 货车966 000.00辆	客车58.70万辆 货车1 173.26万辆	船舶12.59万艘
线路	1 049.63万km	15.00万km	528.07万km	12.76万km
旅客运输量	4.41亿人 ↗5.5%	26.12亿人 ↗18.5%	50.87亿人 ↘26.2%	1.63亿人 ↗9.0%
旅客周转量	6 529.68亿人·km ↗3.5%	9 567.81亿人·km ↗15.7%	3 627.54亿人·km ↘21.8%	33.11亿人·km ↗0.4%
货物运输量	731.84万t ↗8.2%	47.74亿t ↗4.9%	391.39亿t ↗14.2%	82.40亿t ↗8.2%
货物周转量	278.16亿t·km ↗15.8%	33 238.00亿t·km ↗8.9%	69 087.65亿t·km ↗14.8%	115 577.51亿t·km ↗9.2%

资料来源：《2021年交通运输行业发展统计公报》

（二）快速性

快速性是体现各种交通运输方式服务质量的基本特征，它直接决定着旅客的出行效率及货物的运输效率。不同交通运输工具的最大设计时速如表1-4所示。

表1-4　交通运输工具最大设计时速

交通运输工具	飞机	高铁	一般铁路	汽车
最大设计时速	1120 km	420 km	160 km	180 km

从交通运输工具的理论最大速度来看，目前飞机仍是最快的交通运输工具。但无论是旅客运输还是货物运输，从始发地出发，到达最终目的地的总时间，往往是更为重要

的。以旅客运输为例,求旅客从出发地到达目的地的总时间,设 T 为旅行总时间,T_1 为旅客从市中心到始发站的时间及从目的站到市中心的时间,T_2 为旅客在交通运输场站的消耗时间,T_3 为交通运输工具运行时间,则有

$$T=T_1+T_2+T_3$$

以京沪、武广、郑西三个运输区间为例,在不同运距、不同配套设施等情况下,飞机与高铁两种交通运输方式的旅行时间比较如表 1-5 所示。由于公路和一般铁路的速度与飞机、高铁相差较大,故不作细致的比较。

表 1-5 旅客在不同区间乘坐高铁与飞机的旅行时间比较

线路	线路距离	乘坐高铁旅行时间				乘坐飞机旅行时间			
		T_1	T_2	T_3	T	T_1	T_2	T_3	T
京沪	1318 km	45~62 min	25 min	5 h 20 min	6 h 30 min~6 h 47 min	87~90 min	38~48 min	2 h 10 min	4 h 15 min / 4 h 28 min
	各部分时间占比	11.5% / 15.2%	6.4% / 6.1%	82.1% / 78.7%	100%	33.7% / 33.6%	14.7% / 17.9%	51.6% / 48.5%	100%
武广	1069 km	70~80 min	25 min	3 h	4 h 35 min~4 h 45 min	90 min	48~58 min	1 h 35 min	3 h 53 min / 4 h 3 min
	各部分时间占比	25.5% / 28.0%	9.1% / 8.8%	65.4% / 63.2%	100%	38.6% / 37.0%	20.6% / 23.9%	40.8% / 39.1%	100%
郑西	458 km	30 min	25 min	2 h 15 min	3 h 10 min	120 min	48~58 min	1 h 35 min	4 h 23 min / 4 h 3 min
	各部分时间占比	15.8%	13.2%	71.0%	100%	45.6% / 44.0%	18.3% / 21.2%	36.1% / 34.8%	100%

资料来源:漆春华(2012)

表 1-5 中的数据显示,1000 km 以上的航线,航空具有一定的优势,但受到衔接时间及运输节点所耗时间的影响,这种优势正趋向减少。500 km 左右的航线,其整体运行时间甚至比高铁还要长,无法体现航空的速度优势。同时,从各类时间在总出行时间中所占比例来看,航空运输过程中,衔接场站及在场站消耗的时间几乎占到总旅行时间的 50%。所以,要凸显航空的快速性,提升航空在综合交通运输系统中的竞争优势,应加强进出港流程的优化、简化,并构建进出机场的便捷交通运输体系,以方便旅客进出机场。

(三)舒适性

舒适性是较高层次上的质量需求,包括旅客在交通运输工具以及交通运输节点两个方面的综合感受。在交通运输工具上,旅客感受到的舒适性涉及交通工具运行的平稳性,人均占用空间,座位的舒适性,旅客在途过程中就餐、如厕、活动身体的方便性,交通运输工具噪声,服务质量等。交通运输节点的舒适性则主要受到候车(机)环境和服务质量的影响。由于不同交通运输方式的运输工具特点、基础设施环境、服务质量标准有所不同,各种交通运输方式的舒适性存在较大差异。

旅客在交通运输工具上占有的空间大小、行驶过程中的振动、噪声等可以综合量

化为疲劳度系数，如表1-6所示，疲劳度系数越小，旅客感受到的舒适程度越高。而座位舒适性、就餐环境及质量、如厕方便性、活动方便性、服务质量，以及在交通运输节点停留过程中候车（机）环境、设施设备完善程度以及地面服务的优劣，难以量化，只能采用定性分析方法进行比较。

$$F = \frac{a_t \times \max\left[0, \frac{L}{V_i} - 3\right]}{C}$$

其中，F表示疲劳度系数；a_t表示疲劳时间调整系数，在此处取0.1；C表示综合舒适度；L表示距离；V_i表示交通运输工具的速度。

表1-6 航空与铁路的疲劳度系数比较

运输工具	人均占有空间（Cspace）/m³	平均振动加速度（Ca）/(m/s²)	噪声（Dc）/db	综合舒适度 C=Cspace+1/Ca+1/Dc	距离 L/km	速度 V/(km/h)	疲劳度系数 $F = \frac{a_t \times \max\left[0, \frac{L}{V_i} - 3\right]}{C}$
航空	1.6	2.1	81	2.11	500	650	0
					1000		0
					1500		0
					2000		0.0036
					2500		0.0401
					3000		0.0766
铁路	1.8	2.0	61	2.32	500	300	0
					1000		0.0144
					1500		0.0862
					2000		0.1580
					2500		0.2299
					3000		0.3017

资料来源：孙瑞芬等（2018）

表1-6中的数据表明，若仅考虑航空运输工具的人均占有空间、平均振动加速度和噪声三项指标，铁路的综合舒适度优于航空，但相对而言差别较小。如果旅客在途时间超过3 h，其疲劳感就会越来越强烈。因此当旅程超过1000 km时，铁路的疲劳度就远远超过了航空。图1-1描述了飞机时速为650 km，高铁时速为300 km时，两种交通运输方式在不同距离下的疲劳度系数比较。图1-1形象地表现出在远程旅途上，航空的舒适性非常突出。

（四）安全性

安全性是衡量各种交通运输方式技术特征优劣的重要因素之一。由于交通运输工具自身的技术特征及相应的运输组织管理特点差别较大，各种交通运输方式的安全性能具有较大差距。民航与铁路的安全性要优于水路与公路。

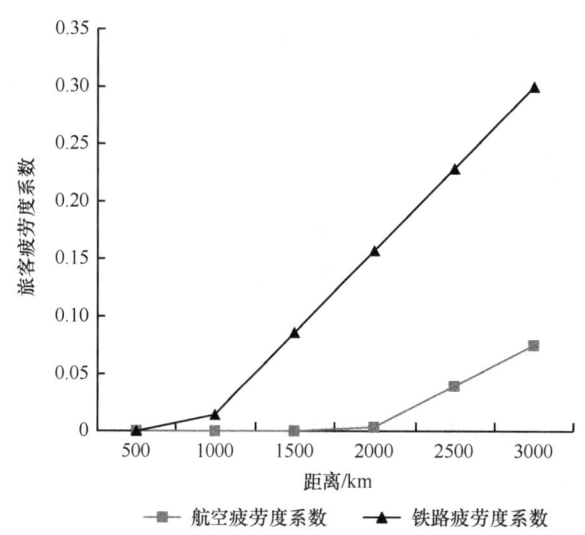

图 1-1　铁路与航空的旅客疲劳度系数比较

资料来源：孙瑞芬等（2018）

（五）方便性

旅客乘车（船、飞机）出行是否方便，受到购票所需时间，购票难易程度，客票使用便捷性，到达（离开）运输节点的方便程度，车、船、航班的频率，以及行李提取方便性等因素的影响。

表 1-7 列出了各种交通运输方式的方便性比较，这些比较表明，目前我国各种交通运输方式的方便性各有千秋。航空在购票和远距离运输时间上具有优势，但部分航线存在航班频率低、行李提取费时等问题。随着铁路快速发展，其在购票环节更加便利，同时车次的运营频率提高，行李提取更加便捷。

表 1-7　各种交通运输方式的方便性比较

交通运输方式	票务	衔接时间	衔接便捷性	总运行距离 <1000 km	总运行距离 >1000 km	运营频率	行李提取
航空	略好		相当		略好		
铁路	略好	略好	相当				略好
公路		略好	相当			好	略好

（六）准时性

准时性与各种交通运输方式运营商所提供服务的可靠性紧密相关，在很大程度上体现了不同交通方式的运营水平，对到达时间有较高要求的出行者对准时性较为敏感。

一般描述铁路和民航准时性的指标有列车出发正点率、列车运行正点率和航班正常率。日常运行中，铁路的准时性较好，无论是普通铁路还是高速铁路均较少受到气候条件的限制。而民航受天气、航路、管制等因素的干扰，准时性受到影响。航班不能正点运营削弱了航空的速度优势，是引发旅客抱怨甚至形成群体事件的重要原因。

近年来，为改善民航运营准时性问题，提高航班准点率，多家机场在与空管、航空公司等相关主体的协同联动下推出快速过站、调整航班计划等举措，在保障安全的基础上充分利用现有时刻，提高运营效率。

二、各种交通运输方式的经济特征分析

（一）单位成本

交通运输成本是影响运输服务价格的主要因素。在比较各种交通运输方式的成本特征时，由于单位成本不受运量规模的影响，更具可比性，故采用客公里成本指标来对比不同交通运输方式的成本水平。

根据相关研究，各种交通运输方式的客公里成本见表 1-8。可见，在各种交通运输方式中，根据表中给出的数据，民航运输的成本水平最高，普通列车的客公里成本在各种交通运输方式中属最低水平。

表 1-8 各种交通运输方式的客公里成本比较

	民航	铁路-普通列车	铁路-高铁	公路	水路
客公里成本（元/客公里）	0.43	<0.10	0.35	0.10～0.30	—

（二）建设投资

从建设投资来看，在平原地区修建 1 km 高速公路与修建 1 km 普通铁路的投资比较接近，约为 3000 万元，在地质条件复杂或土地价格昂贵的地区，每千米高速公路或普通铁路的投资则达到 6000 万～7000 万元甚至更高。表 1-9 给出了部分高铁线路投资情况。目前我国在建的高速铁路平均每千米造价为 1.3 亿元。相比之下，航空运输的建设投资最少，建设一个支线机场只需 3 亿元左右，通过机场搭建的航线网络，可通达数千甚至上万千米。

表 1-9 部分高铁线路投资情况

高铁线路	总投资	线路长度	单位距离投资
京沪高铁	2209 亿元	1318 km	1.68 亿/km
武广高铁	1166 亿元	1069 km	1.09 亿/km
郑西高铁	501 亿元	523 km	0.96 亿/km

（三）客货运输价格

不同的交通运输方式在速度、舒适性、成本水平等方面的差异造成了价格水平上的不同。表 1-10 列出了 1990 年至 2006 年间我国四种交通运输方式的客货运输价格。这些数据表明，四种交通运输方式中，客运价格由低到高排序为铁路、公路、航空、水路，货运价格由低到高排序为水路、铁路、公路、航空。

表 1-10　我国交通运输行业价格总体水平

年份	铁路 客运/[分/(人·km)]	铁路 货运/[分/(t·km)]	公路 客运/[分/(人·km)]	公路 货运/[分/(t·km)]	水路 客运/[分/(人·km)]	水路 货运/[分/(t·km)]	航空 客运/[分/(人·km)]	航空 货运/[分/(t·km)]
1990	4.25	2.51	8.25	21.00	4.70	1.59	23.34	104.43
1995	5.55	5.73	9.34	25.00	9.50	3.72	37.85	163.56
2000	8.36	7.91	11.32	26.00	35.00	3.87	39.40	100.43
2004	10.81	8.15	17.19	55.00	70.00	5.53	60.60	171.00
2005	11.21	8.56	17.51	55.30	70.00	5.56	61.00	152.30
2006	11.65	9.02	18.50	56.20	70.00	5.78	64.50	155.20

资料来源：王培良（2006）

值得注意的是，近年来，随着我国客运铁路不断提速，客运价格水平也在不断攀升，已经接近航空客运的价格水平（表 1-11）。

表 1-11　2017~2021 年我国交通运输行业价格总体水平——以航空、铁路为例

年份	铁路 客运/[分/(人·km)]	铁路 货运/[分/(t·km)]	航空 客运/[分/(人·km)]	航空 货运/[分/(t·km)]
2017	23.9	11.1	40.2	148
2018	25.4	13.7	41.0	151
2019	28.5	15.0	39.9	145
2020	30.0	14.7	36.0	253
2021	31.6	14.6	38.5	305

资料来源：2017~2021 年《铁道统计公报》《民航行业发展统计公报》

（四）可持续发展性

各种交通运输方式的可持续发展性主要表现在土地占用、能源消耗，以及污染物排放等方面。在土地占用方面，航空占地最少，铁路较多，公路最多。在能源消耗方面，一般来说铁路最少，公路较多，航空最多（表 1-12）。

表 1-12　不同交通运输方式占地与能源消耗比较

指标	铁路 高铁	铁路 普铁	高速公路 大客车	高速公路 小轿车	航空
土地占用排序	2	2	3	3	1
人公里能耗比率	1.0	0.7	2.0	5.5	7.0

资料来源：徐玉巧和田连升（2007）；《中国交通：不同交通方式的能源消耗与排放——最终报告》

但是需要注意的是，各种交通运输方式的人公里能耗不仅与交通运输工具的技术性能有关，而且与交通运输工具的速度和乘坐情况有关。有学者曾研究过在不同速度与载运率情况下，不同交通运输方式的人公里能耗水平，结果如表 1-13 所示。

表 1-13　不同客座率下交通运输方式人公里能耗比较

交通运输方式的人公里能耗	客座率 100%	客座率 75%	客座率 50%
飞机（L/pass-600 km）（A321）	20.0	27.0	40.0

续表

交通运输方式的人公里能耗	客座率100%	客座率75%	客座率50%
小汽车（L/pass-600 km）	8.7	14.5	21.8
高铁（225 km/h）（L/pass-600 km）	9.7	13.0	19.4
高铁（350 km/h）（L/pass-600 km）	15.7	20.9	31.4

表 1-13 的数据表明，高铁的能耗与速度关联度较大，速度越快，则能耗越高。在 225 km/h 的速度下，同样的客座率火车的耗能量与小汽车几乎相同；在 350 km/h 的速度下，高铁与飞机 A321 的耗能量也很接近。过高的速度和过低的载运率，都会降低高速铁路的节能效益。

交通运输业对环境的污染主要来自运输工具排放的二氧化碳、一氧化氮等有害气体。此外，交通运输工具运行中产生的噪声、垃圾等，也会对环境造成不良影响。目前对于各种交通运输方式影响环境的综合程度尚无准确的测算，四种交通运输方式二氧化碳排放系数对比如表 1-14 所示，铁路排放系数最小，航空排放系数最大。

表 1-14　不同交通运输方式二氧化碳排放系数比较

交通运输方式	二氧化碳排放系数
公路	0.327 kgCO_2/ton.km
铁路	0.028 kgCO_2/ton.km
水路	0.053 kgCO_2/ton.km
航空	1.961 kgCO_2/ton.km

资料来源：杨君（2022）

三、基于技术经济特征各种交通运输方式的适用范围

各种交通运输方式所具有的技术经济特征决定了它们各自所适用的市场。

航空速度快，机动性强，舒适性好，建设用地与投资少，但是单机载量较小，成本与价格水平较高，适用于需要快速、舒适抵达目的地的中远程旅客运输市场，以及高附加值的中远程货物运输市场。

铁路中的普通铁路运输速度较快，单车载量大，正点率高，成本与价格水平低，适用于中短程旅客运输市场和大宗普通货物运输市场。铁路的高速铁路运输速度仅次于航空，舒适性较好，但是建设用地面积大且投资高，运营成本与价格水平也较高，因此适用于经济较好和人口密度较高的大中城市之间的中短程旅客运输市场。

公路速度和单车载量都小于铁路与航空，成本与价格水平也高于普通铁路。但是公路的机动性极好，能够实现旅客和货物的"门到门"运输，因此适用于短途客货运输市场，尤其是为交通枢纽提供集运与分送运输服务。

水路速度最慢，但是单船载量大，建设用地面积小且投资少，货运成本与价格最低，因此适用于对时间不敏感的大宗远程货物运输和旅客运输。

每种交通运输方式都各有优势与劣势，都是当代经济社会生活中不可或缺的部分。

综合交通运输体系协调发展的重要内容之一，就是把各种交通运输方式合理配置到最能发挥其技术经济特征的运输市场上，使它们相互补充，相互配合，提高综合交通运输系统适应经济社会发展需求的水平。

第三节 民航在综合交通运输系统中的地位分析

一、各种交通运输方式之间的关系分析

（一）各种交通运输方式相互影响机制

从综合交通运输发展的历史和现状来看，铁路、水路、公路、航空、管道等各种运输方式之间，在满足交通运输客货运需求时，存在着竞争与协调的关系，见图 1-2。这两种关系交织在一起，共同作用，使综合交通运输系统实现了一个长期的、由低级向高级发展的过程。

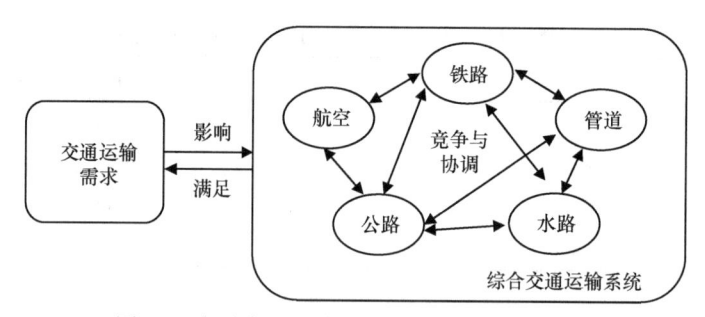

图 1-2 各种交通运输方式竞争与协调关系示意

（二）不同交通运输方式之间的竞争关系

如前所述，综合交通运输系统中的各种运输方式具有各自不同的技术经济特征，这就为多种交通运输方式的并存提供了客观基础。然而，不同的交通运输方式的适用范围与服务领域并非界限分明、截然分开的，不同运输需求之间存在交叉，即不同交通运输方式之间存在着共同的服务对象与服务范围，如图 1-3 所示。这就必然导致了多种交通运输方式之间竞争关系的存在。

不同交通运输方式之间的竞争主要表现在以下三个方面。

一是当某种运输需求与运输能力增长不匹配时，会造成某种交通运输方式的需求溢出。实践表明，综合交通运输系统中，各种交通运输方式需求的增长与运输能力的增长极少同步。当某一种运输需求增长较快，但运输能力没有快速同步增长时，这部分需求就可能流向其他交通运输方式，导致各种交通运输方式之间的市场份额发生变化。

图 1-3 运输需求交叉影响——以航空、铁路、公路为例

二是新技术的发展与应用，使得某种交通运输方式服务范围扩大，产生对其他运输

需求的争夺。不同交通运输方式通过新技术、新材料、新工艺的应用，在运输价格、舒适性、安全性和便捷性等方面不断优化，产生对其他运输需求的吸引，导致不同运输方式间的竞争加剧。例如，时速 300 km 以上的高速铁路的发展，就在 1000 km 左右的传统的航空客运市场内与民航形成了竞争。

三是对不同交通运输方式间交叉需求的恶性竞争。如果在交通运输规划与建设过程中，忽略各种交通运输方式的技术经济特征，盲目追求某种运输方式的建设规模与"运输量"的上升，不计运行成本与效率，就会导致运输方式间的恶性竞争，造成投入大、收效小，不利于整个交通运输系统协调发展的恶果。

新技术的发展，或为了补充其他交通运输方式运力不足而形成的不同交通运输方式间的竞争，为消费者提供了更多的出行选择，有利于增强交通运输系统对经济社会发展的贡献，应该给予鼓励和支持。但是对于忽略各种交通运输方式的技术经济特征，以及在交叉市场上的恶性竞争，应当通过加强宏观规划调控和微观运营管理来避免或控制。

（三）不同交通运输方式之间的协调关系

不同交通运输方式之间的协调关系既存在于宏观层面，也存在于微观层面。在宏观层面上，某一种交通运输方式对于经济社会发展的促进作用能激发更大的交通运输需求，进而对其他交通运输方式的发展也产生促进作用。在微观层面上，则具体表现在如下方面。

1. 不同交通运输方式间的衔接

从现实需要的角度来看，随着经济和社会的发展、科学技术的进步，运输过程必然由单一方式向多样化发展，而人流和物流移动的全过程往往要使用多种交通运输方式才能实现。因此，运输生产本身就要求把多种交通运输方式有机结合起来，在合理分工的基础上，形成相互之间协作配合、优势互补的关系，共同完成统一的运输过程。以民航中旅客运输过程为例（图1-4），旅客自始发地往往需要借助其他交通运输方式

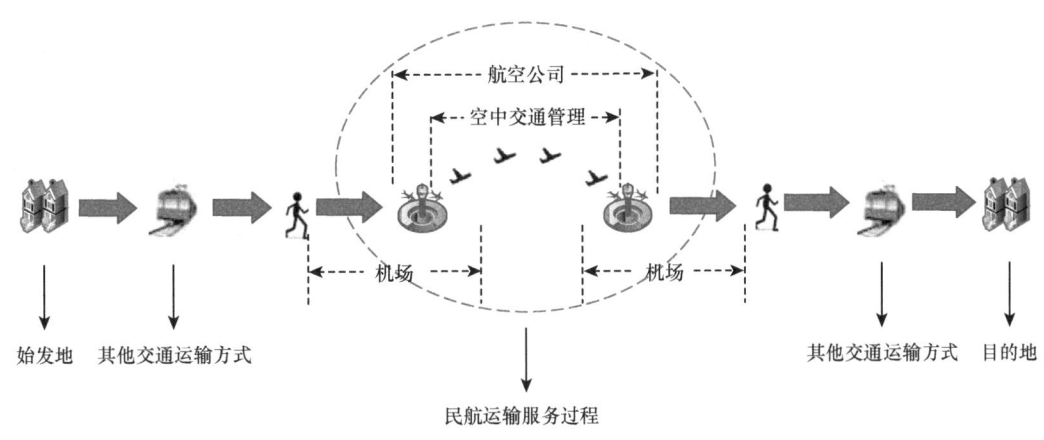

图 1-4 民航旅客运输过程

到达机场,再由航空公司运送至目的地机场,旅客到达目的地往往仍需借助其他交通运输方式完成。

各种交通运输方式间的有效衔接主要体现在综合交通运输枢纽的建设上。综合交通运输枢纽是多种交通运输方式的运输线路的交会点,是综合交通运输的生产组织基地和综合运输网络中客货集散、转运及过境的场所,具有运输组织与管理、中转换乘换装、装卸储存、多式联运、信息流通和辅助服务等功能,是多种交通运输方式实现一体化发展的全程"无缝"物理连接和逻辑连接的关键。例如,我国的虹桥综合交通枢纽,是21世纪现代化的集轨道交通(高速铁路、普通铁路)、航空运输以及长途汽车客运、城市道路交通于一体的综合交通枢纽,旅客能够方便地在机场—铁路、机场—公路、公路—铁路等交通运输方式之间进行换乘,极大地提高了消费者的出行效率。

2. 综合交通运输网络布局的协调

综合交通运输网络布局是指公路、铁路、水路、航空和管道等交通运输方式的运输线路、运输节点的地区分布。综合交通运输网络布局的协调是指根据各种交通运输方式的技术经济特点,以及不同地区的自然地理环境、经济社会发展特点等,对各种交通运输线路与节点进行合理布局,形成"宜水则水、宜路则路、宜铁则铁、宜空则空"的最优格局,谋求整个综合交通运输系统的效益最大化。

二、民航在综合交通运输系统中的地位和作用分析

民航一直以其速度快,机动性、通达性好,安全舒适等优势在中长途运输特别是跨国运输中占据重要位置。然而其高昂的价格与较小的运量使其无法在运输市场中占据较大份额。如表1-15所示,横向对比各交通运输方式的运输数据可得,民航客货运输量在各交通运输方式总运量中占比较小,体现了民航多用来进行长距离运输,与其他交通运输方式相比,民航载运能力偏小,但网络规模大、速度快、灵活性强,所完成的客货运输量和周转量都保持着增长趋势。纵向比较疫情以来的数据变化,可以看出疫情对运输业特别是旅客运输市场带来的影响更大,运输量大幅下滑,这对民航旅客运输而言是挑战也是机遇,民航应充分利用其点对点式的运输模式,提高其在旅客运输市场的市场份额。

表1-15 2019~2021年各交通运输方式客货运输情况及其占比

交通运输方式	年份	旅客运输量/亿人	旅客周转量/(亿人·km)	货物运输量/亿t	货物周转量/(亿t·km)	旅客运输量占比	旅客周转量占比	货物运输量占比	货物周转量占比
铁路	2019	36.60	14 706.64	43.89	30 181.95	20.79%	41.60%	9.50%	15.55%
	2020	22.03	8 266.19	45.52	30 514.46	22.79%	42.94%	9.80%	15.51%
	2021	26.12	9 567.81	47.74	33 238.00	31.46%	48.42%	9.15%	15.23%
公路	2019	130.12	8 857.08	343.55	59 636.39	73.91%	25.06%	74.32%	30.73%
	2020	68.94	4 641.01	342.64	60 171.85	71.33%	24.11%	73.78%	30.58%
	2021	50.87	3 627.54	391.39	69 087.65	61.27%	18.36%	75.04%	31.67%

续表

交通运输方式	年份	旅客运输量/亿人	旅客周转量/(亿人·km)	货物运输量/亿t	货物周转量/(亿t·km)	旅客运输量占比	旅客周转量占比	货物运输量占比	货物周转量占比
水路	2019	2.73	80.22	74.72	103 963.04	1.55%	0.23%	16.16%	53.58%
	2020	1.50	32.99	76.16	105 834.44	1.55%	0.17%	16.40%	53.79%
	2021	1.63	33.11	82.40	115 577.51	1.96%	0.17%	15.80%	52.97%
民航	2019	6.60	11 705.12	0.075 32	263.19	3.75%	33.11%	0.02%	0.14%
	2020	4.18	6 311.25	0.067 66	240.18	4.32%	32.78%	0.01%	0.12%
	2021	4.41	6 529.68	0.073 184	278.16	5.31%	33.05%	0.01%	0.13%

资料来源：2019～2021年《交通运输行业发展统计公报》

另外，一直以来，各交通运输方式相同的基本功能使得各交通运输方式间具有可替代性，形成市场竞争。虽然不同交通运输方式在不同运输对象、运输路径及运输距离等方面有所区别，但仍难以避免适宜区间重叠等情况。以民航客运与铁路客运来说，民航的高速特性使其在远距离运输上占据时间优势，但随着高速铁路的出现与快速发展，出现了两者间优势区间重叠现象，形成市场竞争。同时，随着高铁速度的不断提升，高铁的优势区间呈现逐渐靠向民航优势区间的趋势，从而使得两者之间的竞争更加激烈。

交通运输方式间的恶性竞争会造成资源浪费，影响交通运输系统健康发展。为充分发挥各交通运输方式的优势，实现多交通运输方式联合发展，应加强各交通运输方式间协作联运，建立综合一体化交通运输系统，为旅客出行提供快速便捷的高质量服务，推进交通运输高质量高水平发展。目前民航与铁路之间协作运行的联合运输方式，即"空铁联运"模式，在民航机场、航空公司和铁路系统等相关主体的参与下逐步推出。这一联运模式充分发挥铁路在中短途运输中的高速优势和民航在长途运输中的高速优势，从而发挥"双高"的速度优势，拓展民航和铁路各自的辐射圈。

延伸阅读："空铁联运"的发展

2022年9月22日，由中国东方航空集团有限公司（简称东航）与中国国家铁路集团有限公司（简称中国铁路）联合打造的"空铁联运"产品新增沈阳、大连等14个枢纽城市，由此新增224个通达站点、333个可衔接火车段。至此，产品已覆盖的枢纽城市达到41个，通达645个火车站点，东航"空铁联运"实现航空段与1113个火车段的双向联运，"空铁联运"网络范围已基本实现覆盖全国。同时，东航已为新标准下的"空铁联运"推出了专属"品牌标识"，现已在北京大兴、青岛胶东、南昌昌北、太原武宿、武汉天河国际机场落地了"空铁联运"专属柜台，后续将在其他各机场陆续上线。

另外，东航与中国铁路于2020年8月携手实现了东航APP（application，应用程序）和铁路12306 APP的全面系统对接，"飞机+高铁一站式联订""一个订单一次支付"开创了中国民航和高铁销售平台全国首次互联互通。

近年来,"空铁联运"上架销售的产品种类、覆盖的铁路站点持续扩大、升级。发展多式联运是"交通强国"的重要组成部分,也是服务人民美好出行的一个重要体现。东航作为民航央企,积极携手有关各方,加快各种交通运输方式深度融合,提升综合运输效率,服务旅客出行的顺畅衔接。

资料来源:《东航携手国铁开启中国"空铁联运"新时代》,https://baijiahao.baidu.com/s?id=16759699907169619727&wfr=spider&for=pc,2020年8月25日。《东航"空铁联运"基本覆盖全国!业内:行业先行者 丰富旅客出行选择》,https://m.thepaper.cn/baijiahao_20029613,2022年9月23日。

第二章　民航客货运输相关组织、规则及概念

本章概要：本章主要介绍民航运输管理相关组织、规则及相关规定和民航客货运输涉及的一些基本概念。通过本章的学习，要求理解民航客货运输分类、特征和性质，了解运输对象、承运人、代理人和运输工具的概念、分类等，掌握航空权、航线、航班、航班计划、IATA 航空区划、旅行方向代号的含义和分类。

第一节　民航运输管理相关组织与规则

一、民航运输管理相关组织

（一）国际民用航空组织

国际民用航空组织（International Civil Aviation Organization，ICAO）是联合国的一个专门机构，总部设在加拿大蒙特利尔，其制定了国际空运标准和条例，是 193 个缔约国（截至 2024 年）在民航领域中开展合作的媒介，也是联合国的专门机构。

1. 历史

ICAO 前身为根据 1919 年《巴黎公约》成立的空中航行国际委员会（International Committee for Air Navigation，ICAN）。由于第二次世界大战对航空器技术发展起到了巨大的推动作用，世界上已经形成了一个包括客货运输在内的航线网络，但随之也引起了一系列急需国际社会协商解决的政治上和技术上的问题。因此，在美国政府的邀请下，52 个国家于 1944 年 11 月 1 日至 12 月 7 日参加了在芝加哥召开的国际会议，签订了《国际民用航空公约》（通称《芝加哥公约》），按照公约规定成立了临时 ICAO。1947 年 4 月 4 日，《芝加哥公约》正式生效，ICAO 也因之正式成立，并于 5 月 6 日召开了第一次大会。同年 5 月 13 日，ICAO 正式成为联合国的一个专门机构。1947 年 12 月 31 日，空中航行国际委员会终止，并将其资产转移给 ICAO。

2. 宗旨

ICAO 的宗旨和目的在于发展国际航行的原则与技术，促进国际航空运输的规划和发展，以便实现下列各项目标：确保全世界国际民用航空安全地和有秩序地发展；鼓励为和平用途的航空器的设计和操作技术；鼓励发展国际民用航空应用的航路、机场和航行设施；满足世界人民对安全、正常、有效和经济的航空运输的需要；防止不合理的竞争而造成经济上的浪费；保证缔约各国的权利受到充分尊重，每一缔约国均有经营国际空运企业的公平的机会；避免缔约各国之间的差别待遇；促进国际航行的飞行安全；普遍促进国际民用航空在各方面的发展。

以上九条共涉及国际航行和国际航空运输两个方面问题。前者为技术问题，主要是安全；后者为经济和法律问题，主要是公平合理，尊重主权。两者的共同目的是保证国际民航安全、正常、有效和有序地发展。

3. 组织机构

ICAO 由大会、理事会和秘书处三级框架组成。

大会是 ICAO 的最高权力机构，由全体成员国组成。大会由理事会召集，一般情况下每三年举行一次，遇有特别情况时或经五分之一以上成员国向秘书长提出要求，可以召开特别会议。大会决议一般以超过半数通过。参加大会的每一个成员国只有一票表决权。但在某些情况下，如《芝加哥公约》的任何修正案，则需三分之二多数票通过。大会的主要职能为：选举理事会成员国，审查理事会各项报告，提出未来三年的工作计划，表决年度财政预算，授权理事会必要的权力以履行职责，并可随时撤回或改变这种权力，审议关于修改《芝加哥公约》的提案，审议提交大会的其他提案，执行与国际组织签订的协议，处理其他事项等。大会召开期间，一般分为大会、行政、技术、法律、经济五个委员会对各项事宜进行讨论和决定，然后交大会审议。

理事会是向大会负责的常设机构，由大会选出的 33 个缔约国组成。理事国分为三类：第一类是在航空运输领域居特别重要地位的成员国，第二类是对国际航空运输的发展有突出贡献的成员国，第三类是区域代表成员国。比例分配为 10：11：12。理事会设主席一名。主席由理事会选举产生，任期三年，可连选连任。理事会每年召开三次会议，每次会议会期约为两个月。理事会下设财务、技术合作、非法干扰、航行、新航行系统、运输、联营导航、爱德华奖八个委员会。每次理事会开会前，各委员会先分别开会，以便将文件、报告或问题提交理事会。理事会的主要职责包括：执行大会授予并向大会报告本组织及各国执行公约的情况；管理本组织财务；领导属下各机构工作；通过公约附件；向缔约各国通报有关情况，以及设立运输委员会，研究、参与国际航空运输发展和经营有关的问题并通报成员国，对争端和违反《芝加哥公约》的行为进行裁决等。

秘书处是 ICAO 的常设行政机构，由秘书长负责保证 ICAO 各项工作的顺利进行。秘书长由理事会任命，秘书处下设航行局、航空运输局、法律局、技术合作局、行政局五个局以及财务处、外事处。此外，秘书处有一个地区事务处和七个地区办事处，分设在曼谷、开罗、达喀尔、利马、墨西哥城、内罗毕和巴黎。地区办事处直接由秘书长领导，主要任务是建立和帮助缔约各国实行 ICAO 制定的国际标准和建设措施以及地区规划。

4. 成员管理

关于 ICAO 成员的资格问题，由 1944 年《芝加哥公约》以及 ICAO 与联合国签订的协议所规定。

各国通过批准和加入《芝加哥公约》获得 ICAO 成员资格。《芝加哥公约》规定，公约自 26 个国家批准后生效。因此，最初批准公约的 26 个国家成为 ICAO 的创始成员国。创始成员国不具备任何特权，与随后加入的成员所享有的权利和承担的义务是完全相同的。公约生效后，即开放加入，但范围限于联合成员国、与联合国成员国联合的国家或在第二次世界大战中的中立国。同时，公约也准许其他国家加入，但须得到联合国的许可并经大会五分之四的票数通过；如果该国在第二次世界大战中侵入或者攻击了别国，那么必须在得到受到侵入或者攻击的国家的同意后，由 ICAO 把申请书转交联合国全体大会，只有大会在接到第一次申请后的第一次会议上没有提出拒绝这一申请的建议，ICAO 才可以按照公约规定批准该申请国加入 ICAO。

5. 主要活动

ICAO 按照《芝加哥公约》的授权，发展国际航行的原则和技术。各种新技术飞速发展，全球经济环境也发生了巨大变化，给国际民用航空的航行和运输管理制度带来了前所未有的挑战。为加强工作效率和针对性，继续保持对国际民用航空的主导地位，ICAO 制订了战略工作计划，重新确定了工作重点，于 1997 年 2 月由其理事会批准实施。

1）法规

修订现行国际民航法规条款并制定新的法律文书。主要项目有：敦促更多的国家加入关于不对民用航空器使用武力的《芝加哥公约》第 3 分条和在包用、租用和换用航空器时由该航空器登记国向使用国移交某些安全职责的第 83 分条（我国均已加入）；敦促更多的国家加入《国际航班过境协定》；起草关于统一承运人赔偿责任制度的"新华沙公约"；起草关于导航卫星服务的国际法律框架。

2）航行

制定并刷新关于航行的国际技术标准和建议措施是 ICAO 最主要的工作，《芝加哥公约》的 18 个附件有 17 个都是涉及航行技术的。战略工作计划要求这一工作跟上国际民用航空的发展速度，保持这些标准和建议措施的适用性。

规划各地区的国际航路网络、授权有关国家对国际航行提供助航设施和空中交通与气象服务、对各国在其本国领土之内的航行设施和服务提出建议，是 ICAO "地区规划"（Regional Air Navigation Planning）的职责，由 7 个地区办事处负责运作。由于各国越来越追求自己在国际航行中的利益，冲突和纠纷日益增多，ICAO 的统一航行规划难以得到完全实施。战略工作计划要求加强地区规划机制的有效性，更好地协调各国的不同要求。

3）安全监察

ICAO 从 20 世纪 90 年代初开始实施安全监察规划，主要内容为各国在志愿的基础上接受 ICAO 对其航空当局安全规章的完善程度以及航空公司的运行安全水平进行评估。这一规划已在第 32 届大会上发展成为强制性的"航空安全审计计划"（Aviation Safety Audit Program），要求所有的缔约国必须接受 ICAO 的安全评估。

安全问题不仅在航空器运行中存在，在航行领域的其他方面也存在，如空中交通管制和机场运行等。为涵盖安全监察规划所未涉及的方面，ICAO 还发起了"在航行域寻找安全缺陷"（Program for Identifying Safety Shortcomings in the Air Navigation Field）计划。

作为航空安全的理论研究，现实施的项目有"人为因素"（Human Factors）和"防止有控飞行撞地"（Prevention of Controlled Flight into Terrain）。

4）制止非法干扰

制止非法干扰即我国通称的安全保卫或空防安全。这项工作的重点为敦促各缔约国按照附件 17 "安全保卫"规定的标准和建议措施，特别加强机场的安全保卫工作，同时大力开展 ICAO 的安全保卫培训规划。

5）实施新航行系统

新航行系统即 "ICAO 通信、导航、监视/空中交通管制系统"，是集计算机网络技术、卫星导航和通信技术以及高速数字数据通信技术于一体的革命性导航系统，将替换现行的陆基导航系统，大大提高航行效率。新航行系统在 20 世纪 80 年代末由国际组织提出，20 世纪 90 年代初完成全球规划。这种新系统要达到全球普遍适用的程度，尚有许多非技术问题要解决。战略工作计划要求攻克的难题包括：全球卫星导航系统（global navigation satellite system，GNSS）的法律框架，运行机构，全球、各地区和各国实施进度的协调与合作、融资与成本回收等。

6）航空运输服务管理制度

ICAO 在航空运输领域的重点工作为 "简化手续"，即 "消除障碍以促进航空器及其旅客、机组、行李、货物和邮件自由地、畅通无阻地跨越国际边界"。18 个附件中唯一不涉及航行技术问题的就是对简化手续制定标准的建议措施的附件 9 "简化手续"。

在航空运输管理制度方面，1944 年时 ICAO 曾试图制定一个关于商业航空权的多边协定来取代大量的双边协定，但未获多数代表同意。因此，国家之间商业航空权的交换仍然由双边谈判来决定。ICAO 在这方面的职责为：研究全球经济大环境变化对航空运输管理制度的影响，为各国提供分析报告和建议，为航空运输中的某些业务制定规范。战略工作计划要求 ICAO 开展的工作有：修订计算机订座系统营运行为规范、研究服务贸易总协定对航空运输管理制度的影响。

7）统计

《芝加哥公约》第 54 条规定，理事会必须要求、收集、审议和公布统计资料，各成员国有义务报送这些资料。这不仅对指导 ICAO 的审议工作是必要的，而且对协助各国民航当局根据现实情况制定民航政策也是必不可少的。这些统计资料主要包括：承运人运输量，分航段运输量，飞行始发地和目的地，承运人财务，机队和人员，机场业务和财务，航路设施业务和财务，各国注册的航空器以及飞行员执照等。

ICAO 的统计工作还包括经济预测和协助各国规划民航发展。

8）技术合作

鉴于不少发展中国家引进民航新技术主要依靠外来资金，ICAO 强调必须继续维持其技术合作机制，资金的来源一是靠发达国家捐款，二是靠受援助国自筹资金，委托给 ICAO 技术合作局实施。

9）培训

ICAO 向各国和各地区的民航训练学院提供援助，使其能向各国人员提供民航各专业领域的在职培训和国外训练。战略工作计划要求，今后培训方面的工作重点是加强课程的标准化和针对性。

6. 同中国关系

我国是 ICAO 的创始国之一，于 1944 年签署了《芝加哥公约》，并于 1946 年正式成为会员国。1971 年 11 月 19 日，ICAO 第 74 届理事会第 16 次会议通过决议，承认中华人民共和国政府为中国唯一合法代表。2004 年在 ICAO 的第 35 届大会上，我国当选为一类理事国。蒙特利尔设有中国常驻 ICAO 理事会代表处。作为 ICAO 的创始国之一，中国积极参与 ICAO 各类活动和项目。近年来，中国为亚洲、非洲和拉丁美洲等发展中国家提供了 400 余名航空专业人员的培训，向 ICAO 提供了 400 万美元的南南合作援助基金。

（二）国际航空运输协会

国际航空运输协会（International Air Transport Association，IATA）是一个由世界各国航空公司所组成的大型国际组织，其前身是 1919 年在海牙成立并在第二次世界大战时解体的国际航空业务协会，总部设在加拿大的蒙特利尔，执行机构设在日内瓦。与监管航空安全和航行规则的 ICAO 相比，它更像是一个由承运人（航空公司）组成的国际协调组织，管理在民航运输中出现的诸如票价、危险品运输等问题。

1. 性质

IATA 从组织形式上是一个航空企业的行业联盟，属非官方性质组织，但是世界上的大多数国家的航空公司是国家所有，即使非国有的航空公司也受到所属国政府的强力参与或控制，因此 IATA 实际上是一个半官方组织。它制定运价的活动，也必须在各国政府授权下进行，它的清算所对全世界联运票价的结算是一项有助于世界空运发展的公益事业，因而 IATA 发挥着通过航空运输企业来协调和沟通政府间政策，解决实际运作困难的重要作用。

2. 宗旨

IATA 的宗旨是"为了世界人民的利益，促进安全、正常和经济的航空运输，扶植航空交通，并研究与此有关的问题""对于直接或间接从事国际航空运输工作的各空运企业提供合作的途径""与 ICAO 及其他国际组织协力合作"。

3. 组织结构

全体全员大会是最高权力机构；执行委员会有 27 名执行委员，由年会选出的空运企业高级人员组成，任期三年，每年改选 1/3，协会的年度主席是执委会的当然委员。常设委员会有运输业务、技术、财务和法律委员会；秘书处是办事机构。在新加坡、日内瓦、贝鲁特、布宜诺斯艾利斯、华盛顿设地区运输业务服务处；在曼谷、日内瓦、伦敦、内罗毕、里约热内卢和达喀尔等设地区技术办事处；在日内瓦设清算所。

4. 机构组成

全体会员大会是 IATA 的最高权力机构，每年举行一次会议，经执行委员会召集，也可随时召开特别会议。所有正式会员在决议中都拥有平等的一票表决权，如果不能参加,也可授权另一正式会员代表其出席会议并表决。全体会员大会的决定以多数票通过。在全体会员大会上,审议的问题只限于涉及 IATA 本身的重大问题,如选举协会的主席和执行委员会委员、成立有关的委员会以及审议本组织的财政问题等。

执行委员会是全会的代表机构,对外全权代表 IATA。执行委员会成员必须是正式会员的代表,任期分别为一年、两年和三年。执行委员会的职责,包括管理协会的财产、设置分支机构、制定协会的政策等。执行委员会的理事长是协会的最高行政和执行官员,在执行委员会的监督和授权下行使职责并对执行委员会负责。

IATA 分为运输、财务、法律和技术委员会。各委员会由专家、区域代表及其他人员组成并报执行委员会和全体全员大会批准。目前运输委员会有 30 名成员,财务委员会有 25 名成员,技术委员会有 30 名成员,法律委员会有 30 名成员。

IATA 总部设在加拿大蒙特利尔,但主要机构还设在日内瓦、伦敦和新加坡。IATA 还在安曼、雅典、曼谷、达卡、香港、雅加达、吉达、吉隆坡、迈阿密、内罗毕、纽约、波多黎各、里约热内卢、圣地亚哥、华沙和华盛顿等地设有地区办事处。

5. 基本职能

IATA 的基本职能包括:国际航空运输规则的统一、业务代理、空运企业间的财务结算、技术上合作、参与机场活动、协调国际航空客货运价、航空法律工作、帮助发展中国家航空公司培训高级和专门人员。

6. 主要活动

IATA 的活动分为三种。①同业活动:代表会员进行会外活动,向具有权威的国际组织和国家当局申述意见,以维护会员的利益;②协调活动:监督世界性的销售代表系统,建立经营标准和程序,协调国际航空运价;③行业服务活动:承办出版物、财务金融、市场调研、会议、培训等服务项目。通过上述活动,统一国际航空运输的规则和承运条件,办理业务代理及空运企业间的财务结算,协调运价和班期时刻,促进技术合作,参与机场活动,进行人员培训等。

7. 成员申请

IATA 的会员分为正式会员和准会员两类。IATA 会籍向获得符合 ICAO 成员国身份的政府所颁发执照的任何提供定期航班的经营性公司开放。IATA 正式会员向直接从事国际经营的航空公司开放,而 IATA 准会员身份只向经营国内航班的航空公司开放。IATA 现有两百多家会员航空公司。

申请加入 IATA 的航空公司如果想成为正式会员,必须符合下列条件:批准其申请的政府是有资格成为 ICAO 成员的国家政府;在两个或两个以上国家间从事航空服务。其他航空公司可以申请成为准会员。IATA 的执行委员会负责审议航空公司的申请并有权决定接纳航空公司成为正式会员或准会员。

8. 工作内容

根据 1978 年国际航空运输特别大会决定,IATA 的活动主要分为两大类:行业协会活动和运价协调活动。1988年又增加了行业服务。

1）运价协调

IATA 通过召开运输会议确定运价，经有关国家批准后即可生效。第二次世界大战以后，确立了通过双边航空运输协定经营国际航空运输业务的框架。在此框架内，由哪一家航空公司经营哪一条航线以及运量的大小，由政府通过谈判确定。同时，在旅客运价和货物运价方面也采用一致的标准，而这个标准的运价规则是由 IATA 制定的。如有争议，有关国家政府有最后决定的权力。

2）运输服务

IATA 制定了一整套完整的标准和措施以便在客票、货运单与其他有关凭证以及对旅客、行李和货物的管理方面建立统一程序，这也就是运输服务，主要包括旅客、货运、机场服务三个方面，也包括多边联运协议。

3）代理人事务

IATA 在 1952 年就制定了代理标准协议，为航空公司与代理人之间的关系设置了模式。举行一系列代理人课程培训，为航空销售业造就合格人员。近年来随自动化技术的应用发展制定了适用客、货销售的航空公司与代理人结算的"开账与结算系统"和"货运账目结算系统"。

4）法律

IATA 的法律工作主要表现在：为世界航空的平稳运作而设立文件和程序的标准；为会员提供民用航空法律方面的咨询和诉讼服务；在国际航空立法中，表达航空运输承运人的观点。

5）技术

IATA 对《芝加哥公约》附件的制定起到了重要的作用，目前在技术领域仍然进行着大量的工作，主要包括航空电子和电信、工程环境、机场、航行、医学、简化手续以及航空保安等。

9. 会员关系管理

IATA 七个地区办事处为：北美地区办事处（美国华盛顿），南美地区办事处（智利圣地亚哥），欧洲地区办事处（比利时布鲁塞尔），非洲地区办事处（瑞士日内瓦），中东地区办事处（约旦安曼），亚太地区办事处（新加坡），北亚地区办事处（中国北京）。

作为全世界七个地区办事处之一，北亚地区办事处成立于 1996 年，办公地点设在北京。其主要职责是在本地区介绍 IATA 为促进世界航空运输发展而制定的各项政策和发展战略；加强 IATA 业务活动的开展；促进 IATA 产品和服务的推广；了解、分析本地区航空运输政策的发展动向；保障 IATA 项目在本地区的顺利进行；协助 IATA 中国办事处各部门的工作。

（三）国际机场协会

国际机场协会（Airport Council International，ACI）于 1991 年成立。ACI 由六个地理区域组织构成：非洲、亚洲、欧洲、拉丁美洲/加勒比海、北美和太平洋地区，总部设在蒙特利尔，地区总部分别设在开罗、新德里、布鲁塞尔、加拉加斯、华盛顿和檀香山。1991年成立了ACI的常设委员会以及同主题的地区委员会。

ACI有五个常设委员会：经济、环境、简化手续和便利旅客流程、安全、技术和安全。四个小组委员会：机场信息技术、环境保护、货物、运行安全。

为了充分保证自己的利益和影响力，全球机场行业需要一个强大的声音。ACI旨在提高全球机场的收益，促进机场管理和运行在专业方面日臻完善。为了支持机场行业在全球经济和社会活动中的重要角色，ACI寻求使机场行业在维持、发展和繁荣现有的安全、环保、高效的全球空中交通系统方面起到最大的作用。

由于航空运输系统内的各个组成部分是相互依存的，因此ACI的一个主要目标就是实现与航空业内各组成部分、相关人士及政府的高度合作。

机场要想稳定、有效且有利润地运行，需要一个平衡、合适的经济法律环境。为了确保机场权益能够被充分考虑，ACI代表机场行业的利益，努力去影响国际和国内的法律、规章、政策及标准。

通过ACI的出版物、会议、委员会、培训、学习项目以及多个ACI的网站，可以便捷地交流机场的最佳实践方法，从而促进了彼此的沟通。

（四）中国航空运输协会

中国航空运输协会（China Air Transport Association，CATA）于2005年9月26日成立，是依据我国有关法律规定，以民用航空公司为主体，由企、事业法人和社团法人自愿参加结成的、行业性的、不以营利为目的，经民政部核准登记注册的全国性社团法人。

1. 主要职责

CATA的目标任务：围绕国家改革发展大局，围绕企业经营的热点、难点，围绕维护会员单位合法权益，积极推进各项工作，坚定地走自立、自主、自律、自我发展的道路，以服务为本，把协会建设成中国航空运输企业之家、会员之家，以创新为源，把协会办成高效率、有信誉，具有国际影响的先进社团组织。

2. 建设宗旨

CATA的工作方针：以党和国家的民航政策为指导，以服务为主线，以会员单位为工作重点，积极、主动、扎实、有效地为会员单位服务，提高经济效益，努力创造公平竞争、互利互惠、共同发展的健康和谐的航空运输环境。

3. 业务范围

（1）宣传、贯彻党和国家关于民航业的路线方针政策、法律法规、标准制度及有关文件精神。

（2）研究国际国内民航市场发展形势、经济形势和世界动向，探讨航空运输企业建设、改革和发展中的理论与实践问题，在改革开放、发展战略、产业政策、科技进步、市场开拓、技术标准、行业立法等方面，为政府提供信息，并及时向政府有关部门反映会员单位的意见和建议。通过政策性建议，争取政府有关部门的指导和支持，为航空运输企业提供管理咨询等。

（3）根据中国民用航空局的授权、政府部门的委托及会员单位的要求，对有关专业人员进行培训和资质、资格认证。

（4）传播国际国内航空运输企业先进文化，组织举办航展、会展。

（5）编辑出版协会刊物，为会员单位及航空理论专家、学者、业内人士提供知识、经验、学术交流平台。

（6）组织国内外培训考察活动，开展会员单位间的业务交流与合作，促进航空运输企业核心竞争力的提高和持续发展。

（7）协调会员单位之间各方面的关系，建立起公平竞争、相互发展的经济关系。

（8）督导做好航空销售代理人的自律工作，监督并约束会员单位业务代理的行为规范，反对不正当竞争，维护航空运输企业的合法权益。

（9）在飞机引进、市场准入、基地设置等资源配置方面，为业务主管单位和航空运输企业提供评估报告，作为其决策依据之一。

（10）中国民用航空局委托承办的其他业务。

4. 组织机构

CATA 设理事长、副理事长、秘书长等领导职务。下设综合事务部、党群工作部、计划财务部、运输业务部、通航业务部、团标环保部、科技培训部、交流会展部、发展研究部九个部门。分支机构有航空安全工作委员会、通用航空工作委员会、航空运输销售代理工作委员会、航空油料分会、客舱乘务工作委员会、航空食品分会、法律工作委员会、收入会计工作委员会、海峡两岸航空运输交流工作委员会和航空物流发展专项基金管理委员会等多个委员会。在华北、华东、中南、西南、西北、东北和新疆分别设有代表处。

5. 发起单位

CATA 由中国航空集团有限公司、东航、中国南方航空集团公司、海南航空控股股份有限公司、上海航空股份有限公司、中国民航大学、厦门航空有限公司、深圳航空有限责任公司、四川航空股份有限公司等单位发起。

（五）中国民用机场协会

中国民用机场协会（China Civil Airports Association，CCAA）是经中国民用航空局、民政部批准的中国民用机场行业唯一的合法代表，总部设在北京，是由全国民用机场自愿结成的非营利性的行业组织。

1. 建设宗旨

CCAA 按照"共同参与、共同分享、共同成就"的指导思想，以维护会员合法权益为宗旨，采用多种形式服务会员，诸如举办各类国内外交流会议、收集和评估机场发展信息、组织课题调研和提出政策建言，并受政府委托，起草行业标准、推动新技术运用等。

2. 团体会员

CCAA 总部设在北京，截至 2024 年 12 月 31 日，有会员 594 家，会员机场旅客吞吐量、货运量和航班起降架达到全国总量的 99%以上。

3. 协会宗旨

（1）宣传和贯彻中国共产党与政府的路线、方针、政策、法律及行业法规。

（2）按照"共同参与、共同分享、共同成就"的指导思想，为会员提供交流合作平台，提出行业政策建议，推动我国机场管理和建设水平不断提高。

（3）阐述行业立场，表达会员心声，维护会员合法权益，成为中国机场界与政府、社会环境之间积极有效的沟通渠道。

（4）协助解决会员之间的矛盾和争议，和谐会员关系，促进行业自律和健康发展。

4. 业务范围

（1）举办多种形式的与机场业务相关的交流活动。

（2）开展与机场业务相关的信息收集、分析咨询和评比服务。

（3）受政府委托，起草机场行业标准，推动新技术运用。

（4）根据机场行业发展实际和趋势，进行相关课题的调查研究，向政府有关部门提出政策或立法建议。

（5）组织开展与机场业务相关的国际交流与合作。

（6）编辑出版协会刊物，建设协会网站。

二、民航运输规则及相关规定

（一）《芝加哥公约》

《国际民用航空公约》，通称《芝加哥公约》。1944 年 12 月 7 日于美国芝加哥订立，1947 年 4 月 4 日正式生效。中国为该公约缔结国。1971 年 2 月 15 日中国正式宣告承认该公约，1974 年 3 月 28 日该公约正式对中国生效。该公约有以下规定。

（1）缔约各国承认每一国家对其领土之上的空气空间享有完全的排他的主权。

（2）根据国际航空运输的发展和实践，公约对定期航班和不定期航班飞行的权利做出了有关规定。

（3）对从事国际飞行的航空器的国籍和航空器应具备的条件做出了规定。

（4）缔约各国同意采取一切可行的措施，通过发布特别规章或其他方法，以便利和加速航空器在缔约各国领土间的航行。

（5）制定了国际民航技术标准和建议的措施。

（二）《华沙公约》

《华沙公约》又称《统一国际航空运输某些规则的公约》，是有关国际航空运输凭证和承运人责任的国际公约。1929 年在华沙签订，1933 年生效，1999 年修订后，共 7 章

57条。其中对运输凭证（客票、货运单）的格式、适用范围以及承运人的责任及联运等内容做了明确规定。

该公约特别规定，在运输过程中由于承运人的过失使旅客、托运人或收货人遭受损失，承运人应该承担赔偿责任。该公约同时规定，承运人对每名旅客的最大赔偿责任是12.5万金法郎，行李和货物的赔偿责任每千克250金法郎，旅客手提行李每人不超过5000金法郎。这里的金法郎是指含有900/1000成色的65.5克黄金的金法郎。

（三）《服务贸易总协定》

在民航运输服务领域里，早在1990年ICAO就与当时的关税与贸易总协定达成共识：在民航运输业的"硬约束"方面，即航空权、航路、航空器适航、飞行安全、人员执照等方面要受ICAO签署的协议和颁发的规则的约束；在民航运输业的"软约束"方面，即民用航空器贸易、民航客货运输销售、计算机订座、航空器及附件维修方面要受ICAO签署的协议和颁发的规则的约束。

（四）业务规则

1.《旅客航空运价》

《旅客航空运价》（Passenger Air Tariff，PAT）是由IATA与国际航空电信协会（Société Internationale de Télécommunications Aéronautiques，SITA）共同出版发行的国际旅客运输资料。这套资料共分为四册：《一般规则手册》（*General Rules*，季刊）、《运价手册》（*Worldwide Fares*，月刊/季刊+其他月的更新版）、《运价规则手册》（*Worldwide Rules*，季刊）、《最大允许里程》（*Maximum Permitted Mileages*，年刊），主要内容包括运价规则、票价结构等。

2.《航空货物运价》

《航空货物运价》（The Air Cargo Tariff，TACT）是由IATA出版的一套运价资料，分为规则手册和运价手册。规则手册每年出版两期，主要介绍运价计算规则、航空货运单填写规定等内容，其中还包括两字代码、三字代码等常用表格。运价手册每两月出版一期，公布世界城市之间直达航空货物运价和比例运价以及使用运价的特殊规定等内容。

3.《活体动物规则》

《活体动物规则》（Live Animal Regulations，LAR）由IATA颁布。其中主要包括有关活体动物运输的各项内容，如包装种类、操作和仓储标准等，目的是保证活体动物能安全到达目的地。

活体动物的运输在整个国际航空运输中占有非常重要的地位。活体动物不同于其他货物，对环境的变化很敏感。活体动物的种类繁多，各具特性，所以在运输过程中应当符合各国的政府规定、体现人道主义。处理活体动物的工作人员必须经过专门培训并且要熟练掌握和使用《活体动物规则》。

4. 《危险品规则》

《危险品规则》（Dangerous Goods Regulations，DGR）根据 IATA 货运服务大会的授权，由 IATA 委员会制定。2024 年 1 月开始执行《危险物品手册》65 版新规则。

DGR 是 IATA 为向托运人和所有商业航空运输方面安全地空运具有危险性的物质与制品提供各种程序而制定、颁布的规范性文件，包括适用范围、限制、分类、识别、包装、包装规格和性能试验、标记和标签、文件、操作、放射性物质十章，为运营人安全有序地接收和运输危险品提供了统一和谐的航空运输秩序。

5. 官方航空指南

官方航空指南（official airlines guide，OAG）分为航班指南和航班指南附录两个版本。OAG 公司成立于 1853 年，总部位于英国卢顿，自 1929 年开始专注于全球民航数据领域，主要提供航站、航班信息等。

OAG 公司作为全球航班计划数据库的管理和维护方，在全球航班换季和日常计划更新时，由 OAG 接收来自全球航空公司的航班计划，经过 OAG 的校准和整理，发布到全球分销系统（global distribution system，GDS），以支撑全球机票销售。OAG 数据库中包含近 1000 家全球航空公司数据和近 4500 个机场的数据，各数据库可以实现每天更新和动态更新。

6. 中国民航运输管理规定

1）中国民航旅客运输管理相关规定

为了加强公共航空运输旅客服务管理，保护旅客合法权益，维护航空运输秩序，根据《中华人民共和国民用航空法》《中华人民共和国消费者权益保护法》《中华人民共和国电子商务法》等法律、行政法规，由交通运输部制定了《公共航空运输旅客服务管理规定》，自 2021 年 9 月 1 日起施行。主要内容包括：明确了对提供公共航空运输旅客服务的相关市场主体的总体要求；聚焦客票销售、客票变更和退票等关键环节，切实保护消费者合法权益；优化旅客的乘机和行李运输环节体验，保障旅客高效出行、便捷出行、安全出行；畅通旅客维权渠道，加强对旅客投诉处理的闭环管理，切实维护旅客合法权益。

2）中国民航货物运输管理相关规定

为了加强对国内和国际航空货物运输的管理，维护正常的航空运输秩序，保护承运人、托运人和收货人的合法权益，维护正常的国际航空运输秩序，根据《中华人民共和国民用航空法》的规定，制定《中国民用航空货物国内运输规则》（自 1996 年 3 月 1 日起施行）和《中国民用航空货物国际运输规则》（自 2000 年 8 月 1 日起施行）。其中主要包含货运托运、货物收运、运价、运费和其他费用、运输货物、货物交付、特种货物运输等内容。

3）中国民航危险品运输管理相关规定

为加强危险品航空运输管理，促进危险品航空运输发展，保证航空运输安全，根据《中华人民共和国民用航空法》和有关法律、行政法规，制定《民用航空危险品运输管理规定》，自 2024 年 7 月 1 日起施行。主要包括运输限制、运输许可、运输手册管理、托运人责任、承运人及其地面服务代理人责任、运输信息、培训管理、监督管理、法律责任等内容。

第二节 民航客货运输的概念

一、民航客货运输的分类与含义

（一）民航客货国际运输

民航客货国际运输是指根据有关各方所定契约，不论在运输中有无间断或转运，其出发地和目的地处在两个缔约国领土内，或处在一个缔约国的领土内而在另一缔约国的领土内有一个约定的经停点的客货运输。

（二）民航客货国内运输

民航客货国内运输是指根据有关各方所定契约，不论在运输中有无间断或转运，其出发地和目的地以及所有的约定停留地都在一个缔约国的领土内的客货运输。

二、运输对象

从航空运输的对象出发，可分为航空旅客运输、航空行李运输和航空货物运输三类。航空行李运输是航空特殊的既可附属于航空旅客运输中，也可看作一个独立的运输过程。航空邮件运输是特殊的航空货物运输，一般情况下优先运输，受《中华人民共和国邮政法》及相关行政法规、部门规章等约束，不受《中华人民共和国民用航空法》相关条文约束。

三、承运人

（一）含义

承运人指包括填开运输凭证的航空承运人和承运或约定承运该凭证所列旅客及其行李、货物、邮件的所有航空承运人。

（二）分类

民航承运人按照航班运营的形式可分为定期航班承运人或者航空公司和非定期航空承运人。按照业务种类分为客运承运人和货运承运人。按照所有权分为国有控股承运人和民营承运人。

（三）我国[①]主要航空公司

截至 2023 年底，中国民用航空局 121 部下属有 66 家航空公司，包括国航、东航、

---

① 未含港澳台数据。

南航、重庆航、厦航、海航、长安航、天津航、首都航、金鹏航、祥鹏航、山航、上航、中联航、深航、川航、奥凯航、成都航、春秋航、华夏航、东海航、吉祥航、大新华航、西部航、河北航、昆明航、幸福航、西藏航、长龙航、瑞丽航、青岛航、乌鲁木齐航、福州航、九元航、北部湾航、江西航、多彩贵州航、湖南航、桂林航、龙江航、天骄航等。

2023年，我国66家航空公司按不同所有制类别划分：国有控股公司39家，民营和民营控股公司27家。按航空公司类型分：客运航空公司53家，全货运航空公司13家。

四、代理人

（一）含义

代理人指从事民用航空运输销售代理业务的企业。

（二）分类

根据其所代理的产品不同，分为航空货物运输销售代理人（简称货运代理）和航空旅客运输销售代理人（简称客运代理）

1. 货运代理

航空货运代理是指通过IATA资格认证并取得航空货运一类（国际）、二类（国内）航空货运代理企业，可与航空公司直接洽谈合作销售事宜。

业务优势：①可与航空公司直接合作签约；②可以自己公司的名义签发航空货运主单；③可接受货运代理同行的委托货单。

2. 客运代理

国际代理（一类）：经营国际航线的民用航空客运销售代理业务。一类客运代理人的注册资本不得少于人民币150万元，需由中国民用航空局审批。

国内代理（二类）：经营国内航线的民用航空客运销售代理业务。二类客运代理人的注册资本不得少于人民币50万元，由民航地区管理局审批。

五、运输工具

（一）飞机

飞机作为民航客货运输工具，其物理特征给民航客货运输的实现带来诸多限制条件，如旅客的人数、货物的重量、体积等均会受到飞机特征的影响，而相对来说，其他运输方式受到运输工具的影响程度要小得多，可以根据旅客和货物的数量、重量、体积的要求重新设计及改装运输工具，以满足其特定需求。但是，受飞行安全法规的限定，飞机的载运能力都是一定的，各种型号的飞机都有严格的限制条件。例如，对于民航货物运输来说，在接收旅客和货物时一定要考虑机型与货物物理特征的匹配性，尤其对于全航程使用一种以上机型的情况，不管是散货还是集装货物的运输都必须保证此件货物能适应此航程的所有机型，从而顺利地运送到目的地。

1. 飞机的分类

按照不同的标准，飞机被划分为不同的类型。

1）飞机按机身宽度分类

按照机身的宽度，飞机被划分为窄体飞机和宽体飞机。

窄体飞机：这类飞机的客舱宽度大约为 3 m，且旅客的座位之间只有一条通道，飞机的下舱一般只能装散。目前，航空公司使用的窄体飞机主要有波音系列：B707、B717、B727、B737、B757；空客系列：A320、A321 等。

需要注意的是，A320 虽然是窄体飞机，但可以装运集装货物。不过，它所能装运的集装箱是经过特别设计的，其最大高度为 117 cm，而一般宽体飞机所装运集装箱的最大高度为 163 cm。

宽体飞机：宽体飞机的客舱有两条通道，旅客座位因此被划分为三部分。它的内部宽度不小于 4.72 m。宽体飞机底部的主货舱可以装载集装箱或集装板货物，散装货物装载于尾部的散货舱中。常见的宽体飞机有空客系列：A300-B、A310、A330、A340；波音系列：B747、B767、B777、B787 等。

机型的后面可能还有附加的数字，它表明飞机的系列，即虽然是同一机型，但构造却各有差异。例如，A310-200 表示空中客车 A310，200 系列；B747-400 表示波音 B747，400 系列。

2）飞机按用途分类

按照飞机的用途，飞机被划分为全客机、全货机以及客货两用机，关键是看飞机的主舱，因为飞机的下舱总是用于装载货物、邮件和行李。

（1）全客机：主舱用于载客，下舱用于装载货物、邮件和行李。

（2）全货机：主舱用于装载货物，下舱用于装载货物和邮件。

（3）客货两用机：主舱的前部用于载客，主舱的后部用于装载货物，下舱用于装载货物、邮件和行李。

2. 飞机的布局

根据飞机内部空间的使用计划，航空公司将对每一种布局形式给出相应的代码。这个代码通常被称为飞机的"version"（版本）。飞机的布局取决于它的设计方案。

根据不同的用途，一般来说，飞机的客舱布局包括头等舱、公务舱和经济舱。但是，针对同一个机型，不同航空公司的飞机布局也可能不相同。另外，飞机布局还规定了不同舱位最大座位数以及货舱所能装载货物、邮件和行李的最大重量。

3. 飞机的舱位安排

1）主舱与下舱

从结构上讲，除了波音 747 设置有上舱以外，现代飞机的舱室通常分为主舱和下舱。

如前所述，主舱一般用于载运旅客即作为客舱，但对于货机主舱全部用于载货，客货两用型飞机主舱的一部分用于载货。

主舱（main deck）一般是用于载运旅客，属于客舱。在客货两用机上，主舱要专门划分出一部分用于装货。在全货机上，主舱全部用于装载货物。

主舱用于装载货物时，货物可以装在：散货舱（如果客舱中设有散货舱）；座位上（经过特殊安排者）；集装板上（全货机或客货两用机）；集装箱中（全货机或客货两用机）。

下舱（lower deck）主要用来装载货物。下舱用于装载货物时，货物可以装在：散货舱、集装板上、集装箱中、集装棚里。

2）货舱及分货舱

窄体飞机的下舱仅仅用来装运散装货物，人们通常称之为"散货舱"。散货舱一般是由永久性的固体舱壁或者是可移动的软网隔离而成若干个分货舱。使用固体隔板就意味着要阻止货物超过界限，而可移动的软网则允许装载超过分货舱容积的货物（有多个分货舱的情况）。

宽体飞机的主下舱主要是装载集装货物，因此也称为集装货物舱。大多数宽体飞机的下舱也设置散货舱。主下舱的集装设备之间并未设置隔板，机舱地板装有球台（滚床）和滚棒。装机时，既可以用机械，也可以人工化地将集装器移动到指定位置上，然后，要用货舱地板上装备的锁定系统将其固定，以防止它在飞行中产生位移。用于载运集装货物的主舱和下舱还要划分为货位（positions）。每一个货位会用字母及数字组合表示货位代号，其中左和右分别用字母 L 与 R 表示，P 表示集装板。

3）货舱门

大多数飞机的下舱门都设置在飞机的右侧，每个货舱门可连接一个或两个分货舱。货舱门有向内开启和向外开启两种。

4）散货舱中货物的固定措施

货物放置在货舱内相应的位置，并且应该采用一定的措施将它固定起来，否则，随着飞机的起飞、降落，货物会相应地产生运动，这样将会损坏飞机并危及货物本身的安全。例如，货物的颠簸将损坏地板或货物本身；重大或尖锐的货物可能刺破舱壁而破坏油箱、电器的关键部位、供水设备或其他货物；甚至于，货物在货物舱内四处移动，使得飞机的重心也产生移动，结果可能会导致飞机的重心落到安全区域之外。

由此可知，将货物装进货舱后，必须牢牢地将它固定在机舱内，不使其发生位置上的移动。前述分隔货舱的固体舱壁和隔离网就是防止货物在飞行中移动所采取的主要措施。另外，其他可以使用的防护措施包括网、锚链、带子、绳子等。如果货舱内被货物所填满，货物不存在移动的可能性，就不必采用加固措施。一般情况下，散货舱和集装箱的结构可以抵抗以上情况产生的力。除此之外，如货舱内尚有一定空余的空间，或者在轻泡货物或行李中有一件重型货物（即体积小、重量大的货物）时，就有必要对这件比较重大的货物采用相应的固定措施。

如果在一批货物中含有一件或几件重型货物，接收货物时应获得其重量和体积，并且把这些数据填入航空货运单（air waybill，AWB）中。这样做的目的是让航空公司职员事先准备相应的装机计划，必要时准备垫板、束缚材料等。

特别应该注意的是，在没有直达航班飞往目的地，货物必须在途中被转移到另外一架飞机上的情况下，航空货运单上应该注明并详细描述该批货物的情况，以供相关的航站参考。假设有一票货物，总重量为 800 kgs，共 8 件，其中 7 件为小包装，1 件比重较大，重量为 550 kgs。那么，在填写货运单的时候，就不能只描述货物的品名和总的尺寸，因为那件重量为 550 kgs 的货物比重较大，在装机或转运时需要进行特殊处理，这样就必须在货运单上对该件货物予以特别注明。

4. 飞机地板承受力

飞机地板承受力指的是飞机货舱地板每平方米可承受最大重量。由于飞机货舱地板所承受的压力不同，因此，飞机在出厂的时候均规定了地板承受力限额。因此，货物装载到飞机货舱内所产生的实际承受力不能超过该限额。

（1）波音系列。下货舱散舱：732 kg/m^2；下货舱集货舱：976 kg/m^2；主货舱集货舱：1952 kg/m^2。

（2）空客系列。下货舱散舱：732 kg/m^2；下货舱集货舱：1050 kg/m^2。

$$地板承受力 = 货物重量/地面接触面积$$

如果超过限制，应使用 2～5 cm 厚的垫板，增大地板的受力面积，以降低货物对飞机地板带来的压力。

$$垫板面积 = 货物的重量/地板承受力限制$$

（二）集装器

航空货物运输的初期，无论是货物、邮件，还是托运行李，都是以散件的形式运输。到 20 世纪 60 年代中期，由于 DC-8、B707 等大型货机投入运营，为了解决大批量货物的装载和卸载的麻烦，开始在航空货物运输中使用集装器（unit load device，ULD）、集装板等集装设备，实现了航空货物运输的一次革命。

1. 集装运输的特点

集装运输就是将一定数量的单位货物拼装在集装箱或同类型的设备上，作为一个运输单位的货物运输方式。集装货物运输具有如下特点。

（1）可以减少货物装运时间，提高了工作效率。以集装运输方式进行运输，与直接用散件装机相比，可以大大缩短地面等待的时间。

（2）可以减少货物的周转次数，保持货物的完好。

（3）可以减少差错事故，提高了运输质量。采用集装设备，可以提前按货物的到达站和种类进行集装，成组地上机或下机，降低了发生差错事故的概率。

（4）节省货物的包装材料和费用。集装箱的箱体比较坚固，对货物能起保护作用。所以，对于采用集装箱进行运输的货物，对包装的要求就比较低，这样就有效地减少了包装材料和费用。

（5）有利于组织联合运输和开展"门到门"的服务。货物运输逐步集装箱化，组织海空、陆空联合运输，是现代货物运输发展的大趋势。集装设备也可以直接租给用户，送货上门，开展"门到门"的服务。

2. 集装设备的种类

装运集装货物的飞机，在飞机的货舱内都有固定集装器的设备，能够把集装器固定于飞机的货舱内。这时，集装器就成为飞机的一个组成部分。飞机上使用的集装器一般都有严格的尺寸规定。

（1）按是否已注册划分，飞机的集装器可分为注册的集装器和非注册的集装器。

注册的集装器是由国家有关的政府部门授权的专业厂家生产，适宜于飞机的安全载运，在使用过程中不会对飞机的内部结构造成损伤。

非注册的集装器是指未经有关政府部门的许可而生产的，未取得适航证书的集装器。非注册的集装器不能被看作飞机的一部分，因为它与飞机不相匹配。一般而言，非注册的集装器是不允许装入飞机的主货舱的。这种集装器一般在地面环境中使用，在一些特定机型的货舱中有时也使用非注册的集装器。

（2）按照集装设备的结构，可分为集装板、集装棚和集装箱。

集装板：集装板是一个由平整底面、中间夹层的硬铝合金制成的平板，四边带有卡锁轨或网带卡锁眼。货物一般在地面上就已经被放置在集装板上，并用一张网套或者角绳、绑带等固定，然后装入飞机货舱，并固定在货舱的地板上。集装板的识别代号以字母"P"打头。

集装棚：集装棚可分为结构性的集装棚和非结构性的集装棚两种。

非结构性的集装棚：为了充分利用飞机货舱的空间，保护飞机的内壁，还可以增加非结构性的棚罩（可用轻金属制成），罩在货物和网套之间，这就是非结构性的集装棚。

结构性的集装棚：是指带有固定在底板上的外壳的集装器，它形成了一个较为完整的箱体，不需要网套的固定。此类集装棚有的是长方形的，有的是拱形的。

集装箱：集装箱是一个独立的箱体，它直接与飞机上的装载和固定系统结合，而不需要任何附属设备。集装箱的箱体比较坚固，足以保证所装货物的安全和飞机的结构不受损害。因而，装载集装货物的货舱与一般装载散装货或者非标准集装器的货舱相比，不需要特别坚固。

还有一些特殊用途的集装箱，如保温箱，保温箱是使用绝缘材料制造的箱体，通过密封或动力控制等方法控制箱内的温度，以便装载一些特殊的货物。还有一些专用集装器，可用于运载活体动物或其他特种货物，如马厩（horse stall）、牛栏（cattle stall）、汽车运输设备（automobile transport equipment）等。

3. 集装器的代码

为了便于对集装器进行管理，在每一个集装器的面板和四周标注上一定的代码，如PAP2233CA等。这些代码代表着集装器的类型、尺寸、外形、与飞机的匹配以及是否已经注册等。九个字母或数字均代表特定的意义。

4. 体积限制

对于集装箱而言，它对所装货物是有体积限制的。尽管集装板的底座适合于几种机型的货舱使用，但是集装板上所装货物的形状要与所承运的飞机的货舱内部形状相适应。各种机型货舱的最大允许横截面均已公布，需要的时候可以查阅相关资料。为了固定集装板所装货物，可以使用模架来限制板上所装货物。用这种方法打板既不会超过允许尺寸，又正好能够装入指定的飞机货舱。

另外，集装板和集装箱是否能够装入飞机，不仅取决于该飞机货舱内的形状，还与飞机货舱门的尺寸及位置有关。

5. 集装器底板承受力

集装器底板的最大单位面积承受重量不得超过额定负荷。集装箱的底板和集装板单位面积所能承受的力是由该设备的类型决定的。当出现超限的情形时，应为此件货物加垫板，使其重量分散在集装器的底板上。

6. 集装器内货物的限制

虽然有些货物满足前面所规定的集装条件（如重量、体积、集装器的底板负荷等）限制，但是它们不能装在集装箱内运输。这些货物包括危险品和活体动物。

（1）危险品。由托运人或代理人装好的集装箱内不能含有危险品（干冰除外）和运输条件上受到严格限制的货物。

（2）活体动物。由于热血动物和某些冷血动物的运输需要氧气，而集装棚或完全封闭的集装箱不能满足这一特殊要求。所以这样的动物不能用集装箱运输。然而，某些冷血动物，如热带鱼等则可以用集装箱运输，因为它们不需要额外的氧气供应。

六、航空权

（一）概念

航空权（traffic rights，简称航权）按国际惯例被称为"空中自由"，航权的概念起源于1944年芝加哥会议，也称之为空中自由权（freedoms of the air），其法律根据是1944年的《国际航班过境协定》的规定，具体是指国际航空运输中的过境权利和运输业务权利。

航权是世界航空业通过ICAO制定的一种国家性质的航空运输权利，因为航空运输只要超出自己的国界就涉及其他国家的主权，国际航空运输就需要在全球行业范围内有一个统一的规定，航权就属于这个规定其中的一部分。

（二）种类

1. 第一航权：领空飞越权

第一航权指不经停而飞越另一国领土的权利。

飞出国界的第一个问题就是要看是否允许飞入或飞越其他国家的领空，这就形成了第一种权利。在不着陆的情况下，本国航机可以在协议国领空上飞过，前往其他国家目的地。

例1：北京—旧金山，中途飞越日本领空，需要和日本签订领空飞越权，获取第一航权，否则只能绕道飞行，增加燃料消耗和飞行时间。

例 2：中方承运人在经营欧美航线时多数飞越俄罗斯领空，而俄罗斯承运人经营澳大利亚与东南亚航线也可能飞越中方领空。

2. 第二航权：技术经停权

在另一国做非商务运输目的经停，即在缔约另一国领土内作加油、维修、配餐等方面的技术经停，不上下客货。

航空公司飞远程航线，由于距离太远无法从始发地直接地飞到目的地，需要选择一个地方中途加油或者清洁客舱等技术工作，那么在这个地方的起降就称为技术经停。技术经停权，仅允许用于作非商业的技术处理，也就是不允许在当地上下客货。比如中国飞美国的航班，曾经在美国安克雷奇作技术经停。本国航机可以因技术需要（如添加燃料、飞机故障或气象原因备降）在协议国降落、经停，但不得作任何业务性工作如上下客、货、邮。

例如：北京—纽约，如果由于某飞机机型的原因，不能直接飞抵，中间需要在日本降落并加油，但不允许在该机场上下旅客和货物。此时就要和日本签订技术经停权。

3. 第三航权：目的地下客权

第三航权指卸下来自航空器所属国领土的客、货、邮的权利，即本国航机可以在协议国境内卸下乘客、邮件或货物。

例如：北京—东京，如获得第三航权，中国民航飞机承运的旅客、货物可在东京进港，但只能空机返回。

4. 第四航权：目的地上客权

第四航权指在授权国领土内装上客、货、邮运往飞行国籍国的权利，即本国航机可以在协议国境内载运乘客、邮件或货物返回。

例如：北京—东京，如获得第四航权，中国民航飞机能载运旅客、邮件或货物搭乘原机返回北京。

航空公司要飞国际航线，就是要进行国际客、货运输，将本国的客货运到其他国家，将其他国家的客货运到本国，这种最基本的商业活动权利就是第三、四航权。

5. 第五航权：中间点权或延远权

第五航权指装卸前往或来自任何其他缔约国领土的客、货、邮的权利，即可以先在第三国的地点作为中转站上下客货，第五航权是要和两个或两个以上的国家进行谈判。

例如：新加坡—厦门—芝加哥，新加坡航空获得第五航权，可以在新加坡—芝加哥航线上在厦门经停，上下客货。第五航权有两种形式。

第一种：承运人本国（第一国始发地）—中途经停第三国—目的地国（第二国）。

承运人从本国运输客货到另一国家时中途经过第三国（也就是始发地国家和目的地国家以外的其他国家），并被允许将途经第三国拉的客货卸到目的地国。这种权利是第五航权的一种。

第二种：承运人本国（第一国始发地）—目的地国（第二国）—以远点第三国。

第五航权的第二种是以远点国家的运输，承运人将自己国家始发的客货运到目的地国家，同时又被允许从目的地国家装载客货，并允许运到另一个国家。

可以看出只有在同时具有这两种第五航权时，承运人才可以完整地使用这些权利，否则，即便获得了其中之一，也很难进行操作。

第五航权是针对两个国家的双边协定而言的，在两国的协定中允许对方行使有关第三国运输的权利。但是在没有第三国同意的情况下，这个权利等于没有。因此航空公司在用这个权力的时候，必然同时要考虑中国与这个"第三国"有没有相应的权利。

第五航权之所以复杂，就是因为它涉及多个双边协定，并且在不同的协定中意味着不同种类的航权。第五航权的开放意味着外航不仅要分享对飞国之间的市场，同时还要分享中国到第三国的市场资源。

6. 第六航权：桥梁权

第六航权指经过承运人本国进行前往或来自任何其他国家航空运输的权利，即某国或地区的航空公司在境外两国或地区间载运客货且中经其登记国或地区（此为第三及第四航权自由的结合）的权利。

例如：伦敦—北京—首尔，国航将源自英国的旅客运经北京后再运到韩国。

7. 第七航权：完全第三国运输权

第七航权指不需要从本国始发，直接在对方国与第三国间进行航空运输的权利，即某国或地区的航空公司完全在其本国或地区领域以外经营独立的航线，在境外两国或地区间载运客货的权利。

例1：伦敦—巴黎，由汉莎航空公司承运。

8. 第八航权：（连续的）国内运输权

第八航权指飞入授权国领土，在该国领土内进行航空运输的权利，即某国或地区的航空公司在他国或地区领域内两地间载运客货的权利（境内经营权）。

例1：北京—成都，由日本航空公司承运。
例2：按照欧盟规定，欧盟承运人可以有条件地经营欧盟国家内的国内运输。

9. 第九航权：（非连续的）国内运输权

第九航权指完全在授权国领土内进行航空运输的权利。本国航机可以到协议国作国内航线运营。

第九航权是指上述第八航权分为连续的和非连续的两种，如果是"非连续的国内运输权"即为第九航权。值得留意的是第八航权和第九航权的区别，虽然两者都是关于在另外一个国家内运输客货，但是第八航权是"cabotage"（沿海运输），只能是从自己国家的一条航线在别国的延长，而第九航权是"full cabotage"（全程沿海运输），可以是完全在另外一个国家开设的航线。

七、航线

(一) 概念

经过批准开辟的连接两个或多个地点,进行定期或不定期飞行,并且对外经营运输业务的航空交通线。

(二) 分类

根据航线结构可分为直达航线（城市对）和有经停航线（城市串），根据航线起讫地点的归属可分为国际航线和国内航线。

(1) 国际航线：指飞行的路线连接两个国家或两个以上国家的航线。在国际航线上进行的运输是国际运输，一个航班如果它的始发站、经停站、终点站有一点在外国领土上都称作国际运输。

(2) 国内航线：是在一个国家内部的航线，又可以分为干线、支线和地方航线三大类。

国内干线：这些航线的起止点都是重要的交通中心城市；这些航线航班数量大、密度高、客流量大，如北京—上海航线、北京—广州航线等。

国内支线：把各中小城市和干线上的交通中心连接起来的航线。支线的客流密度远小于干线；支线上的起至点中有一方是较小的机场，因而支线上使用的飞机都是150座以下的中小型飞机。

地方航线：把中小城市连接起来的航线。客流量很小，支线界限很明确，也可称为省内航线或地方航线。

(三) 航线网络

航班在怎样结构的航线网上运行是航空公司产品组合策略的重要前提。航线结构是指一个公司（或一个地区、一个国家）的航线组织和航班安排的形式。从目前航线网络的构成分析，大致可分为城市对式、城市串式和中枢辐射式三种类型。

1. 城市对式

从各城市之间的客流和货流的需求出发，建立城市与城市之间直接通航的航线和航班成为城市对式航线结构：其特点是两地间都为直飞航线，旅客不必中转，适用于客货流量较大的机场之间。

其优点是：旅客不必中转，可直接到达目的地。形式简单，便于进行运力调配。因此成为航线网络中最基本的单元结构，也是目前我国航线结构中采用的主要形式。

其缺点是：①一个城市不可能直接通航任意多个城市。对于流量较小的机场之间，采用城市对航线会使航班密度降低，从而使地面等待时间过长，航空运输的快速优势无法充分发挥。②城市与城市之间的距离有远近，航线有长短，所用机型有大小。于是机场建设规模要扩大，机场跑道、设施必须满足大型飞机起降的要求，而利用率却不高。③点对点的航线结构中，航空公司倾向于互相进攻对方的市场，容易形成重叠性航班，造成价格的恶性竞争。

2. 城市串式

城市串式是在城市对式的基础上发展而来。城市串式航线结构的特点是一条航线由若干航段组成，航班在途中经停获得补充的客货源，以弥补起止航站之间的运量不足。适用于城市间的客货运量运力不足的情况下。目前我国部分国际航线和国内航线采取此种形式。

城市串式的优点：可使航班在途中经停获得补充的客货源，提高飞机的利用率、载运率和客座率，节省运力。城市串式的缺点：容易造成航班延误和影响正常的运力调配。由于经停站较多，一旦延误，会影响整个航程乃至整个网络中的运力调配。

3. 中枢辐射式

中枢辐射式结构由城市对航线和枢纽机场的辐射航线共同构成。通常要确定全国或区域范围内的中枢机场，它是区域内的航空客货集散地，与区外的其他中枢机场之间有便利的空运联系。中枢机场之间采用城市对式航线直飞，再以每个中枢机场为中转站建立其辐射航线。客流量较小的城市之间不采用对飞形式，而是分别把客货运送到中枢机场，通过中枢机场进行航班衔接、客货中转，实现相互之间的空中联结。

（四）飞行方式

（1）定期飞行：指通过在固定航线上定期航行的航班所进行的运输，有固定始发站、固定经停站和固定目的站的运输，如班期飞行、加班飞行、补班飞行。

（2）不定期飞行：如包机运输，是指航空公司按照约定的条件（航程、时间、机型等）和费率，将整架飞机租给一个或若干个包机人（包机人指旅客、发货人或航空货运代理公司），从一个或几个航空站装运旅客或货物至指定目的地的运输方式，如包机飞行、专机飞行等。

八、航班和航班计划

（一）航班

1. 概念和分类

航班是根据班期时刻表，在规定的航线上，使用规定的机型，按照规定的日期、时刻进行的定期飞行。在国际航线上飞行的航班称国际航班，在国内航线上飞行的航班称国内航班。

2. 航班号

随着民航运输业务的发展，航线、航班不断增多，为了便于区别，并有利于业务上的处理，民航运输按照一定的方法给各个航班编以不同的号码，并加上航空公司的两字代码组成航班号。国内航班号使用 4 位数字，国际航班号使用 3 位数字。末尾单数为去程，双数为回程。

（二）航班计划

1. 含义

航班计划是航空公司最重要的生产作业计划，是组织与协调航空运输生产活动的基本依据。从飞机调配、空勤组排班，到座位销售、地面运输服务组织，航空公司运输生产过程的各个环节，都要依据航班计划进行组织与安排。科学地制订航班计划，有效地执行航班计划，是保证航空运输生产正常进行，实现企业发展目标的重要环节。

2. 作用

航班计划是航空公司组织日常运输生产的依据，也是向社会介绍民航运输生产的一种形式。

3. 依据

航班计划是根据生产计划和航线运输计划编排的。一般每年编制两次：夏秋班期时刻表（每年 3 月最后一个星期日开始使用）；冬春班期时刻表（每年 10 月最后一个星期日开始使用）。

4. 内容

构成航班计划的要素包括航线、机型、班次、航班号、班期和航班时刻六个基本要素。其中，机型指某条航线准备选用的飞机型号。不同机型对应不同的座位布局，运营成本也不相同，正确选择机型是保证航线运行产生好的效益的重要方面。班次即航空公司在某条航线上每天飞几个航班，它表示航空公司在各条航线上的运力投放情况。例如，航空公司星期二在成都—北京航线有 5 个航班，即班次为 5。班期即该航班每周具体的执行日期。对于航空公司来说，好的班期安排对于提升经济效益具有十分重要的意义。例如，班期为 1、2、3、5、7，意思是该航班每周一、周二、周三、周五、周日执行。航班时刻即每个航班的具体出发时刻和到达时刻，也即每个航班的关舱门时刻和开舱门时刻。若时刻制定合理将有助于提高航班载运率和客座公里收益水平以及飞机与机组的日利用率，有助于提高航班的正常率。

九、IATA 航空区划

出于保证国际航空运输的运营安全，以及 ICAO 规定各国航空运输企业在技术规范、航行程序、操作规则上的一致性原则，IATA 将世界划分为三个航空运输业务区，称为"国际航协交通会议区"（IATA traffic conference areas），以方便各国及地区航空运输企业之间的运输业务划分与合作。IATA 将全球划分为三个航空运输业务区，分为 Area TC1、Area TC2、Area TC3 三个大区，简称 TC1、TC2、TC3，其下又可以进行次一级的分区，称为次区（sub-area）。

（一）TC1

TC1 包括南北美洲大陆及其邻近的岛屿，还包括格陵兰、百慕大、西印度群岛、加勒比群岛，以及夏威夷岛（包括中途岛和巴尔米拉岛）。IATA 又把一区细分为以下几个次区。

1. 北美洲次区

该次区包括阿拉斯加、加拿大、美国大陆、夏威夷、墨西哥、圣皮埃尔和密克隆。

2. 中美洲次区

该次区包括伯利兹、哥斯达黎加、萨尔瓦多、危地马拉、洪都拉斯、尼加拉瓜。

3. 南美洲次区

该次区包括阿根廷、玻利维亚、巴西、智利、哥伦比亚、厄瓜多尔、法属圭亚那、圭亚那、巴拿马、巴拉圭、秘鲁、苏里南、乌拉圭、委内瑞拉。

4. 加勒比次区

该次区包括巴哈马、百慕大、加勒比群岛、圭亚那、法属圭亚那、苏里南。注意：南美洲次区和加勒比次区有一部分是重合的。

另外，当使用 TC1 和 TC2、TC3 间经大西洋航线的运价时，TC1 还可以划分为以下三个次区。

（1）北大西洋次区，包括加拿大、格陵兰、墨西哥、圣皮埃尔和密克隆、美国（包含阿拉斯加、夏威夷、波多黎各、美属维尔京群岛）。

（2）中大西洋次区，包括安圭拉、安提瓜和巴布达、阿鲁巴、巴哈马、巴巴多斯、伯利兹、百慕大、玻利维亚、开曼群岛、哥伦比亚、哥斯达黎加、古巴、多米尼克、多米尼加共和国、厄瓜多尔、萨尔瓦多、法属圭亚那、格林纳达、瓜德罗普、危地马拉、圭亚那、海地、洪都拉斯、牙买加、马提尼克、蒙特塞拉特、荷属安的列斯、尼加拉瓜、巴拿马、秘鲁、圣基茨和尼维斯、圣卢西亚、圣文森特和格林纳丁斯、苏里南、特立尼达和多巴哥、特克斯和凯科斯群岛、委内瑞拉、英属维尔京群岛。

（3）南大西洋次区，包括阿根廷、巴西、智利、巴拉圭、乌拉圭等。

（二）TC2

TC2 包括欧洲、中东、非洲及其邻近岛屿、阿松森岛及乌拉尔山以西部分（包括伊朗）的亚洲部分。注意：IATA 定义的欧洲次区除了包括地理上的欧洲外，还应加上突尼斯、阿尔及利亚、摩洛哥、加纳利群岛、马德拉群岛及塞浦路斯和土耳其的亚洲部分。IATA 又把 TC2 细分为以下几个次区。

1. 欧洲次区

欧洲次区包括阿尔巴尼亚、阿尔及利亚、安道尔、亚美尼亚、奥地利、阿塞拜疆、白俄罗斯、比利时、波斯尼亚和黑塞哥维那、保加利亚、克罗地亚、塞浦路斯、捷克共和国、丹麦、爱沙尼亚、法罗群岛、芬兰、法国、格鲁吉亚、德国、直布罗陀、希腊、匈牙利、冰岛、爱尔兰、意大利、拉脱维亚、列支敦士登、立陶宛、卢森堡、北马其顿、马耳他、摩纳哥、摩尔多瓦、摩洛哥、荷兰、挪威、波兰、葡萄牙（包括亚速尔群岛和马德拉群岛）、罗马尼亚、俄罗斯（乌拉尔山以西部分）、圣马力诺、斯洛伐克、斯洛文尼亚、西班牙（包括巴利阿里群岛和加那利群岛）、瑞士、瑞典、突尼斯、土耳其、乌克兰、英国。

另外IATA的欧洲次区还可划分为以下几个地区。

斯堪的纳维亚：包括丹麦（格陵兰除外）、挪威、瑞典（运价计算时，上述三国应被视为是同一国）。

ECAA：包括奥地利、比利时、丹麦、芬兰、法国、德国、希腊、冰岛、爱尔兰、意大利、列支敦士登、卢森堡、荷兰、挪威、葡萄牙、西班牙、瑞典、英国。

2. 非洲次区

该次区由下列地区组成。

中非：包括马拉维、赞比亚、津巴布韦。

东非：包括布隆迪、吉布提、厄立特里亚、埃塞俄比亚、肯尼亚、卢旺达、索马里、坦桑尼亚、乌干达。

南非：包括博茨瓦纳、莱索托、莫桑比克、纳米比亚、南非、斯威士兰。

西非：包括安哥拉、贝宁、布基纳法索、喀麦隆、佛得角、中非共和国、乍得、刚果（布）、刚果（金）、科特迪瓦、赤道几内亚、加蓬、冈比亚、加纳、几内亚、几内亚比绍、利比里亚、马里、毛里塔尼亚、尼日尔、尼日利亚、圣多美和普林西比、塞内加尔、塞拉利昂、多哥。

印度洋岛屿：包括科摩罗、马达加斯加、毛里求斯、马约特、留尼汪、塞舌尔。

利比亚（利比亚属于非洲次区，但不属于上述任何小区）。

注意：地理上的非洲比IATA区域定义得要广，还包括阿尔及利亚、加那利群岛、埃及、马德拉群岛、摩洛哥、突尼斯、苏丹，但上述国家在IATA区域的划分中分属于欧洲和中东次区。

3. 中东次区

中东次区包括巴林、埃及、伊朗、伊拉克、以色列、约旦、科威特、黎巴嫩、卡塔尔、沙特阿拉伯、苏丹、阿曼、叙利亚、阿联酋、也门。

（三）TC3

TC3包括亚洲及其邻近岛屿（不包括TC2内的）东印度群岛，澳大利亚，新西兰以及太平洋中的群岛（不包括TC1内的）。IATA又把TC3细分为以下几个次区。

1. 南亚次大陆

南亚次大陆（South Asian subcontinent，SASC）由八个国家组成：阿富汗、孟加拉国、不丹、印度、马尔代夫、尼泊尔、巴基斯坦、斯里兰卡。

2. 东南亚次区

东南亚次区（South East Asia sub-area，SEA）包括文莱、柬埔寨、中国、圣诞岛、澳属科科斯群岛、关岛、印度尼西亚、哈萨克斯坦、吉尔吉斯斯坦、老挝、马来西亚、马绍尔群岛、密克罗尼西亚、蒙古国、缅甸、北马里亚纳群岛、帕劳、菲律宾、俄罗斯（乌拉尔山以东）、新加坡、塔吉克斯坦、泰国、土库曼斯坦、乌兹别克斯坦、越南。

3. 西南太平洋次区

西南太平洋次区（South West Pacific sub-area，SWP）包括美属萨摩亚、澳大利亚、库克群岛、斐济、法属波利尼西亚、基里巴斯、瑙鲁、新喀里多尼亚、新西兰、纽埃、巴布亚新几内亚、萨摩亚、所罗门群岛、汤加、图瓦卢、瓦努阿图、瓦利斯和富图纳群岛以及中间的所有岛屿。

4. 东亚次区

东亚次区包括日本、朝鲜、韩国。

十、旅行方向代号

（一）含义

旅行方向代号（global indicator，GI）是根据国际旅客客票上旅客旅行的航程（一般用城市或机场三字代码表示）来判断旅行方向以及所使用票价的一系列符号，由两个字母组成，表明旅客的旅行方向。

（二）旅行方向代号的分类

1. 西半球航线

当航程所有的点都在西半球（Western hemisphere）则旅行方向代号为WH。西半球航线是连接南北美洲的航线，又称拉丁航线。

例如：MIA—RIO—SCL。

2. 东半球航线

当航程所有的点都在东半球（Eastern hemisphere）则旅行方向代号为EH。航程中的点都在TC2或TC3，或航程经欧亚大陆飞行TC2和TC3间的航线。

例如：BJS—SIN—SYD。

3. 北大西洋航线

当航程跨大西洋（via the Atlantic Ocean）则旅行方向代号为AT。

北美和欧洲是世界上航空发达的地区，欧洲的中枢机场如伦敦、巴黎、法兰克福、马德里、里斯本等和北美的主要城市相连，使北大西洋航线成为世界上最繁忙的国际航线。

例如：BJS—LON—NYC。

4. 北太平洋航线

当航程跨太平洋（via the Pacific Ocean）则旅行方向代号为 PA，是连接北美和亚洲之间的重要航线。

例如：BJS—SEL—LAX（洛杉矶）。

这条路线通常以亚洲的东京、首尔、香港、北京、广州等城市集散亚洲各地的客货，以北美的温哥华、洛杉矶、旧金山、芝加哥、西雅图等城市集散美洲大陆的客货。

5. 大西洋和太平洋航线

当航程经过太平洋和大西洋（via the Pacific Ocean and the Atlantic Ocean）则旅行方向代号为 AP。

例如：HKG—YTO—LON。

6. 南太平洋航线

当航程在南美洲和西南太平洋之间并跨越太平洋和北美（Pacific via North America）则旅行方向代号为 PN。南太平洋航线是连接南美和西南太平洋地区经过北美的航线，但航线不经过北部和中部太平洋（transpacific routing between South America and Southwest Pacific via North America）。

例如：SYD—LAX—MEX—SCL。

7. 南大西洋航线

当航程在南大西洋（South Atlantic）次区和东南亚之间，并跨越约翰内斯堡则旅行方向代号为 SA。具体指航线在南大西洋地区和东南亚间，经过大西洋和中非、南非、印度洋岛屿，或直飞的航线[via South Atlantic routing between South Atlantic sub-area and South East Asia via the Atlantic and via point(s) in Central Africa, Southern Africa, Indian Ocean Islands only or via direct services]。

例如：RIO—HKG。

8. 跨西伯利亚航线

当航程在 TC2 和 TC3 之间，中间存在欧洲和日本/韩国之间的不经停航线（between TC2 and TC3 only for trans Siberian routing on nonstop service between Europe and Japan, Korea），则为跨西伯利亚航线（trans Siberian），代号为 TS。

例如：BKK—TYO—SEL—PAR，TYO—HEL—MOW。

9. 远东航线

俄罗斯（乌拉尔山以西）/乌克兰与 TC3 之间存在着不经停航段的航线（travel between the Russian Federation, Ukraine and Area3 with a nonstop sector between Russia/Ukraine and Area3），则为远东航线（far east），代号为 FE。

注意：当使用远东航线运价时，俄罗斯（乌拉尔山以西）/乌克兰与 TC3 之间不可经由中东和欧洲（俄罗斯/乌克兰除外）的点。

例如：MOW—HKG。

注意：如果一条航线已经是 TS 航线，就不能再视为 FE 航线。

例如：MOW—SEL。

10. 俄罗斯航线

俄罗斯航线（Russia）是指俄罗斯欧洲部分和三区之间的旅行，在俄罗斯和日本/韩国间有一段不经停航线，该航线不得经由欧洲的其他点，代号为 RU。

例如：MOW—TYO，HKG—SEL—MOW—LED。

另外，由于航行技术的发展，不断有新航路诞生，旧航路退出，所以旅行方向代号本身也在不断变化，在使用时应注意这些代号的内涵。

延伸阅读：国际民航组织有效应对疫情

2020 年 1 月 30 日，世界卫生组织宣布新冠疫情为国际关注的突发公共卫生事件。尽管世界卫生组织不建议任何旅行或贸易限制，但美国等部分国家开始对中国旅客实施入境限制性措施，部分外国航空公司开始取消或削减至中国的航班。中国国际航空运输市场受到直接影响。2020 年 1 月 31 日，民航计划航班执行率仅 52.4%，民航旅客运输量 52 万人次，同比降幅扩大至 74.5%。截至 2020 年 2 月 7 日，春运前 29 日全国共发送旅客 1.34 亿人次，同比降低 38.%；民航共运输旅客 3624 万人次，同比下降 31.4%。受疫情影响，2020 年春运形势远不及预期。

ICAO 前秘书长柳芳在接受《联合国新闻》的采访中表示，世界卫生组织是联合国系统中应对诸如此次疫情的牵头机构，而 ICAO 侧重为成员国、相关国际组织和行业协会提供该组织与其他相关合作机构关于民用航空方面的建议。

柳芳强调，为了有效及时应对此次疫情，ICAO 与世界卫生组织、美国疾控中心以及多国政府、航空安全和行业领导保持密切沟通协调，采取联合行动。ICAO 通过"关于预防和管理民用航空公共卫生事件的合作安排"进行全球的信息发布与协调。

中国政府在 2020 年 2 月 9 日也采取分期复工的措施，中国民用航空局也出台了退票等规定，例如，在 2020 年 3 月 31 日前免收退票费等。

资料来源：《国际民航组织：有效应对冠状病毒疫情应基于事实，而不是恐惧》，http://www.caac.gov.cn/PHONE/XWZX/MHYW/202002/t20200213_200845.html，2020 年 2 月 13 日。

第三章 民航客货运输市场与需求分析

本章概要： 本章主要介绍民航客货运输市场的含义、特点及构成，民航客货运输市场需求的内涵、特征与识别，民航客货运输产品及销售渠道的类型与发展。通过本章的学习，能够深入理解民航客货运输市场的含义、需求的实质与产品的发展方向，并基于科学的方法，对旅客和货主的购买行为偏好进行精确识别。

第一节 民航客货运输市场

一、民航客货运输市场的含义

运输市场是市场一种特定存在形式，是运输产品交换的场所，是运输产品供求关系的总和，是在一定时空条件下对运输产品需求的综合。

民航客货运输市场最基本的含义是指航空运输产品或服务销售的场所或区域，如常说的国际航空运输市场、国内航空运输市场、华南地区市场、华北地区市场等。同时，由不同始发地和目的地构成的一条航线（或城市对）也可以是一个航空运输市场。

从广义上讲，民航客货运输市场主要是由不同的运输产品、服务、信息、技术等供给因素和航空运输消费者对航空运输产品与服务的需求构成的。在一定的条件下（如一定的价格水平），航空运输需求总量形成了一定的航空运输市场规模。

二、民航客货运输市场的特点

（一）民航客货运输需求的多样性和灵活性

对于民航旅客与货物而言，各自在运输时间与运输空间上都有不同的需求，需求呈现非常明显的差异性和多样性。航空公司不同舱位的设置体现了航空公司对旅客需求差异性与多样性的响应，而目前航空公司附加服务的兴起也凸显出旅客需求差异性和多样性的特点与发展趋势。同时，对于旅客及货主而言，其需求也不是固定不变的，在不同时期、不同出行目的下，会体现不同的需求，所以需求是动态的、灵活的。

（二）民航客货运输市场是由买方拉动、卖方推动

在运输市场，供给方投放到市场中提供出售的运输能力只有被需求者购买、消费，才能转变为有效的周转量，才能成为真正的产品。所以，买方在市场中会起到引领作用，旅客的需求、货主的需求一定程度上决定了航空公司运输产品的发展方向。同时，旅客及货主的所有需求都要通过卖方，也就是航空公司的具体实施才能得以实现，卖方起到对市场发展的推动作用。另外，也要注意的是，航空公司也应洞察旅客及货主需求的发

展趋势，在运输服务的设计与发展中发挥对需求的引领作用。

（三）长期需求的稳定性和短期需求的波动性

对于运输市场而言，整体来说市场的发展会呈现较为稳定的状态，是可以预测的。但由于各种运输方式的替代性和具体需求的多样性，以及受到诸多环境的影响，运输市场的短期需求又是不断波动的，预测存在一定的难度。

通过图3-1可以看到，2010年到2019年，民航旅客运输量呈持续增长态势，发展势头稳定，2020年由于新冠疫情的影响，民航旅客运输量出现了波动。由此可见，一般情况下运输市场的长期需求是稳定的，如果发展环境出现变化，也会呈现波动。通过图3-2可以看到，2021年8月到2022年8月期间，受到春运、暑运、"十一黄金周"等影响，每个月的运输市场表现均有不同，市场在短时间周期内呈现明显的波动性。

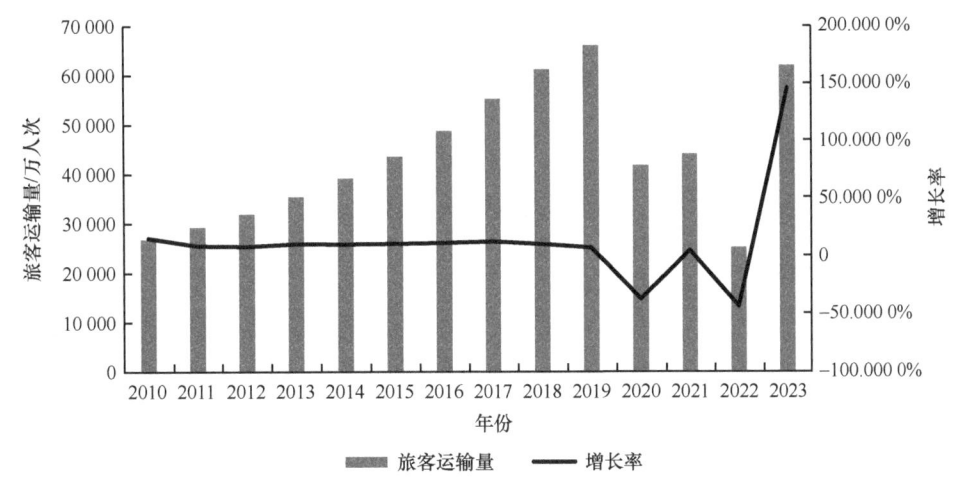

图3-1 2010～2023年民航旅客运输量及增长率示意图

资料来源：2010～2023年《民航行业发展统计公报》

（a）国内航线旅客运输量　　　　（b）国际航线旅客运输量

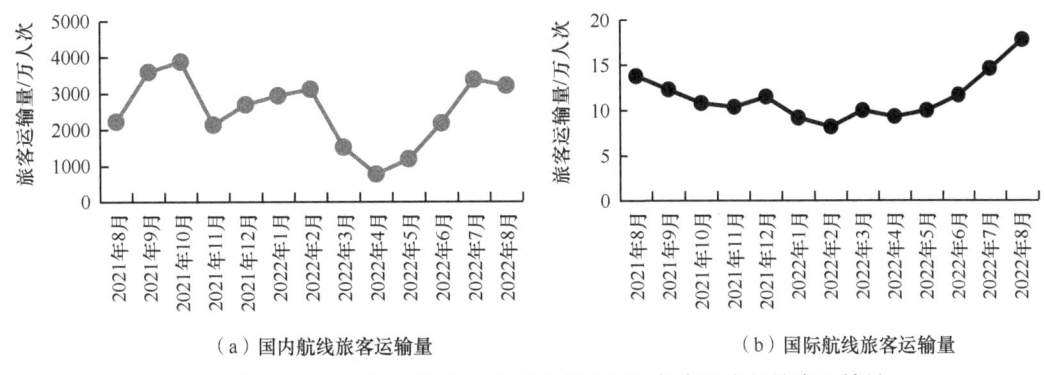

图3-2 2021年8月至2022年8月中国民航客运市场旅客运输量

资料来源：2021年8月至2022年8月中国民航主要生产指标统计

（四）民航客货运输市场的生产、经营活动受到较严格的国家管制

对于民航运输而言，会有很多部门和机构对其业务进行管理，以我国为例，国务院

国有资产监督管理委员会、交通运输部、中国民用航空局、国家发展和改革委员会等部门在民航运输业务的开展中均发挥着不同的管理作用。对于国际运输，由于涉及的国家较多，除了受到相关国家的有关组织、法规的管制以外，ICAO、IATA、ACI 等行业协会以及相关规则也对业务的发展起到一定的规制作用。

（五）民航客货运输市场构成要素多

民航运输市场中主要包括航空公司、机场、代理人、旅客、货主等多类主体，同时也包括运输服务产品、销售渠道等，市场构成要素较多，增加了市场管理的复杂性。

另外，对于民航货运市场而言，除了与客运市场相同的特点以外，又有着独特的特点，包括航空货物运输存在着严重的方向性不平衡、航空货物运输具有"非流动性"的特点、航空货物运输公司对货物运输线路的选择具有灵活性、货物运输市场与其他运输方式的竞争不因运输距离的加长而递减、航空货运市场对于多式联运的兼容性更强等。

三、民航客货运输市场的构成

结合民航客货运输市场的定义，构成运输市场的要素主要包括运输需求者、运输供给者，同时，在运输市场中还存在提供相关服务的运输中介者。

（一）运输需求者

运输需求者是指具有需求的组织或个人。运输需求者的总体数量以及每个运输需求者的需求状况决定了运输市场的总体需求规模和需求特点。对于民航客货运输而言，由于需求方构成比较复杂，以民航旅客为例，受到旅客个人属性的影响，包括性别、年龄、国籍、收入水平、出行目的、出行偏好等，市场中的旅客呈现明显的异质性，也就形成了不同层次和类型的民航旅客群体，而这些群体又会产生差异性的运输需求。同样，对于航空货运市场来说，考虑到货主的需求和货物的属性，也会产生不同的运输需求。

对于民航旅客运输而言，根据不同的分类标准，可以将旅客分为不同的类别。比如，按照旅客的运输性质，可以将旅客分为国际旅客和国内旅客；按照旅客的出行目的，可以将旅客分为公务旅客、休闲度假旅客、探亲访友旅客等；按照旅客的年龄，可以将旅客分为成人旅客（≥12周岁）、儿童旅客（≥2周岁，<12周岁）、婴儿旅客（<2周岁）。另外，随着旅客需求多样性、个性化的发展趋势，可以看到旅客的出行出现随心所欲、非计划性的特点，旅客的关注点除了票价以外，航空公司的服务、购票平台、票价的适用条件等都是旅客越来越关注的要素，旅客的特点和偏好也呈现差异性与个性化，运输市场中涌现出新的旅客类别，包括银发旅客、千禧旅客等。为了更好地分析市场，可以利用科学的方法对旅客进行更为细致、深入的分类，从而助力航空公司更深入地了解旅客需求。

对于民航货物运输而言，也可以根据不同的分类标准，将货物分为不同的类别。比如，按照货物的运输性质，可以将货物分为国际货物和国内货物；按照货物的特点及对运输条件的要求，可以将货物分为普通货物、快件货物、特种货物（贵重货物、危险品、活动物等）。

（二）运输供给者

运输供给者是指提供各种客货运输服务，满足运输需求者对空间位移等运输服务需求的各类运输者，在航空运输市场，运输服务的供给者主要指航空公司。航空运输供给者在某一市场上向航空运输需求者提供不同类型的航空运输产品和服务，每个航空运输供给者所提供的运输产品和服务数量、质量与价格水平，不仅取决于它们所拥有的资源数量和质量，同时也取决于在该市场上其他运输供给者所拥有的资源数量、质量以及所提供的运输产品价格和服务水平等因素。

在航空运输市场，按照经营业务的不同，可以将航空公司分为客运航空公司和全货运航空公司；根据资产投入主体的不同，可以将航空公司分为国有航空公司和民营航空公司。截至2023年底，我国共有运输航空公司66家，按不同所有制类别划分：国有控股公司39家，民营和民营控股公司27家。在全部运输航空公司中，全货运航空公司13家，中外合资航空公司8家，上市公司7家。

（三）运输中介者

运输中介者是指为客货运输需求者和供给者提供中介服务的各种客货运输服务代理人。一般来说，由于民航客货运输市场上存在各种类型的运输供给者，不同类型的运输供给者提供的产品、价格和服务存在一定的差别，民航客货运输需求者在选择运输产品供给者时，通常都希望能够较快地获得所需要的各种相关信息，而民航客货运输服务供给者也希望能够通过各种途径将自己的产品和服务信息传递给需求者并促成其购买，为了节约供需双方的交易成本，在民航运输市场上便出现了连接航空公司和消费者的专业民航运输服务代理机构，如客货运输销售代理人、地面服务公司等。

民航运输需求者、供给者和中介者构成了民航运输市场交易活动的主体，其他相关方，如中国民用航空局、中国民用航空局空中交通管理局、航油公司、飞机发动机及其零部件供应者等相关部门和单位，均对民航运输市场交易活动产生间接影响。其中政府主管部门对航空运输市场发展的影响作用不可忽视。为了维护市场秩序，防止市场上出现过度垄断和竞争而损害消费者的利益，维护公平的市场环境，政府主管部门会通过一定的行政手段和经济手段对民航运输市场进行干预，通过制定有关市场法规、政策和规章来约束市场上各方的行为。

对于民航旅客运输市场而言，涉及的主体及相应的业务内容如表3-1所示。

表3-1 航空客运相关主体及主要业务内容

相关主体	旅客	代理人	出港机场	航空公司	进港机场
承担角色	产生运输需求	客票及相关的销售	提供出港平台，兼顾地面服务	客票销售；经营航线；负责旅客机场到机场之间的空中运输；地面服务	提供进港平台，兼顾地面服务

在民航货物运输市场中需要更多主体参与，各主体及其业务内容及在民航货运运输过程中承担的角色各自不同，具体情况见表3-2。

表 3-2 航空货运相关主体及主要业务内容

相关主体	货主	物流外包商	货代	出港机场货站	航空公司	进港机场货站	代理公司	收货人
承担角色	生产、销售待运物品；付款	选择运输方式、货代或者承运商；生产或者运输；订单处理；仓储管理；运输单证管理	集中零散的货源；运输单证处理；预付航空运费并向货主收款；货物暂时存储；寻找合适的航空公司承运	同时具备货站职能；单证审核；安全检查；地面收货；货物暂时存储；货物配舱；货舱装卸	经营航线；负责货物机场到机场之间的空中运输；单证审核	货舱装卸；货物入港检验；单证审核；货物暂时存储；通知收货人或代理公司提货	从机场提货，预付提货费用；从机场到收货人的地面派送	从机场提货，支付提货费用；或者接收代理公司派送的货物；货物验收

> **知识拓展：识别旅客类别的方法**
>
> 在对旅客进行分类的过程中，可以利用 PNR（passenger name record, 旅客订座记录）数据、FFP（frequent flyer program, 常旅客计划）数据等历史数据，选择合适的聚类方法对旅客进行分类，比如，K-means 聚类分析（K-means cluster analysis）。该方法首先选择可以描述分类群体的聚类指标，可以选择旅客的年龄、收入、文化程度等自身属性指标以及乘机次数、购票渠道、提前购票时间等出行行为属性指标等，其次进行数据收集及数据预处理，最后根据聚类模型进行旅客分类。该方法将研究对象分为相对同质的群组。聚类与分类的不同在于，聚类所要求划分的类是未知的，通过相关指标确定聚类分析中最佳聚类数，然后根据聚类有效性检验以及聚类有效性评价指标得到最佳的聚类结果。

第二节 民航客货运输市场需求分析

一、民航客货运输市场需求的内涵

运输市场需求是指消费者愿意而且能够购买的民航运输产品和服务数量。这个定义包括两方面的内涵：一是消费者需要民航运输产品和服务，二是消费者有支付能力。消费者的需要和支付能力是构成民航运输市场需求的基本要素，如果消费者不需要民航运输产品和服务，或者没有能力购买民航运输产品和服务，就不能构成航空运输市场需求。对于民航运输企业来讲，了解某一市场及整体市场的民航运输需求变化规律，是企业制订发展规划、制订市场营销计划和调节企业生产经营活动的依据。

（一）民航旅客运输需求的内涵

民航旅客运输需求是指在一定的时间内，对于每一种可能的价格，旅客愿意并能够支付的从 A 地位移至 B 地的旅客的数量，即旅客对航空公司提出的为实现空间位移的要求。

在旅客运输市场中，由于旅客的旅行地点、旅行目的不同，形成了不同的客运市场需求，如国际客运市场和国内客运市场需求、自费旅客和公务旅客运输市场需求等。在各类不同客运市场上，由于旅客收入水平、年龄、职业、消费习惯等均存在差异，因此又构成了民航客运的各种不同细分市场。对这些细分市场需求的分析，可以使民航运输企业了解不同客运市场的需求规模、需求特点和规律，并根据不同市场需求特点提供与之相匹配的民航客运产品和服务，进而提高民航运输企业的服务质量、竞争能力和收益水平。

（二）民航货物运输需求的内涵

民航货物运输需求就是货主希望航空公司能够在规定的时间内，利用民用航空器将货物运送到指定目的地。

在货运需求中，由于运送的目的地、运输距离不同，因此形成了不同的货运市场及需求特性，如国际货运市场和国内货运市场需求、长途运输和短途运输市场需求。而由于运输货物的种类、运输货物本身的价值、货主对运输时间的要求不同，又进一步形成了不同的货运市场需求，如普通货物运输需求、特种货物运输需求（包括贵重物品、危险货物、鲜活易腐货物）、快递运输市场需求等。与民航旅客运输不同，由于货物运输过程不需要考虑旅客的飞行体验、对航班时刻的偏好、飞行时间和距离等因素，因此，民航货物运输市场需求主要是企业、组织和个人对物流的需求。

二、影响民航客货运输需求的因素

（一）影响民航旅客运输需求的因素

与其他运输方式相同，影响民航旅客运输需求的因素主要包括经济发展水平、人均收入水平的高低、人口数量及结构、旅游业的发展情况、旅客运输业的发展情况、运价水平的高低、运输方式间的替代性、旅客的消费偏好等。

1. 经济发展水平

旅客运输需求中的很大一部分属于生产和工作性客运需求，如外出采购原材料、推销产品、业务洽谈、技术交流、学习、参加各种会议等所产生的出行要求。从静态的角度看，凡是经济发达的国家和地区，民航客运市场需求水平就高，如我国东南沿海地区经济发达，民航客运需求量高；相反，凡是经济比较落后的国家和地区，民航客运市场需求水平较低。从动态来看，经济高速发展时期，大量人员因为生产和工作需要而外出频繁，因而客运市场需求增长较快；相反，一旦经济处于低速发展时期，人们出行的数量和频率相应会降低。此外，经济发展水平还通过影响人们的收入和消费水平而影响客运需求量。因此，经济发展水平是影响旅客运输需求的一个总量性因素。

2. 人均收入水平的高低

在旅客运输需求中，除生产性和工作性客运需求外，另外一个较大的类别就是生活性客运需求，如探亲、访友、旅游等所产生的旅客运输需求。这些需求虽然会随人们收入水平的提高而增加，但最终还要受到收入水平的制约。当人们收入水平提高时，不仅需求量增加，而且层次也相应会提高，不但一般性的出行需求增加，而且旅游运输需求及其他社会交往方面的出行需求也会增加。近年来，我国的旅客运输量大幅稳定增长，平均运距也在增加，实际上就是收入水平提高的结果。

3. 人口数量及结构

旅客运输的对象是人，因此人口的数量变化必然引起旅客运输需求的变化。一方面，人口密集的国家或地区，旅客运输需求水平就高，人口稀疏的国家或地区，旅客运输需求水平就低。人口数量增加时，旅客运输需求就相应增加。另一方面，人口结构对旅客运输需求也产生影响，而且这一方面的影响作用比人口数量本身的增加显得更加突出。之所以如此，关键是同样数量的人口形成的运输需求量不同。比如，城市人口因大都从事各种工业、商业和服务业等工作，出行的频率要比生产单一、集中的农村人口更高。同样，高收入的人口要比低收入的人口形成更多的旅客运输需求，中青年人口要比老年和少年等非就业人口形成更多的客运需求。因此，分析不同人口在总人口中的比重及变化，对分析客运需求来说，有极为重要的作用。

4. 旅游业的发展情况

随着社会经济的发展，特别是人民生活水平的提高，旅游需求在整个生活需求中的比重也逐渐上升。与旅游发展密切相关的就是旅客运输需求的增加。近年来的实际情况证明，旅游运输需求比一般的客运需求更具潜力。因此，在分析旅客运输需求的发展变化时，也要重视对旅游业发展。

5. 旅客运输业的发展情况

旅客运输业的发展，不仅体现在运输设施的数量增加，也还体现在运输服务质量的提高。其对旅客运输需求的影响同样表现在刺激和抑制两个方面。如果运输布局合理，运输工具充分，技术性能先进，运输服务优良，将会刺激旅客运输需求的产生，否则，运输发展滞后，则会抑制旅客运输需求。

6. 运价水平的高低

对生产性旅客来说，运价水平变动所引起的运费支付，要计入企业的生产成本中，对企业的经济活动效果产生直接影响。对消费性旅客来说，运价水平高低直接影响他们的生活开支，如果在运输需求满足方面的开支过大，在收入既定时，必然影响他们在其他生活需求方面的满足。因此，尽管旅客运输需求作为一种派生需求对运价的弹性相对较低，但在运价提高时，旅客运输需求自然会减少。相反，运价降低时，旅客运输需求会有一定的增多。另外，运价水平对个别企业的市场占有率会产生一定影响。一旦哪一个运输企业提高运价，运输需求就会转移到其他未提价的运输企业中。对于某个单一客运市场，当存在多种运输方式或存在同一运输方式的多个企业竞争时，价格低廉、服务质量优良的运输方式或运输企业对旅客的吸引力会更大，因而降价或提高服务质量会增加该运输方式或运输企业在这一客运市场上的运输需求。

7. 运输方式间的替代性

旅客运输需求存在运输方式之间、运输企业之间的替代问题。如果站在某一运输方式或某一运输企业的角度分析运输需求，就必须详细分析其他运输方式、其他运输企业的替代程度。为此，要把握本企业、本运输方式的竞争能力和市场占有能力的强弱。

8. 旅客的消费偏好

民航客运市场需求是千千万万消费者的需求量的总和。这些消费者的消费行为既有共性，也有个性。个体消费者在选择运输方式或决定是否购买民航运输产品和服务时的心理偏好，比如部分旅客喜欢航空运输（如飞行常旅客），对于这些飞行常旅客来讲，他们对某种机型、某一航空公司或航班时刻的偏好，也会影响市场需求。也就是说，旅客属性不同，其个人偏好就会不同，对安全、方便、省时、经济等因素的关注程度会不同。根据出行者的偏好，可将出行者分为以下几类，即价格敏感型、服务质量敏感型、时间敏感型和安全敏感型。不同敏感类型的出行者在选择时会有不同的侧重。如公务旅客更在意航班时刻、班次、品牌、服务；休闲度假旅客更关注票价、班次、时刻、品牌、促销政策。其偏好的差异，带来了需求的不同。

影响旅客运输需求的因素不仅十分复杂，而且各因素的直接程度、作用大小程度、影响时间长短都不尽相同。因此，在具体分析时，必须结合一个地区在一定时期的实际情况，既要找出主要的、长期性的因素，分析旅客运输需求变化的基本趋势，也要重视短期性的、次要因素，分析旅客运输需求的短期变化情况。

（二）影响民航货运需求的因素

1. 经济全球化及发展水平

货运需求作为派生需求，经济发展水平是影响货运需求的重要因素。一个国家和地区的经济发展水平与发展阶段、资源分布、劳动力成本、产业政策及专业化分工等，决定了该国或地区的产品生产和消费需求能力。随着经济全球化的发展，经济发达国家将大量的工业加工企业转移到劳动力便宜的发展中国家，使得商品流通规模和范围扩大，同时产品成本的下降带来了更多的产品需求，促进了民航货运需求总量的快速增长。因此经济发展水平是影响民航货运市场需求总量的重要因素。

2. 产业结构及变化

产业结构是指不同产业在整个经济中的比例关系，如农业、轻工业和重工业的比例，第一、第二和第三产业的比例等。产业结构对货运需求的影响主要表现在：不同产业结构必然引起不同的产品结构，而不同的产品结构意味着不同的货物运输结构。由于民航运输的货物单位价值相对较高、对运输时间比较敏感，如电子产品、精密仪器和机器零件、贵重物品、服装、快件等，因此，该类产品生产密集的地区，如我国东南沿海的"长三角"和"粤港澳"等经济发达地区形成了大量的民航货运需求。

此外，影响民航货物运输需求的总量性因素还有很多，如生产力布局状况、产品的商品化率和就地加工程度、一个国家和地区的运输业整体发展水平等。从单个货运市场需求来看，主要影响因素包括运价水平（某一运输企业本身的运价、竞争者的运价水平）、运价之外的其他直接和间接费用支出。除价格因素外，服务质量水平（如运输时间、安全性）等最终也会影响货主的非价格性成本支出，各种运输方式之间的替代程度等因素也会对货运需求产生明显的影响，这些因素对货运需求的影响和对客运需求的影响相似。

三、民航客货运输需求特征

（一）不同类型旅客的需求特征分析

为了满足旅客的需求，航空公司的产品和服务必须满足不同旅客的差异化需求。因此，研究和分析航空公司目标市场（如航线）的旅客构成、旅行目的以及不同旅客需求的特性，是设计航空公司产品、服务及其服务提供过程的基础，也是航空公司服务质量管理的出发点。

从旅客的旅行目的来看，旅客构成主要包括商务或公务出差旅客、休闲度假旅客、探亲访友旅客、其他旅客（如学习和就医等）；从购票的资金来源看，主要分为自费旅客和公费旅客；从航程长短来看，主要有短途旅客和长途旅客。

1. 商务或公务出差旅客和休闲度假旅客

以公务和商务为目的的旅客需求来源于生产领域，这类旅客一般来说对旅行服务的要求是快捷、安全、舒适，一般来说这类旅客的运输需求没有季节性，对价格不敏感。具体来说，公务旅行市场具有以下特征：公务旅客相对而言对票价反映不太敏感；公务旅客具有相对稳定性。由公务旅行的性质和目的所决定，公务旅客的运输需求具有以下特点：由于旅客自己不支付旅行费用，所以相对价格而言，提供机上服务对旅客更有吸引力；相当部分的旅行具有不可预见性；具有多变性，公务旅行有可能在旅行前最后一刻发生变化，因此会给航空公司的营销工作带来一定影响；航程不同的公务旅客的需求也不同，短程公务旅客最关心的是航班密度和航班时间，远程公务旅客则对机上服务的要求较高。

以个人事务、旅游为目的的旅客运输需求来源于消费领域，称为消费性旅行需求，其运输费用来源于个人收入。此类旅客对旅行服务的要求一般是便宜、舒适、方便。具体来说，这类旅客的市场特征有：闲暇旅客自己支付旅行费用，价格对旅客有着决定性的影响；闲暇（旅游）旅行的必要性较公务旅行要弱得多，因此，个人收入的增加和节假日会引起闲暇（旅游）旅行需求的上升；在旅行需求和闲暇（旅游）旅行的其他费用之间存在着密切关系，住宿、娱乐、膳食等费用的价格变化会直接影响旅行需求。由闲暇（旅游）旅行的性质和目的所决定，闲暇旅客对民航运输的需求具有以下特点：价格水平对闲暇旅客的影响最大；由于闲暇（旅游）旅行的时间相对较长，旅客在目的地停留时间较长，因此航班密度重要程度一般；闲暇（旅游）旅行通常在出行前很长时间就订好座位。

2. 短途旅客和长途旅客

一般来说，由于长途旅客的空中飞行时间较长，因此，这类旅客对机上服务要求更高,相对而言,由于短途旅客在航班两端机场内花费的时间占整个旅行的比例较高,甚至有可能要超过飞行时间,因此短途旅客对机场地面服务和条件的要求较高。

(二)不同类型货物运输需求的特性

民航运输货物品种繁多,但从总体上看,可分为时间敏感性货物和非时间敏感性货物。时间敏感性货物主要有鲜活易腐类产品(如鲜花、活动物、海产品等)、快件(包括邮件、包裹等)和急货。非时间敏感性货物包括单位价值较高的货物和适合于航空运输的普通货物(如精密仪器、电子器件、通信产品等)。不同客户对运输需求的数量不同,价格承受能力不同,对运输及交付的时间、地点也有不同的要求。同时,不同类型货物也有不同的运输要求。一般来说,高价值和急需的货物对运输安全性要求更高;而鲜活产品对运输的时限性及运输条件要求较高;对单位价值较高的货物运输,托运人会选择更为安全、可靠的运输企业以降低其责任成本;快件则对提供一体化的"门到门"服务和便捷运输要求更高。

四、运输需求及偏好的识别方法

为了更为准确地识别民航客货运输市场中的需求,引导航空公司设计产品、提供服务,一方面,航空公司可以对现有的历史数据进行分析,进而了解旅客、货主需求特点及其变化趋势;另一方面,也可通过设计相应的调查问卷,调查分析旅客、货主对运输服务的需求及偏好。

无论是利用历史数据还是调查数据,可以通过对偏好进行排序,重点关注主要旅客或货主的偏好;也可以通过一些定量分析方法对旅客或货主的偏好进行分析。例如,基于随机效用理论,利用离散选择模型对旅客或货主的偏好及选择行为进行分析。下面,以民航旅客的偏好分析为例,介绍识别旅客偏好的理论和方法。

(一)偏好研究相关理论

对于消费者来说,其在进行选择决策时一般会经历五个不同的阶段:需求产生阶段、收集信息阶段、选择评价阶段、选择决策阶段和选择后行为阶段,如图 3-3 所示。消费者的选择行为早在其确定选择决策之前便已经发生,在其选择之后也会持久地影响着消费者。与此同时,消费者选择行为的五个阶段并非总是按次序发生,其中某些阶段有可能被跳过或者颠倒。例如,消费者可能会直接选择自己经常购买的产品,因而便会跳过收集信息和选择评价阶段,直接进入选择决策阶段。一般而言,消费者在选择行为的过程中,会在考虑自身支付能力的前提下根据自己的需求偏好进行选择决策,力求使用最小的成本获取最大的收益,以满足自身的特定需求。

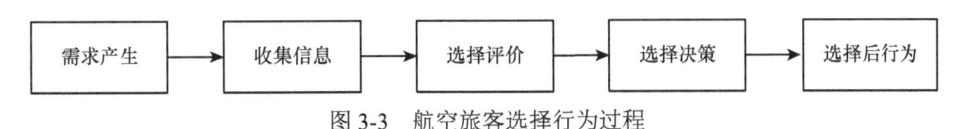

需求产生 → 收集信息 → 选择评价 → 选择决策 → 选择后行为

图 3-3 航空旅客选择行为过程

兰卡斯特消费理论认为，消费者购买产品的过程，实际上是希望从产品中获得某些特征属性的过程。产品在本质上是一组特征属性的集合，消费者从某一产品中获得的效用并非来自该产品本身，而是从产品的各项属性中获得效用，不同产品之间特征属性的水平会有所不同，消费者正是通过比较不同产品为其带来的总体效用水平，而做出最后的选择。

随机效用理论是研究消费者偏好的重要理论基础，其基本假设是消费者在进行选择时会遵循效用最大化原则，即消费者在选择集中面对多项相互独立的备选方案时，会选择能为其带来总体效用最大化的那一项。Marschak（1960）将个体从方案 i 中获得的效用定义为 $V_i + \varepsilon_i$，其中 V_i 为可观测的效用，取决于备选方案的各项属性、被调查者的个人属性等；ε_i 为不可观测的效用，包括那些影响整体效用水平但并不属于 V_i 的因素，表示实际效用与可观测效用 V_i 之间的差距，即随机误差。

根据兰卡斯特消费理论和随机效用理论，假设在特定的选择集中，消费者 n 面临的选项有 J 种，则其从第 i 个选项中获得的效用 U_{ni} 可表示为

$$U_{ni} = V_{ni} + \varepsilon_{ni}$$

其中，V_{ni} 为可观测效用；ε_{ni} 为不可观测效用，即随机误差。

在某一个特定的选择集中，消费者最后选择选项 i 的概率等于其能为消费者提供最大效用的概率：

$$P_{ni} = \Pr(U_{ni} > U_{nj}, \forall i \neq j) = \Pr(V_{ni} + \varepsilon_{ni} > U_{nj} + \varepsilon_{nj}, \forall i \neq j)$$

一般情况下，假设可观测效用函数 V_i 为线性参数形式，则有

$$V_i = \text{ASC} + \beta_1 X_{i1} + \beta_2 X_{i2} + \cdots + \beta_n X_{in}$$

其中，ASC 为特定备择常数，表示"维持现状"或"都不选择"的基础效用，或者未包含进模型的所有其他属性带来的平均效用；X_{in} 表示选择集 i 中的第 n 个属性的水平值；β_n 为选择集 i 中第 n 个属性的待估参数。

（二）偏好研究相关方法

在消费者偏好研究的方法上，学者大多基于两种思路：一种是通过调查消费者之前的购买行为，以此来观察消费者的选择偏好，即显示性偏好法（revealed preference approach），另一种思路并未针对已经发生的购买行为，而是事先设计一定的假设情景，通过观察消费者在这一情景下的选择行为，以此来推测消费者的偏好，这种研究方法叫陈述性偏好法（stated preference approach）。显示性偏好法与陈述性偏好法之间存在着显著的差异，可以根据需要选择恰当的方法。

其中，选择实验法是陈述性偏好法中应用较为广泛的方法。一次完整的选择实验通常会要求被调查者在特定的选择情景下进行选择，在每个选择情景中，被调查者通常会面对若干个虚拟产品，每个产品均包含多种属性，产品之间的差别体现在各个属性水平上的差异。被调查者被要求在这些产品中选择对其认为最好的产品，而这一过程通常暗含的假设是效用最大化原则。根据被调查者的选择行为，可以分析出其对于各项产品属性的相对偏好程度，从而为相关决策的制定提供依据。通常而言，每个被调查者都会进

行多次的选择,以此来保证偏好的稳定性以及提高数据的收集效率。选择实验的实施过程一般分为六个阶段：属性选取、属性水平确定、实验设计、问卷设计、展开调研、模型估计等。

(三) 偏好识别实例

下面以旅客对品牌运价产品的偏好为研究对象,利用以上方法对旅客偏好进行识别。

1. 属性及水平的确定

通过调查国内十余家航空公司的品牌运价产品后发现,这些航空公司在产品中包含最多的服务或权益有：免费托运行李、退改费率、提前选座服务、优先登机服务、免费机上餐食、累积积分、手提行李以及优先升舱规定等。根据选择实验的属性选取方法,选取品牌运价产品相关属性指标及其水平,具体如表 3-3 所示。

表 3-3 属性指标及其水平

属性指标	指标水平
免费托运行李	无/20 kgs/30 kgs
退改费率	较高/中等/较低
提前选座服务	无/第 7 排起选座/第 2 排起选座
优先登机服务	无/优先登机
免费机上餐食	无/普通餐食/特色餐食
产品价格	600 元/720 元/840 元/960 元

2. 实验设计

根据表 3-3 所列的属性指标及其水平,运用全因子实验设计,共计可产生 3×3×3×2×3×4=648 种不同水平的组合,即选择实验中的产品方案。考虑到研究成本和调研的可操作性,以及品牌运价产品的具体设计情况,可采用 Ngene 软件进行最优实验设计。最终生产了 36 个选择集,每 3 个一组根据有效性原则分成了 12 份调查问卷,设计的有效性水平 D-error 为 0.022。

表 3-4 是其中一个选择集的示例,如果参与者选择产品方案 3,说明该方案的预期效用比其他方案更高,通过不同产品之间属性的差异便可识别航空旅客的选择偏好。每位被调查旅客在问卷中需要进行三次选择,每次选择所面对的产品方案在属性上均存在一定程度的差异。在选择实验中,仅考虑表 3-3 所列属性及其水平对于旅客选择行为产生的影响,因而假设其他条件在选择情景中保持不变。

表 3-4 选择集示例

属性指标	产品方案 1	产品方案 2	产品方案 3	
免费托运行李	无	30 kgs	20 kgs	以上产品方案都不符合我的选择
退改费率	较高	中等	较低	
提前选座服务	无	第 7 排起选座	第 2 排起选座	

续表

属性指标	产品方案 1	产品方案 2	产品方案 3	
优先登机服务	无	无	优先登机	
免费机上餐食	无	特色餐食	普通餐食	
产品价格	600 元	720 元	840 元	
您的选择	□	□	□	□

3. 样本调查

针对本次调查进行问卷设计,并发放问卷。

4. 相关变量赋值

计量模型的因变量是某个方案是否被选中,"被选中"设定为 1,否则为 0;关于特定备择常数,在每个选择集中基础方案对应的观测值为 1,其他方案对应的观测值为 0;自变量为选择集中的相关属性。在选择集中所涉及变量的取值如表 3-5 所示。

表 3-5 选择集变量取值

变量	变量含义及取值
某方案是否被选中	方案被选择=1,方案未被选中=0
特定备择常数	基础方案=1,其他任意方案=0
免费托运行李	无=0, 20 kgs=2, 30 kgs=3
退改费率	较高=1,中等=2,较低=3
提前选座服务	无=0,第 7 排起选座=1,第 2 排起选座=2
优先登机服务	无=0,优先登机=1
免费机上餐食	无=0,普通餐食=1,特色餐食=2
产品价格	具体数值

5. 模型估计结果分析

混合 Logit 模型可以有效检验航空旅客偏好的异质性,使用 Stata16 软件将调查数据带入该进行仿真似然估计。为避免模型估计结果不稳定、变量难以识别等问题,将特定备择常数(ASC)、产品价格设定为固定参数,免费托运行李、退改费率、提前选座服务、优先登机服务和免费机上餐食设定为随机参数,且设定随机参数变量服从正态分布。

表 3-6 呈现了混合 Logit 模型的估计结果,从模型的整体拟合效果来看,Log likelihood=−1232.0564,拟合效果良好,Prob>chi2=0,通过检验。在固定参数中,特定备择常数显著为负,表明参与旅客倾向于在包含更多服务的品牌运价产品中进行选择,这些产品对于航空旅客来说具有一定的吸引力;产品价格系数同样显著为负,表明价格水平的提高会降低航空旅客的总体效用,与理论预期相符。在随机参数中,所涉及五项属性的系数的均值均在 1%水平上显著为正,表明这几项属性水平的提升均能够提高航空旅客的效用,旅客总体的偏好程度依次为提前选座服务、免费托运行李、退改费率、优先登机服务以及免费

机上餐食。系数均值反映了旅客对于不同属性的相对偏好程度,例如,提前选座服务和免费机上餐食的系数均值分别为 1.355 和 0.999,这表明在其他属性条件不变的前提下,产品中提前选座服务属性提升一个水平带来的效用约为免费机上餐食的 1.356 倍。

表 3-6　混合 Logit 模型估计结果

属性	均值	标准误	显著性水平	标准差	标准误	显著性水平
特定备择常数	−4.659	0.823	***			
产品价格	−0.036	0.004	***			
免费托运行李	1.212	0.251	***	1.583	0.249	***
退改费率	1.131	0.251	***	2.356	0.369	***
提前选座服务	1.355	0.230	***	1.659	0.253	***
优先登机服务	1.100	0.270	***	2.371	0.356	***
免费机上餐食	0.999	0.217	***	1.325	0.216	***

（对数似然）Log likelihood=−1232.0564　　　Prob＞chi2=0　　　LR chi2(6)=384.10

***表示变量在 1%的统计水平上显著

从随机参数的标准差看,五项属性均在 1%的水平上显著,表明参与者对品牌运价产品五项属性的偏好上存在显著的异质性,具有随机特征。这也体现了混合 Logit 模型的优势,能对样本在偏好上的异质性进行有效检验。由于混合 Logit 模型待估参数服从正态分布,因而可以通过系数的均值和标准差计算偏好异质性的比例。例如,航空旅客对于免费托运行李这一属性偏好的均值为 1.212,标准差为 1.583,那么可以计算出约有 77.81%的旅客认为免费托运行李额度的提升会提高他们的效用;对于免费机上餐食这一属性而言,偏好的均值为 0.999,标准差为 1.325,那么通过计算可以得出 77.46%的旅客认为产品中提供更高水平的餐食会提升他们的效用。具体各项属性的计算结果如表 3-7 所示。

表 3-7　偏好异质性比例计算

属性指标	偏好异质性比例
免费托运行李	77.81%
退改费率	68.44%
提前选座服务	79.30%
优先登机服务	67.87%
免费机上餐食	77.46%

第三节　民航客货运输产品及销售渠道

一、民航客货运输产品的含义

（一）产品的含义

客运产品是乘机旅客从购票开始,候机、登机到安全舒适地乘坐飞机和及时到目的地提取交运行李全过程所得到的服务。

货运产品包括从货主托运交付货物开始到收货人在期望的时间前完好无损地收到货物为止的全过程。

民航客货运输产品强调运输整体流程,强调从始发地到目的地全过程,强调旅客的旅行体验。

(二)产品的分类

根据产品的内涵,民航客货运输产品也可以分为核心产品、形式产品和外延产品。核心产品是提供给旅客和货物的位移服务。形式产品则包括航线产品、服务产品和价格产品,其中,航线产品包括航空公司的客舱布局、航空公司的航线网络、航空公司的航班密度、航空公司航班时刻以及航空公司的航班准点率等。外延产品则包括航空公司的销售服务、地面服务、客舱服务等,如汉莎航空的世界杯套票等就是民航客货运输的外延产品。

(三)产品的发展

随着竞争环境的变化、旅客需求的不断提高,航空公司在传统服务产品的基础上不断推陈出新,一方面是老产品更新内涵,诸如升级运价产品;另一方面则是推出新产品,诸如包括提前选座、定制餐食等在内的附加服务的推出等。下面以航空公司的运价产品为例,阐述航空公司产品的发展动向。

1. 传统的航空公司票价产品

过去,绝大多数的航空公司的票价产品体系的模式是:票价有不同的折扣水平,免费行李额及机上餐食在所有的票价水平下都是相同的,退改签政策会根据票价水平有所差异。也就是说,不管旅客是否需要、是否享受到所有服务,都是"一价全包",把现有的所有服务都包含在票价中,即机票的价格里面包含行李托运以及机上餐食。以国航2019年3月5日天津—成都航班经济舱为例,其票价产品如表3-8所示。

表3-8 天津—成都国航某航班经济舱部分票价产品

票价	免费行李额	退改签政策		机上餐食
820元(4.6折)	20 kgs	退票	起飞前:410元	正餐
			起飞后:820元	
		变更	起飞前:246元	
			起飞后:328元	
		签转	不得签转	
1800元(经济舱全价)	20 kgs	退票	起飞前:180元	正餐
			起飞后:270元	
		变更	起飞前:免费	
			起飞后:180元	
		签转	可以签转	

2. 航空公司运价产品的变化

2018年12月13日，东航、上航宣布将于2019年1月中旬起在上海—曼谷、上海—普吉2条航线上试点推出灵活经济舱、标准经济舱、基础经济舱等经济舱产品，与现有超级经济舱构成全新的东上航品牌运价产品体系，后期将逐步推广到其他航线，为不同需求的旅客提供更多选择。不同产品的服务内容如表3-9所示。由此，拉开了航空公司试水品牌运价的序幕。

表3-9 东航经济舱运价产品体系

产品	服务内容
超级经济舱	拥有专属物理舱位及更宽敞舒适座椅，改期免收手续费，优先升舱，可免费选择座位，两件23 kgs免费托运行李额
灵活经济舱	改期免收手续费，允许升舱，可免费优选座位，两件23 kgs免费托运行李额
标准经济舱	退票、改期需收取手续费，部分允许升舱，可提前选座（除白金卡旅客外优选座位需付费），一件23 kgs免费托运行李额
基础经济舱	在原有座椅、餐食、娱乐设施及客舱服务基础上，提供更优惠的票价，但退改、升舱、选座、值机、登机次序等权益将会有所限制，并且无法和会员权益叠加

继东航后，海航、厦航、川航也陆续上线品牌运价产品体系，经济舱分级的品牌运价产品体系成为航司尝试差异化服务的方向。

品牌运价产品体系区别于传统的定价体系，是将经济舱进一步分级，按照服务定价。比如，川航的北京—成都航线，经济舱分为三个等级，标准经济舱、智享经济舱和经典经济舱，价格分别为1990元、980元、630元，价格差距不小，旅客享受的权益也不同。其中标准经济舱退票最高收取票价15%费用，变更免费，可累积2456里程；与标准经济舱价格相差1360元的经典经济舱，退票则最高收取票价90%费用，变更最高收取票价70%费用，不能累积里程。2019年5月，海航推出的新品牌运价产品体系也将原有的经济舱分为三类，退改规则、选座、登机和升舱等服务权益均有所不同。2019年10月底，厦航上线了品牌运价产品体系，将经济舱进一步细分为四个层级。

2022年6月香港航空推出覆盖香港始发至所有航点的经济舱品牌运价产品体系，此计划让乘客按需求选择所需服务，包括托运行李额度、预留座位，以及改签行程。具体票价产品见表3-10。其中，"经济飞"包含1件7 kgs的手提行李额度，适合背包客随心来一次说走就走的旅行。乘客可随时按需要续购行李额，灵活度极高。"精选经济飞"包含手提行李额度及20 kgs托运行李额度，可满足大多数旅客的日常出行需求。"超级自在飞"计划提供30 kgs免费托运行李额度、预留座位、三次免费更改日期及航班服务。免费改签让乘客无须担心改签费用，灵活安排旅程；加大的行李额度让乘客无须担心行李超额，随心购物。

表3-10 香港航空经济舱品牌运价产品体系

服务	经济飞	精选经济飞	超级自在飞
预留座位	可额外选购	可额外选购	免费
享受空间座位	可额外选购		

续表

服务	经济飞	精选经济飞	超级自在飞
手提行李额度	1件7 kgs		
托运行李额度	0	20 kgs	30 kgs
更改日期及航班	需支付改签费用	需支付改签费用	三次免费
取消及退款（航班出发前）	需支付相应手续费		

2022年6月，吉祥航空在国内航线推出首款低碳经济舱票价产品，以倡导"轻出行、新态度"可持续旅行新理念，让旅客可更灵活地预订航班，不再为不需要的需求支付费用。该产品包含免费的机上餐食和饮品，及1件重量不超过10 kgs的手提行李额度，无免费托运行李额度，价格相较于其他普通经济舱票价产品更优惠，旅客可根据个人需求，付费购买托运行李额度。

2023年，九元航空依托低成本优势，为不同出行需求旅客提供个性化的票价产品。旅客可以选择"高端经济舱"产品享受一价全包服务，其中包括高达40 kgs托运行李及7 kgs手提行李，票价也包含了机上餐饮服务及前排宽敞座位；"基础经济舱"产品则包含10 kgs托运行李及7 kgs手提行李；对于频繁商务通勤的旅客及年轻观光客，九元航空也推出了无行李特惠票价产品，同样享受7 kgs手提行李。九元航空为所有提前购买逾重行李的旅客提供优惠价格，每千克行李额低至8元。

由此可见，航空公司的运价产品正悄然改变，传统意义上的"一价全包"，被一步步拆分细化，"一价全包"的套餐式定价渐行渐远。探索推出价格和内容更加细分的产品，是近年来民航业关注的领域。

二、销售渠道及其发展变化

（一）销售渠道的含义与分类

销售渠道是指产品从生产者向消费者转移所经过的通道或途径，即产品由生产者到用户的流通过程中所经历的各个环节连接起来形成的通道。

航空公司产品的销售渠道，按照传统的方式，可以分为直销渠道和分销渠道两类。直销就是航空公司直接面向旅客、货主进行自主销售的渠道，包括航空公司的官方网站、呼叫中心、售票处等；分销渠道就是通过代理商把机票、舱位卖给旅客、货主，包括专业的代理商和航空公司之间的相互代理等。

（二）民航运输产品销售渠道的变迁

下面以机票销售渠道为例，介绍我国民航运输产品销售渠道的发展和变化。从20世纪80年代开始，我国出现机票代理行业，机票销售渠道主要分成两个阵营，一个是航空公司的直销；另一个是代理人的分销。受到经济环境以及航空公司经营目标的影响，在很长一段时间内，代理人占据了销售市场的绝大多数市场份额，代理人通过航空公司为其支付的销售代理费获取利益。

然而,自 2014 年起,航空公司与航空销售代理企业之间的关系开始出现微妙的变化。2014 年 6 月,国航宣布将国内机票的销售代理费从 3%,下调至 2%。2014 年 7 月,南航、海航、东航一并跟进。2015 年 1 月 7 日,南航将其国内客票代理费从 2%降低为 1%,国内其他航空公司跟进。2015 年 6 月 1 日起,南航客运销售代理人的代理手续费将从原来的 1%调整为 0,国内其他公司迅速跟进。航空代理手续费的调整,对于航空销售代理企业产生了较大的影响。

2015 年上半年,国务院国有资产监督管理委员会向"三大航"提出了"双五十"目标:在未来三年内,中国三大航空公司的直销比例要提升至 50%,同时代理费要在 2014 年的基础上下降 50%。在"提直降代"政策的要求下,一方面,航空公司开始大力发展直销;另一方面,民航局开始进一步规范和管理代理人手续费问题。由于"提直降代"政策的实施,代理人的利润空间越来越小。2016 年 7 月,南航授权的票代一共 2500 多家,比往年同期少了 400 多家,随着代理手续费水平的降低,以及运营成本的不断提升,部分小本经营的微型代理开始退出市场。

与此同时,航空公司大力发展直销渠道。2015 年各大航空公司均开始加大力度建设自有机票销售渠道,官方网站、手机 APP、微信等服务平台功能不断优化。同时,各大航空公司通过 APP 功能的优化和完善,不断推动直销的发展。以国航的 APP 为例,可以看到,国航的 APP 功能不断完善,旅客使用起来越来越便捷。从 2012～2016 年销售渠道份额的变化可以看到(表 3-11),虽然机票代理以及线上旅游代理(online travel agency,OTA)模式还是人们认可的主流购票渠道,市场上仍然以第三方为主,但一个明显的趋势是,直销在增加,分销在减少,2016 年各航空公司直销的比例接近 40%,较 2012 年增长了近一半。

表 3-11 2012～2016 年销售渠道份额变化

年份	B2B	BSP	第三方合计	B2C	售票处	呼叫中心	CRS	大客户	直销合计
2012	42.19%	37.22%	79.41%	10.42%	6.70%	2.67%	0.76%	0.03%	20.59%
2013	43.31%	32.84%	76.15%	13.51%	6.94%	2.98%	0.41%	0.01%	23.85%
2014	43.23%	30.97%	74.20%	14.85%	7.91%	2.73%	0.31%	0.01%	25.80%
2015	40.06%	25.30%	65.36%	21.98%	10.11%	2.39%	0.15%	0.01%	34.64%
2016	33.43%	29.09%	62.52%	23.85%	10.90%	2.58%	0.15%	0.01%	37.48%

资料来源:中国民航信息集团有限公司官网

注:BSP(billing and settlement plan,开账结算计划),CRS(computer reservation system,计算机订座系统),B2B(business to business,企业对企业),B2C(business to consumer,企业对消费者)

另外,OTA 的发展也影响了销售渠道的格局。2007 年前后,电子客票逐步普及,这给了互联网企业介入机票销售行业的机会,51book 等机票 B2B 分销平台开始出现,携程旅行网等 OTA 和去哪儿网等面向 C 端的搜索平台也陆续走上前台。经过几年的发展,2017 年,在线机票预订市场中,去哪儿网和携程旅行网分别占 34%、32%的市场份额。携程旅行网、去哪儿网这些 OTA 平台的出现为航空公司机票销售又提供一个全新、有效的途径。

同时，OTA 平台凭借自己的流量、品牌、对客户的黏性较强、服务多样化等优势，吸引着航空公司与其进行合作。一方面，航空公司借助 OTA 平台开设自己的旗舰店；另一方面，航空公司也与 OTA 开展全方位的战略合作。比如，2017 年 3 月，携程旅行网与东航签署合作协议，双方在客户服务、产品、市场等多个层面展开合作，其中便包括东航将 B2G（business to government，企业对政府）二方协议直销产品接入携程商旅差旅预订系统。

延伸阅读：三大 GDS 扎堆全面上云

➢ Sabre 及汉莎航空与谷歌云全面合作

2020 年 1 月，Sabre 与谷歌云签署协议，双方成为"广泛的战略合作伙伴"，为期十年。Sabre 期望借此合作为航空公司、酒店及代理人客户创建全新基于云的分销平台，并实现平台整体的"敏捷运营"。

➢ Amadeus 与微软合作上云

2020 底，Amadeus 宣布与微软建立合作伙伴关系，促进旅游分销创新及改善客户体验。Amadeus 计划在三年到五年内将所有的服务迁移到微软的 Azure 云上，并在更直观的旅行搜索及可预测的旅行中端管理方面与微软进行深入合作。Amadeus 表示，他们已创建了一个"以旅客为中心"的平台，为旅行供应商提供普通客户的旅行洞察及相关数据服务。

➢ Travelport 全改版用上 AWS 云

2021 年 6 月，Travelport 宣布与全球最大的云运营商 AWS（Amazon Web Services，亚马逊网络服务）合作，推动其技术栈全面上云，并将其全球分销平台迁移到 AWS 云上。AWS 还将为 Travelport 提供数据存储服务、安全服务、数据分析与机器学习服务，帮助 Travelport 加速实现"航旅零售的数字化转型"愿景。

三大 GDS 已进入上云的快车道，纷纷致力于从"以交易为中心"向"以旅客为中心"的转型，共同创造更便捷、更智能、更美好的航旅零售与服务未来。

资料来源：解开颜.《新趋势：三大 GDS 扎堆全面上云》，https://www.traveldaily.cn/article/167118，2022 年 10 月 8 日。

第四章 民航客货运输运价管理

本章概要：本章介绍运输成本和运输价格的基本知识，阐述了民航客货运输运价制定及管理的一些规定。通过本章内容的学习，可以掌握运输价格的制定理论和管理模式，初步了解民航客货运输运价制定及管理原则、运价制定机构及资料，熟悉我国国内和国际航班运价管理规定的相关内容。

第一节 运输成本及运输价格

一、运输成本

运输企业在一定时间内完成一定客货运输量的全部费用支出，称为该期运输总成本。单位运输产品分摊的运输费用支出，称为单位运输产品成本，简称运输成本。

运输成本是制定运输价格的重要依据，一般指完成单位运输产品或旅客应分摊的运输支出。运输成本的特点是不包含原料费，而燃料、工资、折旧以及修理等项支出占的比重较大，在各种不同的运输工具或者运输方式之间，运输成本存在着一定的差别，也存在着各种比价关系。例如，铁路运输中货运有货物种类、整车、零担和集装箱等运输成本，客运有硬座、硬卧、软座、软卧等运输成本；水运有内河、沿海运输成本，也有按不同的航线计算的拖驳、油轮等运输成本；汽车运输除单车成本外，有的还计算分线路和区域的运输成本；民航除计算各种机型成本外，还计算飞行成本。合理的比价，对于客货源分配、旅客及货物流向，以及各种运输工具效率的充分发挥，起着十分重要的作用。

运输成本由营运成本、管理费用和财务费用三部分组成。

二、运输价格

（一）运输价格的含义

运输价格是指运输企业对运输货物或旅客所提供的运输劳务的价格。运输价格能有效促进运输产业结构的优化配置，有效调节各种运输方式的运输需求，在国民经济各部门收入分配中起重要影响作用。

（二）运输价格的特点

1. 运输价格是一种劳务价格

运输企业为社会提供的效用不是实物形态的产品，而是通过运输工具实现货物或旅客在空间位置的移动。在运输生产过程中，运输企业为货物或旅客提供了运输劳务，运输价格就是运输劳务产品价格。运输企业产品的生产过程也是其产品的消费过程。因此，运输价格就是一种销售价格。同时，由于运输产品的不可存储性，因此当运输需求发生变化时，只能靠调整运输能力来达到运输供求的平衡。而在现实中运输能力的调整一般具有滞后性，故运输价格因供求关系而产生波动的程度往往较一般有形商品要大。

2. 运输价格是商品销售价格的组成部分

社会的生产过程不仅表现为劳动对象形态的改变，也包括劳动对象的空间转移。这样才能使物质产品从生产领域最终进入到消费领域。在很大程度上，商品的生产地在空间上是与消费者相隔离的，这就必须要经过运输才能满足消费者对商品的实际需要。而在此过程中又必须通过价格作为媒介来实现商品的交换。这样运输价格就成了商品销售价格的重要组成部分。

3. 运输价格具有按不同运输距离或不同航线而有所区别的特点

货物或旅客按不同运输距离规定不同的价格，称为"距离运价"或"里程运价"。这是因为运输产品即运输对象的空间位置移动是以周转量来衡量的。货物或旅客按不同航线规定不同的运价，称为"航线运价"或"线路运价"。采用此种运价，是基于运输生产的地域性特点。运输工具在不同航线（或线路）上行驶，因自然条件、地理位置等有显著差别，即运输条件各不相同，即使货运（或客运）周转量相同，运输企业付出的劳务量及供求关系等也相差很大。因此，有必要按不同航线（线路）采用不同的运价。

4. 运输价格具有比较复杂的比价关系

因货物或旅客运输，有时可采用不同运输方式或运输工具加以实现，最终达到的效果也各不相同。具体表现为所运货物的种类、旅客舱位等级、运载数量大小、距离、方向、时间、速度等都会有所差别。这些差别均会影响到运输成本和供求关系，在价格上必然会有相应的反映。

（三）影响运输价格的因素

1. 运输成本

在正常情况下，运输企业为能抵偿运输成本而不至于亏本并能扩大再生产，要求运输价格不低于运输成本。因此，运输成本便成为形成运输价格的重要因素和最低界限。

2. 运输供求关系

运输市场的供求平衡，不仅会受到运输市场价格对供给和需求的调节的影响，而且还会受到运输供给和需求对市场价格的调节的影响。考察运输供求对运输价格的影响，主要指后者。运输供给和需求对运输市场价格的调节，通常是由供求数量不同程度的增长或减少引起的。

3. 运输市场结构模式

根据市场的竞争程度，运输市场结构可大体分为四种类型，即完全竞争运输市场、完全垄断运输市场、垄断竞争运输市场和寡头垄断运输市场。不同类型的市场有不同的运行机制和特点，对运输价格的形成会产生重大影响。①在完全竞争运输市场，运输企业和运输对象都只能是运输价格的接受者，故运输价格完全由供求关系决定。②在完全垄断运输市场，垄断企业有完全自由的定价权，它们可以通过垄断价格获得高额利润。③在垄断竞争运输市场，同类运输产品在市场上有较多的生产者，市场竞争激烈，新加入运输市场比较容易，不同运输企业生产的运输产品在质量上有较大差异，而某些运输企业由于存在优势而产生了一定的垄断性，在这种情况下，运输企业已不是一个消极的运输价格的接受者，而是具有一定程度决策权的决策者。④寡头垄断运输市场的某种运输产品绝大部分由少数几家运输企业垄断，运输价格主要不是由市场供求关系决定，而是由几家大企业通过协议或某种默契规定的。

4. 国家经济政策

国家对运输业实行的税收政策、信贷政策、投资政策等均会直接或间接影响运输价格水平。

5. 各运输方式之间的竞争

影响运输价格水平的竞争因素有运输速度、货物的完好程度以及是否能实现"门到门"运输等。以运输速度为例，若相同起止地的货物运输可采用两种不同运输方式进行，此时运输速度慢的那种运输方式只能实行较低的运价。

三、运输价格的制定理论

（一）生产价格论

生产价格论的主要依据是马克思的"劳动价值论"，认为运输产品与其他有形商品一样，具有价值和使用价值的二重性。运输产品的价值表现为货物或旅客发生位移过程中所消耗的社会必要劳动，它的使用价值则表现为发生位移后使商品潜在的使用价值转变为现实的使用价值。而运输价格的制定实质上是对运输价值量的测算，运输价格具体体现为运输成本与社会平均盈利之和。

（二）边际成本论

边际成本是指生产过程中每增加或减少一个单位产量而引起的总成本的变动。以边际成本论定价，是指在运输供求发生变动时，运输企业必须增加或减少运输数量，并以增加或减少运输数量而引起的总成本的变动为基础确定运输价格。

（三）均衡价格论

在运输中，运输企业和运输对象经过讨价还价，使运输供求数量达到一致时的价格称为均衡运输价格。该理论的核心问题是运输需求或供给量是如何影响价格形成的，可以采用需求的价格弹性和供给的价格弹性作定量分析，前者只要测得运输市场的运输需求的价格弹性系数,就可以根据运输需求变动的状况求得运输价格变动的百分率,以此确定运输价格;后者只要测得运输市场的运输供给的价格弹性系数,就可以根据运输供给变动的状况求得运输价格变动的百分率,以此确定运输价格。以均衡价格作为运价的制定理论,很显然只是注重运输供求关系对价格的决定因素,而没有考虑其他各种因素对价格的影响,因此,它只能在完全竞争的运输市场结构模式中才适宜采用。

(四)从价理论

从价理论是指以所运的运输对象本身的价值高低为基础确定的运输价格。从价理论的实质是在运输供求双方进行价格竞争的条件下,按需求弹性高低来确定运价的一种转化模式。以货物运输为例,在一般情况下,本身价值较高的货物,其运输需求对运价的弹性较小,即弹性系数小于1,此时可以提高货运价格。这是因为,此时若提高运价,运输收入将会相应提高。因为运输需求量的下降比率小于运价提高的比率,而运输收入为货运价格与运输量的乘积,其结果对运输企业有利。同样,本身价值较低的货物,其运输需求对运价的弹性较大,即弹性系数大于1,此时可以降低货运价格。从价格形成上分析,从价理论是属于"市场竞争决定论"范畴的;而从市场营销角度来看,它又是一种需求差异定价模式。

四、运输价格管理

(一)运输价格的管理模式

运输价格的管理模式是指在一定的社会形态下,国家对运输价格的形成及运行机制等的调节方式。运输价格管理模式的类型取决于社会经济性质和整个社会的经济模式。也就是说社会经济及其运行模式不同,形成了不同的价格模式,而运输价格管理模式则从属于社会的价格模式。我国社会经济的运行模式应是"国家调控市场,市场形成价格,价格引导企业",即国家采用间接手段,调节和控制市场。在此条件下形成的市场价格,引导企业对商品实施生产、流通、消费和分配。而这种被称为"有控制的市场价格"模式,应是我国价格管理的目标模式,同时也是我国运输价格的管理目标模式。

(二)运输价格的管理形式

1. 国家定价

国家定价是由县级以上各级政府物价部门、运输主管部门按照国家规定的权限制定并负责调整的运输价格。

2. 国家指导价

国家指导价是县级及以上各级政府物价部门、运输主管部门通过规定基准价、浮动幅度或最高、最低保护价等形式制定的运输价格。

3. 市场调节价

市场调节价是运输企业根据国家有关规定和政策,主要通过市场供求情况自行确定的运输价格。

第二节 民航客货运输运价制定及管理

一、运价及运价的制定

1978 年 ICAO 理事会在批准的《双边运价标准条款》中对运价做出了完整的定义，运价是指旅客、行李和货物运输的价格（或应付的款项）及适用这些价格（或应付的款项）的条件，包括代理服务与其他辅助服务的价格（或应付的款项）和条件，但邮件运输的报酬和条件除外。

国际航空运价从制定到计算都很复杂，它除同承运人的收益有直接关系外，还会受到各国的航空政策、国家间的政治与贸易关系以及金融外汇、服务等因素的影响。

制定运价的程序，国际上传统的做法是航空公司之间协商制定，然后报各航空公司的国家政府民航主管部门批准后实施，同时规定航空公司间协商制定运价应利用适当的国际运价制定机制来达到（IATA 统一协调运价的机制）。

二、运价管理原则

（一）双批准原则

由双边指定承运人协商制定，然后报各自民航当局批准；IATA 机制通过 IATA 的多边协商确定，也就是说利用 IATA 的统一运价机制，但还须本国政府批准。我国现行的运价实行的是双批准原则，即由双方指定承运人商定，如有必要和可能时，应与其经营的航线或其航段上经营的其他承运人进行磋商并报缔约双方民航当局批准。

（二）双不批准原则

不论运输业务的来源如何，缔约一方放弃单方面否决承运人提出的运价的权利。如要否决，只能由缔约双方协商一致，均不批准才能办到。美国与新加坡使用双不批准原则。

（三）始发国原则

当运输业务来源于缔约另一方领土时，缔约一方放弃要求双方承运人遵守其规定的权利。这种管理权限的放弃，包括该承运人是否遵守了缔约另一方的规定也不能过问。换句话说，哪一国的始发业务多，哪一国的管理权限就大，因此被称为始发国原则。美国与澳大利亚使用始发国原则。

三、运价制定机构及资料

（一）运价制定机构

IATA 是目前世界上主要的运价协调和制定机构。IATA 有两类会议，一类是程序性会议，主要讨论和确定客票格式、货运单格式、订座程序、行李规定、代理人规定等，所有会员航空公司都参加；另一类是运价协调会议，讨论客货运价和运价条件，以及代理人佣金率等，会议达成的运价协议必须分别提请政府批准，是否参加运价协调会议，由航空公司自由决定（自由定价的国家不参加运价协调会议）。

（二）客运运价资料

客运运价资料主要包括 PAT、OAG、ATPCO（Airline Tariff Publishing Company，航空运价出版公司），其中 PAT 由 IATA、SITA 共同出版，每年出版 4 期，内容包括运价计算规则、税费、货币规则、客票点里程和国家、城市、承运人代号等。OAG 主要提供航站、航班信息等。ATPCO 的前身是美国交通部下的运价部（fare department），后成立股份公司负责全球大部分航空公司的运价、税费等数据的存储发布工作，股东包括国际上一些知名航空公司，总部位于华盛顿特区，目前是全球领先的国际运价服务商，为 Amadeus、Travelport、Sabre 等全球分销系统，以及 Expedia 等在线旅游分销商，提供超过全球 450 家航空公司的运价数据服务。2007 年中国民航信息集团有限公司与 ATPCO 签署合作协议，为中国及北亚地区航空公司提供专业运价数据服务，2015 年去哪儿网正式接入 ATPCO 运价数据。

（三）货物运价资料

航空货物运价（the air cargo tariff，TACT）手册是计算国际货运运价的依据，共分为三个分册，目前已成为世界各国航空公司、货运代理和货主在航空货物运输中所遵循的依据。

1. TACT 规则

此分册包括国际航空货物运输及运价的所有规则、运价计算规则及程序等内容。这些内容是当今绝大多数国家及空运企业共同遵守的规章。但是，由于各国的政治、经济、文化及其他方面的差异，有些国家及航空公司还有自己的一些规定，具体内容包括：一般信息、货物接收、航空运费、服务及相关费用、付款、航空货运单、各国信息、运营人的特殊规定。

2. TACT 运价手册世界范围手册

该分册的内容包括特殊运价、品名编号及描述、注释、运价表和比例运价。

3. TACT 运价手册北美分册

该分册的内容包括特殊运价、品名编号及描述、注释、运价表和比例运价。

四、民航运价管理

（一）我国国内航班运价管理

《民航国内航空运输价格改革方案》由国家发展和改革委员会与中国民用航空局公告，于 2004 年 4 月 20 日正式实施。我国国内航空运价以政府指导价为主，政府价格主管部门由核定航线具体票价的直接管理改为对航空运输基准价和浮动幅度的间接管理。国家发展和改革委员会同中国民用航空局，依据航空运输的社会平均成本、市场供求状况、社会承受能力，确定国内航空客货运输基准价和浮动幅度，并通过航空价格信息系统向社会公布。

新建航线基准价、调整个别航线基准价、调整少数航线票价浮动下限，由中国民用航空局与国家发展和改革委员会确定，并通过航空价格信息系统向社会公布。实行市场调节价的航线目录、实行票价下浮幅度不限的独飞航线目录及以旅游客源为主的航线目录，由中国民用航空局与国家发展和改革委员会确定，并通过航空价格信息系统向社会公布。航空公司在政府规定的幅度内，自行制定具体运价的种类、水平和适用条件，提前30日通过航空价格信息系统报中国民用航空局、国家发展和改革委员会备案并向社会公布后执行。实行市场调节价的国内航空运价，由航空公司自主确定，包括运价的种类、水平和适用条件，提前30日通过航空价格信息系统报中国民用航空局、国家发展和改革委员会备案并向社会公布后执行。国家发展和改革委员会同中国民用航空局定期对国内航空运输定价成本进行监审，以此作为调整国内航空运输基准价及浮动幅度的主要依据。

（二）我国国际航班运价管理

我国国际航班运价依据《国际航空运输价格管理规定》，中国民用航空局负责制定国际航空运价管理的有关政策、法规及制度，凡是由中国始发和（或）至中国的国际航空运价一般由中外航空公司根据政府间航空运输协定协商制定，并向中国民用航空局申报，经批准后方生效。经IATA运价协调大会讨论通过的有关中国的国际航空运价协议，必须经中国民用航空局批准后方可生效。外方航空公司经中国至第三国（第五航权）涉及中国的国际航空运价必须经中国民用航空局批准后方可生效。

IATA通常每半年组织召开一次全球运价协调会议，各成员航空公司对国际旅客运价进行多边协商，形成指导性基础运价，各国航空公司在此基础上结合国际运价分区和本国情况制定具体运价与销售价格。

（三）货运运价管理

航空货物运价是调节航空货物运输市场的重要经济杠杆，并影响着国民经济的各个方面。如果运价过高，可能会造成运输市场供给增加，需求减少，运力过剩，从而使现有运输设备得不到充分利用，导致资源浪费；如果运价水平过低，也同样不利于资源的合理配置和有效利用，造成种种不合理运输，导致过量的运输需求，同时也使运输业自身的发展受到限制，运力紧张，制约国民经济的发展。所以，正确定价并加强运价管理是十分重要的。

IATA运价由IATA通过运价手册向全世界公布，主要目的是协调各国的货物运价，但从实际操作来看，各国从竞争角度考虑，很少有航空公司完全遵照IATA运价，多进行一定的折扣，但不能说这种运价没有实际价值。首先，它把世界上各城市之间的运价通过手册公布出来，每个航空公司都能找到一种参照运价，所以每个航空公司在制定本公司运价时，都是按照IATA这个标准运价进行的；其次，IATA对特种货物运价进行了分类，航空公司在运输这种货物时一般都用IATA标准运价；最后，这种IATA运价在全世界制定了一种标准运价，使得国际航空货物的运输的价格有了统一的基准。

1971年以前，航空货物运价的计价方法是以客票价为基础，按客货运价之间的一定比率求得货物实际运价。因此，每次调整旅客运价时，货物运价也随着相应地调整。1971年3月民航大幅度调整运价时，国内货物、邮件、行李运价均按1967年原价为准做调整。此后，货物、邮件、行李运价与旅客运价完全脱钩，改为以货物运价作为邮件、行李运价的基础运价。货物每吨公里运价沿铁路线为0.65元；不沿铁路线为0.80元。1974年国内旅客运价实行两种运价时，货物运价也分两种：第一种货物运价按原规定不变，只适用于国内居住的我国公民；第二种货物运价，45 kgs以下货物按客票价的0.8%计算，45 kgs以上每千克按客票价的0.6%计算。国内两种货物运价与客票价同时于1984年9月起取消，第二种运价改为公布运价，第一种运价改为折扣运价。1998年起，国内航线货物运价按新的运价结构执行。

延伸阅读：东航的品牌运价

2019年1月18日，东航首先在上海—曼谷、上海—普吉以及上海—吉隆坡航线上推出品牌运价，并在东航APP、网站上线实现销售。目前提供品牌运价的一共是56条航线。

东航品牌运价产品体系包括东航的超级经济舱以及公务舱和头等舱，这几类产品的票价，选座权益、行李以及退改和登机都有差异。针对不同需求的旅客提供差异化的服务和产品。东航的基础经济舱特点是低价优惠，不改变原来客舱所有座椅、餐食、娱乐设施、客舱服务的一些基础，票价是最优惠的。但是，不能退改签，升舱的权益也是没有的，选座也是到了现场才能选座，登机次序是最后一组。标准经济舱高性价比，退票改期要收取手续费，部分允许升舱，可以提前选座。白金卡旅客的优选座位是免费的，有23 kgs的免费托运行李额。灵活经济舱便捷灵活，改期是免手续费的，允许升舱，所有的全舱位的都是免费的，包括了优选座位、长腿位，有两件23 kgs的免费托运行李额。还有一个就是一部分的机型布局里面，有超级经济舱。超级经济舱是优越、舒适、专属的一个物理舱位，因为超级经济舱和经济舱不是混舱，是一个分开的物理舱位，改期也是同样免收手续费，优先升舱，可免费选择超级经济舱的座位，同样也是两件23 kgs的免费托运行李额。

从2019年1月18日上线，到2019年5月份，东航通过APP、官网等销售数据的统计后发现，线上销售的差额占到了总的票面金额的17.37%，品牌运价的效果非常显著。基础经济舱销售航段量占比品牌运价总销售量32.2%，结构合理。灵活经济舱、超级经济舱销量仍待提升。品牌运价高销量的航线，同比增长情况比较优异。比如，上海—曼谷增长了24%，上海—新加坡增长了36%，北京—普吉也实现两位数的增加。其他的辅营收入，像选座、升舱等也有所提升，而且趋势是向好的。选座产品同比提升了51%。升舱和品牌运价虽然捆绑不多，但是同样也上涨了18%。可见，品牌运价的实施为航空公司带来了较好的收益。

资料来源：《东航实施品牌运价效果显著 辅营产品趋势向好》，https://www.sohu.com/a/322202620_200814，2019年6月21日。

第五章 民航旅客票价及票价计算

本章概要： 本章主要介绍民航旅客国内运输票价的有关规定和民航旅客国际运输中票价计算中涉及的基础知识，包括航程的概念和分类，货币及其转换规则、里程制运价计算步骤等，并通过普通运价、特殊运价计算方法的学习，掌握 IATA 运价计算的相关规则。

第一节 民航国内旅客票价

一、国内旅客票价的一般规定

（1）客票价是指旅客由出发机场至目的机场的航空运输票价，不包括机场与市区之间的地面运输费用。客票价分为正常票价和特种票价两大类。

（2）航空公司公布的票价，适用于直达航班运输。如旅客要求经停或转来其他承运人航班时，除航空公司另有规定外，应按实际航程分段相加计算票价。

（3）客票价为旅客开始乘机之日适用的票价。客票出售后，如票价调整，票款不作变动。

（4）使用特种票价的旅客，应遵守该特种票价规定的条件。

（5）旅客应按国家规定的货币和付款方式支付票款，除与航空公司另有协议外，票款一律现付。

（6）当收取的票款与适用的票价不符或计算有错误时，应按照航空公司规定，由旅客补付不足的票款或由航空公司退还多收的票款。

（7）客票价以 10 元为计算单位，航空公司收取或支付的任何其他费用以元为计算单位，尾数一律四舍五入。

（8）政府、有关部门或机场经营人规定的对旅客或由旅客享用的任何服务或设施而征收的税款或费用不包括在公布票价之内。

二、票价的种类和适用票价

国内航线旅客票价是根据旅客、航程和出票时间、地点等具体情况，向旅客收取票款的计算依据。由服务等级、行程方式、儿童票价、团体旅客票价、特种票价等种类组成。

（一）服务等级

服务等级指为旅客提供服务的等级，按照提供服务的等级收取不同的票价。

国内航线的票价一般分为三个服务等级：头等舱票价 F、公务舱票价 C 和经济舱票价 Y。

（二）行程方式

国内航线客运价按旅客的不同行程方式可以分为以下三种：单程票价、来回程票价和联程票价。

（三）儿童票价

凡旅客购买儿童票时，均应按以下规定办理：年满 12 周岁的儿童购全票；年满 2 周岁、未满 12 周岁的儿童应按适用成人全票价的 50%付费，单独占用一个座位；未满 2 周岁的婴儿，按适用成人全票价的 10%付费，不单独占用座位，如需要单独座位，应购买半票。一位成人旅客携带未满 2 周岁的婴儿超过一名，其中只有一名可按票价的 10%付费，其余按照票价的 50%付费，单独占用一个座位。未满 5 周岁的儿童乘机，须有成人陪伴而行。办理无成人陪伴儿童，应在购票前提出申请，经航空公司同意后方可购票乘机。

（四）团体旅客票价

旅客人数在十人以上（包括十人），航程、乘机日期和航班相同的旅客称为团体旅客。航空公司可以按有关规定向国内外团体旅客提供折扣和优惠的特种票价。该票价附有限制条件，如不得签转、出票时限等。

（五）特种票价

凡因公致残的现役军人、人民警察在乘坐国内航班时，凭革命伤残军人证或人民警察伤残抚恤证，在规定的时限购票，按适用正常票价的 50%计收票款。在经济舱正常票价基础上对符合购票时限、旅客身份、航班时刻、季节浮动等限制条件的团体或单个旅客给予一定的票价优惠，如教师、学生优惠等。特种票价的限制条件详见有关的优惠运价文件。

（六）免票、优惠票

货运包机押运人员凭包机货运单和包机单位乘机介绍信可填免费客票。在客票的票价计算栏内写明包机运输协议书号码。凭航空公司乘机优待证可填免费客票、优惠票。常旅客可以凭里程积分换取免票。

（七）包舱票价

在有小客舱的大型飞机飞行的国内航班上，可以向旅客提供包舱。人数以小于客舱内的座位数为限。包舱内的座位数乘以票价，即包舱票价。

（八）占用客舱座位的自理行李、商业信袋、外交信袋的运费

根据自理行李、商业信袋、外交信袋的全部实际重量，按逾重行李计收的运费，与实际占用舱位的座位数的正常客票价计收的费用相比，取高者。

（九）额外座位的票价

旅客因为舒适或其他理由，希望额外占用座位，可根据实际占用舱位的座位计收。如一个经济舱的旅客需要多占用旁边一个座位，则旅客需要支付两个经济舱的客票价。

第二节　民航国际旅客票价计算基础知识

一、民航旅客票价计算基础知识

（一）航程相关概念

1. 航程的含义

一本客票或连续客票上的所有点构成的完整行程称为航程（journey）。

（1）直达航程：是指两点间（单向或双向）的直达航班所经过的最短路程。在直达航程中可能有经停点，也可能没有经停点，不论是否有经停，仅需一张客票乘机联。

（2）非直达航程：也称联程运输，是指在航程中有中间转机点的情况，且需要多张客票乘机联。

2. 航程的结构

航程包括航程的始发点、终点、中间点。

（1）航程的始发点（origin）：是指在客票中列明的整个航程最初的出发地点。

（2）航程的终点（destination）：是指在客票中列明的整个航程最终的到达地点。

（3）中间点（intermediate point or transfer point）：是指航程中除了始发点、终点以外的中途经停点（transfer point）。它可以是中途分程点，也可以是非中途分程点。①中途分程点（stopover point）：是指旅客在航程中的某一中间点中断旅行，并且停留时间超过 24 小时的情况（"O/"）。②非中途分程点（no stopover point）：旅客停留时间不超过 24 小时的中间的点为非中途分程点（"X/"）。

（二）票价计算区

票价计算区（fare component）是指进行票价计算时选择的区间，票价计算区的始点和终点称为票价组合点。一段航程可能有一个或两个以上的票价计算区。

（三）航程的种类

按照航程的路径和计算的基础运价，旅客航程可以分为下列五种基本类型。

1. 单程

单程（one way trips，OW）是指起点和终点在不同的国家，同时整个航程没有折返现象，即没有回程的趋势。

例如：BJS—TYO—NYC，SIN—LON—NYC—RIO。

2. 来回程

来回程（round trips，RT）是指整段航程均由航空运输执行，不允许有陆路运输，最终返回到起点，有两个票价计算区，同时这两个票价计算区的票价是一致的，但并不意味着去程和回程完全一致。

例如：BJS—FRA—MIA—X/MAD—FRA—BJS。

3. 环程

环程（circle trips，CT）是指整段航程均由航空运输执行，不允许有陆路运输，最终返回到起点，有两个票价计算区，但这两个票价计算区的票价不相等。

例如：BJS—FRA—MIA—LON—X/FRA—BJS。

注意：对于回程的票价计算区（返回到始点的运价计算区）要使用和旅行方向相反的票价来计算回程的票价，但也有例外，下面情况时使用和旅行方向一致的票价：回程的点是美国和加拿大的点；回程的点是北欧三国（挪威、瑞典、丹麦）。

4. 环球程

环球程（round the world，RTW）是指从一点始发，穿越（且仅一次穿越）大西洋和太平洋，最后又回到原出发点的航程，并且要求旅行中必须同时在 TC1/TC2/TC3 中有经停点。

例如：BJS—PAR—NYC—BJS。

5. 缺口程

缺口程（open jaw trip，OJ）是指整个航程不闭合或航程中含有国内的地面运输或国际的地面运输。

1）始发地缺口程

始发地缺口程（origin open jaw，OOJ）是指去程的出发点和回程的到达点不同，但都在始发国内的航程，即缺口两端都在始发国内。

例如：MIA—SFO—YTO—YMQ—WAS。

2）折返地缺口程

折返地缺口程（turnaround open jaw，TOJ）是指去程的到达点和回程的出发点不同，但都在同一国内的航程，即缺口两端都在折返国内。

例如：BJS—YTO，OSA—BJS。

3）双缺口程

双缺口程（single open jaw，SOJ）是指去程的出发点和回程的到达点不同，但都在始发国内；并且去程的到达点和回程的出发点也不同，但都在折返国内的航程。

例如：MIA—SFO—YTO，YMQ—WAS。

（四）货币及其转换

在 PAT 运价表示中，运价均以运输始发国的货币 LCF（local currency fares，当地货币运价）和中间组合单位 NUC（neutral units of construction，中性货币单位）两种价格符号表示。

1. 运输始发国的货币

运输始发国货币，用国际标准化组织给定的标准货币代号表示，代号中前两位为国家的两字代码，第三位表示这个国家货币名称的第一个字母。

例如：BJS—LON—ADD（运输始发地是 BJS，属于中国，货币人民币 CNY 为运输始发国货币）

一般来说，采用运输始发城市所属国家的本国货币作为运输始发国货币，但是也有一些国家不用本国货币作为运输始发国货币，而是采用其他货币，如美元、欧元等。

2. 中间组合单位

IATA 运价是以当地货币的形式公布的，但在计算联程运输票价时，联程经过几个国家，仅用当地货币难以完成复杂的计算，为了方便业务的运作，要找到一个虚拟的货币。中间组合单位是指以运输始发国货币为基础的新的运价体系，由 IATA 1987 年 7 月日内瓦运价协调会议决定，自 1989 年 7 月 1 日起实行。以中间组合单位表示票价、比例票价及其他有关费用。NUC 与各国货币的比价，采用 IATA 清算所每月公布的美元与各国货币的汇率。由于各国货币与美元比价不断变动，NUC 与各国货币的换算汇率也随之变动。

3. IATA 兑换率

IATA 兑换率（IATA rate of exchange，IROE 或 ROE）是 IATA 清算所定期公布的当地货币与 NUC 的比价。

在实际的运价计算中，首先用中间组合单位表示运价，然后通过 IATA 兑换率，转换成用运输始发国货币表示的运价。

运输始发国货币表示的运价、中间组合单位表示的运价、IATA 兑换率三者之间的关系为

$$LCF=NUC \times ROE$$

计算 NUC 时，计算到小数点后三位，保留两位，第三位舍去（只舍不入）。

4. 实付等值货币

实付等值货币（equivalent currency，EC）是指旅客在支付票款的过程中，如果不使用运输始发国货币，则需要用银行买入价（bankers' buying rate，BBR）或银行卖出价（bankers' selling rate，BSR）进行运输始发国货币与实付等值货币的转换。

5. 货币的进位

货币进位规则：采取进位制（代号为 H）和就近制（代号为 N）。

1）H 方式（进位制）

将计算后的数值保留到比进位单位的小数位多一位，余下的全部舍掉。将该数值减去较小的应保留的单位。如果差值大于零，则进位，否则保留这个较小的单位。

2）N方式（就近制，类似于四舍五入）

将计算后的数值保留到比进位单位的小数位多一位，余下的全部舍掉。将该数值减去较小的应保留的单位。如果差值大于应保留位数的一半，则进位，否则保留这个较小的单位。

3）例题

例题 5-1 以下表示方法的含义是什么？

H1.2：采用进位制，1元结尾，小数点后保留2位。

H10.3：采用进位制，10元结尾，小数点后保留3位。

N5.0：采用就近制，5元结尾，小数点后保留0位。

N0.5.2：采用就近制，0.5元结尾，小数点后保留2位。

例题 5-2 根据进位要求进行进位。

1234.321（H1.0）。

1234.096（H5.2）。

1234.437（N0.5.2）。

1234.812（N10.2）。

结果如表5-1所示。

表5-1 货币进位表示方法示例

原始数值	进位要求	计算过程	进位选择	结果
1234.321	H1.0	1234.3	0.3 大于 0	1235
1234.096	H5.2	1234.0	4.0 大于 0	1235.00
1234.437	N0.5.2	1234.43	0.43 大于 0.5 的一半	1234.50
1234.812	N10.2	1234.8	4.8 小于 10 的一半	1230.00

（五）指定航程

如果符合指定航程（specified journey）的条件，那么该航程则允许使用两点间直达运价，无须考虑里程规则。指定航程表如表5-2所示。

表5-2 指定航程表

始发城市	终点城市	经过城市
阿德莱德	雅加达	悉尼/墨尔本
北京	长崎	上海
北京	大阪	上海—长崎[1]
北京	东京	上海—长崎—大阪[2]
⋮	⋮	⋮
上海	东京	长崎/大阪[3]

1）在上海/长崎只允许一个中途分程点；2）在上海/长崎/大阪只允许一个中途分程点；3）在长崎/大阪只允许一个中途分程点

指定航程的使用条件有以下几个。

（1）FCP（fare construction points，票价组合点）和指定航程中的始发地和目的地相符合。

（2）航程经过指定的地点，即指定航程所规定的地点，并且该航程中的中间经停地可以省略，但是不可以增加任何新的中间经停地。

（3）指定航程表中所显示的中间经停点以斜线"/"分开，表示只允许选择其中一点作为始发地、经停地和目的地。

（4）指定航程表中的中途经停地，如果以横线"—"连接，表示这些经停地均可以作为航程的经停地。

（5）如果该指定航程有特殊注解，则需要遵守该注释的规定。

（6）指定航程中的中途经停地必须按顺序经过，不可以折返或者迂回运输。

二、里程制运价计算

当非直达航程不适合运用指定航程规则时，应考虑使用里程制计算票价。

（一）里程制运价计算的内容

1. FCP

FCP 用于确定运价计算区间，采用两个机场或城市的三字代码表示。

2. NUC

查阅 PAT 中运价部分，确定运价区间的始发地、目的地之间的公布运价，这些运价通常用 NUC 来表示。

3. RULE

查阅 PAT 运价的适用规则（RULE）或限制条件。

4. MPM

使用对应运价区间始发地、目的地之间的公布运价，该运价对应着一个限定的里程数，即每一个票价计算区所规定的最大的里程数，单位是英里（1 英里=1.61 公里）。旅行的方向不同，公布的票价和所适用的最大允许里程（maximum permitted mileage，MPM）也不同。

5. TPM

开票点里程是（ticketed point mileage，TPM）根据运价区间里所列出的相邻客票点的实际里程，加总计算出的实际里程数。由于飞行路线和方向的不同，同一城市对会出现不同的 TPM。在计算票价时，应根据实际旅行路线及方向选择相应的 TPM。

如果 TPM<MPM，则全航程运价可以直接使用第二步所查到的 NUC 运价。反之，则不能直接使用。其中，TPM 与 MPM 均可在 PAT 手册中查到。

6. EMA

如果客票点包含某些特定点，可从整个航程的实际 TPM 的基础上扣减一定的里程数。在PAT手册中可以查到所有EMA（excess mileage allowance，超里程优惠）的资料，表5-3列了几个其中的例子。

表5-3 TC3 EMA

地区	所选地区	经过	里扣减程
TC3（不包括整个航程都在南亚次大陆内）	TC3的点	经过孟买和德里，到达/来自孟买经过德里，或者到达/来自德里经过孟买，或者经过伊斯兰堡和卡拉奇，或者到达/来自伊斯兰堡经过卡拉奇，或者到达/来自卡拉奇经过伊斯兰堡	700 mile

7. EMS

当TPM＞MPM时，该航程要考虑超里程附加（excess mileage surcharge，EMS），允许超出最大限度的百分之二十五，若超过百分之二十五就采用分段相加最低组合的方法计算票价，同时，需要注意的是航程是否存在EMA。

假设A＝（TPM－EMA）/MPM，得到的结果用M的倍数表示，则EMS的确定如表5-4所示。

表5-4 EMS收费的比率

A	EMS
A≤1.000 00	M
1＜A≤1.050 00	5M
1.050 00＜A≤1.100 00	10M
1.100 00＜A≤1.150 00	15M
1.150 00＜A≤1.200 00	20M
1.200 00＜A≤1.250 00	25M

8. HIP

在票价计算区中，从始发地到某一中途分程点，或某中途分程点到目的地，或两个中途分程点间的运价高于从始发地到目的地的运价，较高运价的两个点称为中间较高点（higher intermediate point，HIP），这个较高的运价称为中间较高点运价（higher intermediate fare，HIF）。

计算非直达航程全程运价时不仅需要考虑里程，也要考虑HIP，上述运价计算过程称为HIP检查。

其中需要注意以下几点。

（1）HIP检查在一个票价计算区内进行。

（2）必须是同等级的票价进行比较。

（3）HIP适用单程、来回程、环程和缺口程。

（4）HIP检查的方向要与票价适用的方向一致。

9. AF

AF（applicable fare，适用票价）指的是航程的适用运价。如果票价计算区没有EMS和HIP，则AF=NUC；如果票价计算区没有EMS，有HIP，则AF=HIP；如果票价计算区有EMS，没有HIP，则AF=NUC×（1+EMS）；如果票价计算区有EMS和HIP，则AF=HIP×

（1+EMS）。

10. TTL

全航程的总票价（total amount，TTL），指综合考虑票价计算各种相关检查后确定的最终总票价。如果存在多个票价计算区，则把多个票价计算区的票价相加。

11. IATA 兑换率

将 NUC 货币所表达的最终结果转换为运输始发国货币表达。IATA 清算所规定，每年 2 月、5 月、8 月、11 月美元与各国货币的平均比率作为 NUC 与各国货币的比率，即 ROE。

12. LCF

使用运输始发国货币表示全部票款。

（二）里程制运价计算的步骤

按照 IATA 制定的运价计算规则，对每一个票价计算区按照规定的步骤和方法进行票价计算，基本步骤如表 5-5 所示。

表 5-5 里程制运价计算的基本步骤

步骤	缩语	中文含义	说明
1	FCP	票价组合点	确定票价计算区两个端点，用两个机场或城市三字代码表示
2	NUC	中间组合单位	确定票价计算区的始发地、目的地之间的公布运价
3	RULE	运价适用规则/限制条件	是否满足适用条件，如果没有，则用 NIL 表示
4	MPM	最大允许里程	票价计算区始发地、目的地之间公布运价适用的最大里程数，单位是 mile
5	TPM	开票点里程	票价计算区所列出客票点间的实际里程数，单位是 mile
6	EMA	超里程优惠	可从整个航程的实际 TPM 的基础上扣减一定的里程数，如果没有适用的 EMA，则用 NA 表示
7	EMS	超里程附加	当 TPM 大于 MPM 时，该航程要考虑超里程附加
8	HIP	中间较高点	按照运价规则指定的范围，检查该区间是否有较高点
9	RULE	运价适用规则/限制条件	检查上述较高点是否满足适合的运价
10	AF	适用票价	考虑里程制和 HIP 计算的适用票价
11	TTL	票价总额	使用 NUC 计算的全航程票价
12	ROE	IATA 兑换率	将 NUC 值转换成 LCF 所使用的 IATA 兑换率
13	LCF	运输始发国货币表示的票款	使用运输始发国货币表示的全航程票款

第三节 采用普通运价的国际旅客票价计算

一、单程的票价计算

按照 IATA 票价计算规则，航程中的始发地、中转地和目的地等使用城市三字代码，航空公司则采用两字代码，查找相应的运价、TPM、EMS 和 MPM 等，然后按照票价计算规则进行票价计算。

例题 5-3

$$\begin{array}{cccc} & SU & QF & NZ \\ MOW & X/SIN & X/ADL & AKL \end{array}$$

运价等信息如下：

MOWAKL	NUC3060.00	MPM12 114
TPM	10 654	
ROE	1.00	
LCF	USD（H10，2D）	

解

FCP	MOWAKL
NUC	Y OW FE3060.00
RULE	NIL
MPM	FE12 114
TPM	10 654
EMA	NA
EMS	M
HIP	NIL
AF	3060.00
TTL	NUC3060.00
ROE	1.00
LCF	USD3060.00

横式：MOW SU X/SIN QF X/ADL NZ AKL M3060.00 NUC3060.00 END ROE1.00。

例题 5-4

$$\begin{array}{ccccc} CI & MH & PK & EK & RO \\ TPE—X/KUL—KHI—X/ISB—DXB—BUH \\ 2018 & 2750 & 701 & 1213 & 2151 \end{array}$$

运价等信息如下：

MOWAKL	NUC1615.70	MPM7947
TPM	E/KHIISB	−700
ROE	33.126 000	
LCF	TWD（H1，0D）	

解

FCP	TPEBUH
NUC	Y OW EH1615.70
RULE	NIL
MPM	EH7947
TPM	8833
EMA	E/KHIISB
EMS	5M
HIP	NIL

AF	1696.48
TTL	NUC1696.48
ROE	33.126
LCF	TWD56 197.5～（H1）TWD56 198

横式：TPE CI X/KUL MH E/KHI PK X/E/ISB EK DXB RO BUH5M1696.48 NUC1696.48END ROE33.126。

例题 5-5

$$\begin{array}{cc} SN & AZ \\ BRU—AMS—ROM \\ 98 & 809 \end{array}$$

运价等信息如下：

BRUROM	NUC726.32	MPM880
BRUAMS	NUC354.06	
AMSROM	NUC780.90	
ROE	0.916 389	
LCF	EUR（N0.01，2D）	

解

FCP	BRUROM
NUC	Y OW EH726.32
RULE	NIL
MPM	EH880
TPM	970
EMA	NIL
EMS	5M
HIP	AMSROM Y OW EH780.90
AF	NUC819.94
TTL	NUC819.94
ROE	0.916 389
LCF	EUR751.383～（N0.01）751.38

横式：BRU SN AMS AZ ROM5M AMSROM819.94NUC819.94END ROE0.916 389。

二、来回程/环程的票价计算

（一）票价计算区划分

在进行来回程与环程票价计算的过程中，首先需要进行票价计算区的划分，即选择航程中不同的中间点，形成两个或两个以上的票价计算区，分别定义为去程（outbound）和回程（inbound），每个票价计算区使用该区间始发地到目的地的1/2RT直达公布运价，其次按票价计算基本步骤，计算各个票价计算区的票价，再相加，得到全程票价。

在将全航程划分多个票价计算区时，以所计算的全航程票价最低作为划分多个票价计算区的基本原则。一般以距离始发地最远的点为折返点，即选MPM数值最大的点作为划分票价计算区的中断点。同时也不排除选择距离始发地 MPM 较大但是计算全航程票价最低的点作为划分票价计算区中断点的情况。

（二）例题

例题 5-6 来回程票价计算。

```
              BB    CC    DD   EE    FF    GG
         ROM—MAD—NYC—CCS—LPB—X/BUE—ROM
              836  3588  2123 2206  1396  6931
```

运价等信息如下：

ROM-LPB　Y 1/2RT NUC1537.79　MPM9050
ROM-BUE　Y 1/2RT NUC1615.40　MPM9235

解

	OUTBOUND	INBOUND
FCP	ROMLPB	ROMLPB
NUC	Y 1/2RT NUC1537.79	NUC1537.79
MPM	9050	9050
TPM	8753	8327
EMA	NIL	NIL
EMS	M	M
HIP	NIL	NIL
AF	1537.79	1537.79
TTL	NUC3075.58	

横式：ROM BB MAD CC NYC DD CCS EE LPB M1537.79 FF X/BUE GG ROM M1537.79NUC3075.58END。

例题 5-7 环程票价计算。

```
              KL    KL    SR    SR    KL    KL
         MEX—AMS—BCN—ZRH—HAM—X/AMS—MEX
              4869  771   532   432   236   4869
```

运价等信息如下：

MEX-AMS　F 1/2RT NUC1729.12　MPM5842
MEX-BCN　F 1/2RT NUC1706.95　MPM5792
MEX-ZRH　F 1/2RT NUC1729.12　MPM6216
MEX-HAM　F 1/2RT NUC1796.20　MPM6216

解

（1）以 HAM 为折返点：

	OUTBOUND	INBOUND
FCP	MEXHAM	MEXHAM
NUC	F 1/2RT NUC1796.20	NUC1796.20
MPM	6126	6126
TPM	6604	5105
EMA	NIL	NIL

EMS	10M	M
HIP	NIL	NIL
AF	1975.82	1791.20
TTL	NUC3772.02	

（2）以 ZRH 为折返点：

	OUTBOUND	INBOUND
FCP	MEXZRH	MEXZRH
NUC	F 1/2RT NUC1729.12	NUC1729.12
MPM	6126	6126
TPM	6172	5537
EMA	NIL	NIL
EMS	M	M
HIP	NIL	MEXHAM1796.20
AF	1729.12	1796.20
TTL	NUC3525.32	

（3）以 BCN 为折返点：

	OUTBOUND	INBOUND
FCP	MEXBCN	MEXBCN
NUC	F 1/2RT NUC1706.95	1706.95
MPM	5792	5792
TPM	5640	6069
EMA	NIL	NIL
EMS	M	5M
HIP	MEXAMS1729.12	MEXHAM1796.20
AF	1729.12	1886.01
TTL	NUC3615.13	

最后以 ZRH 为折返点。

横式：MEX KL AMS KL BCN SR ZRH M1729.12 SR HAM KL X/AMS KL MEX M MEXHAM1796.20NUC3525.32END。

第四节　采用特殊运价的国际旅客票价计算

除了普通运价外，在国际客运票价计算中还有很多特殊运价。特殊运价适用于来回程和环程的票价计算。特殊运价种类繁多、结构复杂，应用也最为灵活，同时，特殊运价有很多限制条件。

一、特殊运价的标准条件

特殊运价的标准条件有很多，其中最常见的两种标准条件有 SC100 和 SC。以 SC100 为例（表 5-6），标准条件包括标准条件项目以及对应的内容。每一个特殊运价均含有应遵循的标准条件，如果没有特殊说明应按照标准条件中规定的内容限制确定是否可以使用特殊运价。

表 5-6 SC100

编号	标准条件项目	编号	标准条件项目
0	适用的航程	12	附加收费
1	旅客身份	13	有陪伴旅游
2	日期/时间	14	旅游限制
3	季节性	15	销售限制
4	适用的航班	16	罚金
5	订座与出票	17	HIP 和里程系统例外
6	最短停留 最短停留的改变	18	客票签转
7	最长停留	19	儿童和婴儿折扣
8	中途分程点限制	20	导游折扣
9	转机点限制	21	代理人折扣
10	组合与连接	22	其他折扣
11	终止日期		

二、特殊运价的查询与使用

在明确了标准条件后，通过查询特殊运价代号明确该特殊运价的适用条件。表 5-7 是 Y219 运价的详细规定。

表 5-7 Y219 运价规定

Y219 EXCURSION FARES（旅游票价） =>SC
　　BETWEEN MIDDLE EAST AND SOUTH EAST ASIA VIA EH（适用于中东与南亚之间的 EH 方向航程）
Application（适用性）
Economy class round，circle trip excursion fares（来回程、环程的经济舱旅游票价）
Between Middle East and South East Asia via EH
3) SEASONALITY（适用季节）
　　Peak　H 15JUN-15JUL
　（高峰）H 10SEP -30SEP
　　Basic　L 16JUL-09SEP
　（基础）L 01OCT-14JUN
6) MINIMUM STAY（最短停留时间）
7 days（7 天）
7) MAXIMUM STAY（最长停留时间）
3 months（3 个月）
8) STOPOVERS（中途分程点）
One permitted in each direction（每个方向只允许有一个）
19) CHILDREN AND INFANT DISCOUNTS（儿童和婴儿折扣）
Children：75% of application adult fare（儿童：成人票价的 75%）

三、特殊运价的票价计算

（一）计算步骤

（1）使用普通运价计算全航程的票价，确定票价计算区。

使用普通运价计算全航程的最低票价，该最低票价所划分的票价计算区也将作为使用特殊票价计算全航程票价的票价计算区。

（2）使用普通运价计算全航程的票价，确定 HIP 票价检查的城市对。

使用普通票价计算全航程最低票价，如果各个票价计算区中存在始发地和中途分程点以及中途分程点到目的地间 HIP 票价，那么，在使用特殊运价计算全航程票价时，也需要检查相应城市对间是否存在 HIP 票价。如果使用普通票价计算票价时 HIP 城市对为中途分程点之间，则特殊运价不需做 HIP 票价检查。

（3）使用特殊运价计算全航程的票款，去程和回程进行符合条件的 HIP 票价检查。

（4）按照特殊运价的计算过程并且书写横式。

（二）例题

例题 5-8

```
          AA    BB    CC    DD    EE
        AMS—HKG—MNL—TPE—X/BKK—AMS
        5763   712   731  1555   5703
```

运价等信息如下：

AMSMNL　　Y EH RT NUC4418.04　　YHEE6M RT NUC1785.63　　MPM9388

AMSHKG　　Y EH RT NUC4412.05　　YHEE6M RT NUC1785.63

AMSTPE　　Y EH RT NUC4555.67　　YHEE6M RT NUC1837.62

解

（1）使用普通运价计算全航程的票价：

	OUTBOUND	INBOUND
FCP	AMSMNL	AMSMNL
NUC	Y 1/2RT（EH）2209.02	Y 1/2（EH）NUC2209.02
RULE	Y146	
MPM	EH9388	EH9388
TPM	6475	7899
EMS	M	M
HIP	NIL	Y AMS TPE 1/2RT2283.33
AF	2209.02	2283.33
TTL	NUC4492.35	

（2）使用特殊运价计算全航程的票价：

	OUTBOUND	INBOUND
FCP	AMSMNL	AMSMNL
NUC	YHEE6M 1/2RT892.81	YHE6M892.81
MPM	EH9388	EH9388
TPM	6475	7899
EMS	M	M
HIP	NIL	AMS TPE 1/2YHEE6M918.81
AF	892.8	918.81
TTL	NUC1811.62	

ROE 2.019 455

LCF NLG3716.201——-（N0.01）NLG3658.49

横式：AMS AA HKG BB M892.8 CC TPE DD X/BKK EE AMS M AMSTPE M918.81 NUC1811.62 END ROE2.019 455。

例题 5-9

$$\begin{array}{ccccc} BG & SN & SK & KL & BG \\ DAC—BRU—CPH—AMS—KTM—DAC \\ 4797 & 469 & 393 & 4375 & 415 \end{array}$$

运价等信息如下：

DACAMS	Y 1/2RT NUC1223.00	YEE 1/2RT	NUC1000.00	MPM6451
DACBRU	Y 1/2RT NUC1298.00	YEE 1/2RT	NUC1121.13	MPM6374
DACCPH	Y 1/2RT NUC1298.00	YEE 1/2RT	NUC1115.12	MPM6500
ROE	1.00 USD（N1.2）			

解

（1）使用普通运价计算票价：

	OUTBOUND	INBOUND
FCP	DACAMS	DACAMS
NUC	Y 1/2RT EH1223.00	Y1/2RT EH1223.00
RULE	NIL	NIL
MPM	6451	6451
TPM	5659	4790
EMA	NIL	NIL
EMS	M	M
HIP	DACCPH Y1/2RT1298.00	NIL
AF	1298.00	1223.00
TTL	NUC2521.00	

（2）使用特殊运价计算票价：

	OUTBOUND	INBOUND
FCP	DACAMS	DACAMS
NUC	YEE1/2RT1000.00	Y1/2RT EH1000.00
RULE	NIL	NIL
MPM	6451	6451
TPM	5659	4790
EMA	NIL	NIL
EMS	M	M
HIP	DACCPH YEE1/2RT1115.12	NIL
AF	1115.12	1000.00
TTL	NUC2115.12	

横式：DAC BG BRU SN CPH M1115.12SK AMS KL KTM BG DAC M1000.00 NUC2115.12.00END ROE1.00。

第五节　旅客国际运输中的税费

一、一般说明

在填开客票时，除了计算票价，还要算出该航程所需支付的税费。所收取的税费应该在客票上表示出来，写明所收取的税费种类和金额。

包含在客票费用中的各种税费由各国政府征收，用于补偿政府机构在旅程中为旅客提供各种服务的费用，如海关检查、移民检查、安全检查、健康检查、动植物检疫、机场设施的使用等。

当发售旅行票证时，各国政府无法直接向旅客征收有关税费，因此必须由出票航空公司代表政府当局征收。航空公司及其销售代理人应对旅客经由国家（包括始发国和到达国）的应税项目进行检查，并代为收取相关税费。

本节介绍的税费是由政府立法规定在销售客票时应征收的各种与航空运输相关税费，其他与发售客票无关的航空运输税费不包括在本节范围内。

按百分比征收的税费应在客票运价的基础上计收。在计算税款时应根据当天的银行卖出价（BSR）转换成付款国的货币。如果票款用实付等值货币支付，则须利用银行买入价（BBR）转换成实付等值货币。税款的进位与机票票价的进位单位略有不同，可查阅 PAT 上货币兑换率表中其他收费（other charges）栏的规定。如果旅客属免税对象，须在税款栏内填写"EXEMIYI"表示该旅客属免税。

注意：叙述税费适用条件时使用的语言可能有不同的含义。例如，Transfer 在税表中通常是指间隔时间不超过 24 小时的转机，它不同于运价适用规则中给出的定义。如有疑问，应向有关国际政府机构或承运人咨询。

二、税费的种类

（一）离港税

离港税（departure tax）有多种形式，但通常以固定数额表示，而不是以百分比表示。这些规定要求，从征税国的某个地点出发，必须征收这些税。根据税务规定，这些费用可用于国内或国际旅行。

（二）到达税

到达税（arrival tax）是指旅客到达某一国家或机场时需要收取的税费。到达点包括终点、中途分程点和中转点。到达税也具有多种形式，如移民检查费、海关检查费等。

（三）销售税

销售税（sales tax）是指付款国为客票销售征收的税费，如增值税、营业税、消费税、商品和服务销售税等。销售税通常按客票价值的百分比征收，并且仅当客票在该国销售时才须征收。

（四）客票税

客票税（ticket tax）是出票时征收的一种税费。通常仅当在该国出票时才须征收。

（五）国内运输税

国内运输税（domestic departures tax）是对国内运输征收的税费。

注意：仅当国内运输段单独计价时才收取上述税费；如果国内运输是联程计价的国际客票的一部分，则通常无须单独对该国内航段征税。

（六）国际运输税

国际运输税（international departures tax）是对国际运输征收的税费。

三、税费的信息来源

不同的国家对客票销售征收的税费种类和数额不同。例如，美国征收大量的税费（不论种类还是数额都是较多的），而中国与客票相关的税制有机场建设费和燃油附加费。上述种类、数额和适用条件公布在PAT《一般规则》手册第12章的税表中。

最常用的税费资料可以从订座系统中获得，具体操作可以参见有关计算机订座系统的指令，即通过计算旅客航程票价，系统自动分析航程，然后根据有关税费要求得到税费金额，并填写到客票相关栏目中。

延伸阅读：多家欧洲航司拟向旅客收取"环境附加费"

据 Executive Traveller 报道，为了应对气候变化，多家欧洲航司已开始考虑向旅客收取"环境附加费"。截至2024年，汉莎航空和瑞士航空等航空公司征收的"绿色税"附加费用从1欧元到72欧元不等，具体取决于航班时间和搭乘的舱位。然而，旅客飞行次数越多，该项费用就越多。报道称，"环境附加费"又被称作"绿色税"。欧盟环保运动组织（Stay Grounded）和新经济基金会（New Economics Foundation, NEF）提议，对于一年内搭乘的前两次航班，中程航班经济舱乘客需支付50欧元的附加费，而商务舱、头等舱和远程航班的乘客需支付100欧元的附加费。对于第三次和第四次航班，每张机票将加收50欧元的附加费，中程航班还将加收50欧元的附加费，头等舱、商务舱旅客以及远程航班的所有旅客的附加费将翻倍至100欧元。对于第五次和第六次飞行的旅客，征收的税费将再次提高。对于第七次和第八次飞行的旅客，税费应升至400欧元。

欧盟环保运动组织和新经济基金会提议表明，收取该项费用每年可以筹集640亿欧元，同时还能减少20%的碳排放。

有报道提到，欧洲之翼、瑞士航空、奥地利航空和布鲁塞尔航空等，都将计划于2025年收取此项费用，以应对额外的支出成本。据 Euro News 报道，包括"国际行动援助组织"在内的90个组织和47名学者支持对航空旅客征收"环境附加费"的提议。欧盟环保运动组织的一位负责人指出,向航空旅客征收"环境附加费"是一个公平的举措,能够有效减少部分旅客的频繁飞行,同时为公共财政带来额外收入,用于支持欧盟实现其气候改善目标所需的投资。

新经济基金会高级研究员塞巴斯蒂安表示:"欧洲在实现环境可持续发展方面存在巨大的资金不足。"他指出,"对航空旅客征收'环境附加费'将为欧盟的环境治理做出重要贡献,所筹集的资金可用于投资公共交通、风能、太阳能以及自然环境的修复。"

资料来源:《多家欧洲航司拟向乘客收取"环境附加费"》,https://news.carnoc.com/list/628/628412.html,2024年10月24日。

第六章　民航货物运价及航空运费计算

本章概要：本章主要介绍民航国际货物航空运费的规定和方法，包括运价的基本概念和分类、运价使用的一般规定和顺序等，通过本章内容的学习，可以掌握普通货物、指定商品和等级货物的航空运费计算方法。

第一节　民航国际货物运价和航空运费计算基础

一、运价基本概念和分类

运价（rates）又称费率，指承运人对其承运的货物按照规定的重量单位（或体积单位）或货物的价值收取的从始发站机场到目的地机场的航空运输费用。

根据运价制定的途径不同分为 IATA 运价和协议运价。根据运价公布的形式不同分为公布直达运价和非公布直达运价。

（一）公布直达运价

公布直达运价指承运人在运价手册上对外公布的运价，包括普通货物运价（general cargo rate，GCR）、指定商品运价（specific commodity rate，SCR）、等级货物运价（commodity classification rate，CCR）、集装货物运价（unit load device rate，UDR）。

（二）非公布直达运价

非公布直达运价指承运人未在运价手册上对外公布的运价，包括比例运价（construction rate）和分段相加运价（combination of rates and charges）。

二、运价使用的一般规定

（1）使用的运价应填开货运单之日的有效运价，而不考虑实际运输的日期。
（2）使用运价时要注意运输路线的方向性，不得使用反方向运价。
（3）各种运价的使用必须满足"注释"（note）所提出的要求和条件。
（4）从原则上讲，运价的适用不考虑路径，但承运人对路径的选择可能会对运价有影响。
（5）货运单所填货币均为始发站的当地货币。

三、运价的使用顺序

（1）如果是协议运价，存在双边协议运价，则优先使用双边协议运价。

（2）没有双边协议运价时，使用 IATA 运价，具体为两点。

第一，优先使用公布直达运价。首先考虑使用指定商品运价；其次考虑使用等级货物运价；最后考虑使用普通货物运价。

第二，当实际运输两点间无公布直达运价时，优先使用比例运价构成全程的直达运价；当无比例运价时，采用分段相加的办法构成全程的最低组合运价。

四、计费重量

（一）货物的毛重

货物的毛重（actual gross weight）也称为货物的实际毛重，是指货物连同其外包装的总重量。当实际毛重用 kg 表示时，不到 0.5 kg 的小数部分进到 0.5 kg；大于 0.5 kg 的小数部分进到整数 1 kg。当实际毛重用 lb 表示时，不到 1 lb 的小数部分均进位到整数 1 lb。

（二）货物的体积重量

根据货物的体积核算出来货物重量。

体积重量的计算如下所示。

（1）货物体积确定时，需要测量其最长、最宽和最高的尺寸，以 cm 为单位。

（2）根据货物的重量和体积所使用的不同单位选择适当的除数，计算结果取两位小数，然后按照重量单位为 kg 或 lb 适当取舍。

每 6000 cm^3 折合 1 kg。

每 366 in^3 折合 1 kg。

每 166 in^3 折合 1 lb。

一般情况下，选择 6000 cm^3 折合成 1 kg。

（3）计算出来的体积重量，其最小计量单位为 0.5，计算出来的体积重量小数点后的第一位小于 0.5，则进位到 0.5；计算出来的体积重量小数点后的第一位大于 0.5，则进位到整数。

（三）计费重量的确定

在确定计费重量时，首先算出实际毛重和体积重量，然后两者比较取高者作为计费重量。一票中含有两件或两件以上货物时，如果全部使用相同运价，则比较总毛重和总体积重量，确定收费重量。

例题 6-1 货物的情况如下所示，计算体积重量和计费重量。

4 Boxes（箱）　　　　　　　　Each（每个）　32 cm×45 cm×66 cm
Total Gross Weight（总毛重）　52.0 kgs
Volume Weight（体积重量）　　（　　　）
Chargeable Weight（计费重量）（　　　）

解

Volume：　　　　　32 cm×45 cm×66 cm×4=380 160 cm^3

Volume Weight: 380 160 cm³ ÷6000 cm³/kg=63.36 kgs=63.5 kgs
Gross Weight: 52.0 kgs
Chargeable Weight: 63.5 kgs

五、航空运费及使用规定

（一）航空运费

航空运费是指货物从始发地到目的地所收取的空中运输费用。

航空运费=计费重量×适用运价

（二）航空运费货币的取舍

需要进行取舍的货币数值应算至取舍单位小数部分的后一位。

（1）取舍单位为 1、0.1、0.01、0.001 时按照"四舍五入"进行取舍即可，具体举例如表 6-1 所示。

表 6-1 货运航空运费的进位举例

运费数值	取舍单位	取舍后结果
105.0003	0	105.000
721.384	0.01	721.38
1324.56	0.1	1324.6
456.5	1	457
7658	10	7660

（2）取舍单位为 5、0.5、0.05、0.005 等时，≥1/2 取舍单位的尾数部分则进至取舍单位，＜1/2 取舍单位的尾数部分则舍去。

例如：取舍单位为 0.05，1/2 取舍单位为 0.025，则得出下列计算。

需取舍的货币值为 125.481。

125.481=125.450+0.031（0.031＞0.025，进位至 0.05）=125.450+0.05=125.50

需取舍的货币值为 125.421。

125.421=125.400+0.021（0.021＜0.025，舍去）=125.40

需取舍的货币值为 125.472。

125.472=125.450+0.022（0.022＜0.025，舍去）=125.45

需取舍的货币值为 125.430。

125.430=125.400+0.030（0.030＞0.025，进位至 0.05）=125.400+0.05=125.45

（三）货币及付款一般规定

有关费用可以使用现金进行支付，由托运人在始发站支付运费称为预付（charge prepaid）；由收货人在目的地支付运费称为到付（charge collect）。

航空运输和声明价值附加费必须同时预付或同时到付。

始发站发生的其他费用必须全部预付或全部到付。中途站发生的其他费用应全部到付（有些费用，如规定的固定收费、税收等，若事先约定也可预付）。目的站发生的其他费用只能到付。

根据货币兑换规则、政府规定以及承运人是否接收等情况，可使用除货运单上所列货币以外的其他货币支付。

（四）付款规定

1. 运费预付

在运输始发国付款时，要使用始发国的当地货币；如用其他货币，则需要将货运单上所表示的当地货币转换成支付货币。转换时用当地银行兑换率的 BBR。

在运输始发国以外预付款时，使用支付国货币，需要将货运单上用始发站当地货币表示的金额，使用当地银行兑换率的 BSR 转换成支付国当地货币；使用非支付国货币时，需要将货运单上用始发站当地货币表示的金额，使用当地银行兑换率的 BSR 转换成支付国当地货币后，再用相应的当地银行兑换率的 BBR 转换成实际支付货币。

2. 运费到付

在用运输到达国当地货币付款时，将货运单上的到付金额总数使用当地银行兑换率的 BSR 转换成到达国货币。

用其他货币付款时，先将货运单上的到付金额总数使用当地银行兑换率的 BSR 转换成到达国货币后，再用相应的当地银行兑换率的 BBR 转换成支付货币。

第二节　普通货物运价及航空运费计算

一、普通货物运价定义、代号及一般规则

普通货物运价是指除了等级货物运价和指定商品运价以外的适合于普通货物运输的运价。该运价公布在 TACT Rates Books Section4 中。

一般地，普通货物运价根据货物重量不同，分为若干个重量等级分界点运价。例如，"N" 表示标准普通货物运价，指的是 45 kgs 以下的普通货物运价（如无 45 kgs 以下运价时，N 表示 100 kgs 以下普通货物运价）。同时，普通货物运价还公布有 "Q45""Q100" "Q300" 等不同重量等级分界点的运价。这里 "Q45" 表示 45 kgs 以上（包括 45 kgs）普通货物的运价，依此类推。对于 45 kgs 及以上的不同重量分界点的普通货物运价均用 "Q" 表示。

用货物的计费重量和其适用的普通货物运价计算得到的航空运费不得低于运价资料上公布的航空运费的最低收费标准（M）。最低运费是指一票货物自始发地机场至目的地机场航空运费的最低限额。货物按其适用的航空运价与其计费重量计算所得的航空运费，应与货物最低运费相比，取高者。

在 AWB 的销售工作中，代号"N""Q""M"主要用于填制货运单运费计算栏中"Rate Class"一栏，货运单运费计算栏如表 6-2 所示。

表 6-2 货运单运费计算栏

No of Pieces RCP	Gross Weight	kg lb	Rate Class	Chargeable Weight	Rate/ Charge	Total	Nature and Quantity of Goods（incl. Dimensions or Volume）
			Commodity Item No.				

注：No of Pieces RCP 填写货物件数或运价组成点；Gross Weight 填写货物的毛重；kg lb 填写适用的重量单位，填入 K 表示重量单位为 kg，填入 L 表示重量单位为 lb；Rate Class 填写运价类别：M、N、Q、C、R、S 等；Commodity Item No. 填写货物品名代号；Chargeable Weight 填写计费重量；Rate/Charge 填写运价/运费；Total 填写总计；Nature and Quantity of Goods（incl. Dimensions or Volume）填写货物品名及数量（包括尺寸或体积）

二、普通货物运费计算步骤

（1）计算货物体积。计算一个货运单上货物的体积。以 cm 为单位测量货物的长、宽、高尺寸，三个数值的乘积即为该货物的体积。如果含有多件货物，则需要乘以件数。如果多件货物的尺寸不相同，则需要分别计算体积，然后求和得到全部货物的体积数值。

（2）计算货物体积重量。货物的体积和除以 6000 cm^3，则得到货物的体积重量。

（3）货物毛重。货物称重即可得到货物的毛重。

（4）确定货物的计费重量。货物体积重量和货物毛重数值取高者，即可得到计费重量。

（5）选择适用运价。根据货物计费重量，确定重量分界点的适用运价。

（6）计算航空运费。计费重量乘以适用运价，得到航空运费。

（7）填写运费计算栏。按照规则依次填写货运单中的运费计算栏各个栏目。

三、计算例题

例题 6-2

Routing（航程）：BEIJING，CHINA（BJS）to TOKYO，JAPAN（TYO）

Commodity（商品）：Sample（样品）

Gross Weight：25.2 kgs

Dimensions（尺寸，也为 DIMS）：82 cm×48 cm×32 cm

计算该票货物的航空运费（取舍单位 0.01）。

运价表如下所示。

BEIJING	CN		BJS
Y.RENMINBI	CNY		KGS
TOKYO	JP	M	230.00
		N	37.51
		45	32.78

解

Volume：82 cm×48 cm×32 cm = 125 952 cm^3

Volume Weight：125 952 cm^3 ÷6000 cm^3/kg = 20.99 kgs = 21.0 kgs

Gross Weight：25.2 kgs

Chargeable Weight：25.5 kgs

Applicable Rate（适用费率）：GCR N 37.51 CNY/kg

Weight Charge：25.5 kgs×37.51 = CNY956.51

运费计算栏如表 6-3 所示。

表 6-3 例题 6-2 货运单运费计算栏

No of Pieces RCP	Gross Weight	kg lb	Rate Class	Commodity Item No.	Chargeable Weight	Rate/ Charge	Total	Nature and Quantity of Goods （incl. Dimensions or Volume）
1	25.2	K	N		25.5	37.51	956.51	Sample DIMS 82 cm×48 cm×32 cm

例题 6-3

Routing：TOKYO，JAPAN（TYO）to PARIS，FRANCE（PAR）

Commodity：Oil Painting（油画）

Gross Weight：250.0 kgs

Dimensions：210 cm×90 cm×50 cm

210 cm×120 cm×50 cm

计算该票货物的航空运费（取舍单位 10）。

运价表如下所示。

TOKYO	JP		TYO
YEN	JPY		KGS
PARIS	JP	M	15 000
		N	2630
		45	2100
		100	1840
		300	1580
		500	1310

解

Volume：210 cm×90 cm×50 cm+210 cm×120 cm×50 cm = 2 205 000 cm^3

Volume Weight：2 205 000 cm^3 ÷6000 cm^3/kg = 367.5 kgs

Gross Weight：250.0 kgs

Chargeable Weight：367.5 kgs

Applicable Rate：GCR Q300kgs 1580 JPY/kg

Weight Charge：367.5 kgs×1580 = JPY580 650

运费计算栏如表 6-4 所示。

表 6-4 例题 6-3 货运单运费计算栏

No of Pieces RCP	Gross Weight	kg lb	Rate Class	Commodity Item No.	Chargeable Weight	Rate/Charge	Total	Nature and Quantity of Goods (incl. Dimensions or Volume)
2	250.0	K		Q	367.5	1 580	580 650	Oil Painting DIMS 210 cm×90 cm×50 cm 210 cm×120 cm×50 cm

四、普通货物运价的重量分界点

（1）当货物的计费重量接近下一个较高分界点重量时，由于其运价比较低，那么在进行航空运费计算时还须考虑较高重量分界点的重量与适用运价计算的航空运费，以便获得更低的航空运费。

例题 6-4

Routing：BEIJING，CHINA（BJS） to AMSTERDAM，HOLLAND（AMS）
Commodity：Parts（零件）
Gross Weight：38.6 kgs
Dimensions：101 cm×58 cm×32 cm
计算该票货物的航空运费（取舍单位 0.01）。
运价表如下所示。

BEIJING	CN		BJS
Y.RENMINBI	CNY		KGS
AMSTERDAM	NL	M	1530.00
		N	50.22
		45	41.53

解

Volume：101 cm×58 cm×32 cm = 187 456 cm^3
Volume Weight：187 456 cm^3÷6000 cm^3/kg = 31.08 kgs = 31.50 kgs
Gross Weight：38.6 kgs
Chargeable Weight：39.0 kgs
Applicable Rate：GCR N 50.22 CNY/kg
Weight Charge：39.0 kgs×50.22 = CNY1958.58
此时，38.6 kgs 接近 45 kgs 则需要考虑分界点运费。
Chargeable Weight：45.0 kgs
Applicable Rate：GCR Q45 41.53 CNY/kg
Weight Charge：45.0 kgs×41.53 = CNY1868.85
运费计算栏如表 6-5 所示。

表 6-5　例题 6-4 货运单运费计算栏

No of Pieces RCP	Gross Weight	kg lb	Rate Class	Commodity Item No.	Chargeable Weight	Rate/Charge	Total	Nature and Quantity of Goods (incl. Dimensions or Volume)
1	38.6	K	Q		45.0	41.53	1868.85	Parts DIMS 101 cm×58 cm×32 cm

（2）考虑重量分界点的航空运费计算原则。

由于较高重量分界点的运价比较低，为了获得较低航空运费，当计费重量接近下一个较高重量分界点时，则需要考虑采用较高重量分界点重量计算的航空运费。如果该航空运费比采用计费重量及适用运价计算的航空运费更低时，则选取该较低航空运费作为最终计收的航空运费。当计费重量处于临界重量和较高重量分界点重量之间时，则需要考虑较高重量分界点重量计算的航空运费。临界重量为

临界重量=（较高的最低重量分界点×对应的较低运价）/较低重量分界点对应的较高运价

如（45×41.53）/50.22=37.21，当计费重量大于该数值时则考虑此规则。

五、普通货物的最低收费

例题 6-5

Routing：BEIJING，CHINA（BJS）to PARIS，FRANCE（PAR）

Commodity：Toy（玩具）

Gross Weight：5.6 kgs

Dimensions：40 cm×28 cm×22 cm

计算该票货物的航空运费（取舍单位 0.01）。

运价表如下所示。

BEIJING	CN		BJS
Y.RENMINBI	CNY		KGS
PARIS	FR	M	320.00
		N	50.37
		45	41.53

解

Volume：40 cm×28 cm×22 cm = 24 640 cm³

Volume Weight：24 640 cm³ ÷6000 cm³/kg = 4.11 kgs = 4.50 kgs

Gross Weight：5.6 kgs

Chargeable Weight：6.0 kgs

Applicable Rate：GCR N 50.37 CNY/kg

Weight Charge：6.0 kgs×50.37 = CNY302.22

Minimum Charge（最低收费）：CNY320.00

所以，此票货物的运费为 CNY320.00。

运费计算栏如表 6-6 所示。

表 6-6　例题 6-5 货运单运费计算栏

No of Pieces RCP	Gross Weight	kg lb	Rate Class	Commodity Item No.	Chargeable Weight	Rate/Charge	Total	Nature and Quantity of Goods（incl. Dimensions or Volume）
1	5.6	K	M		6.0	320.00	320.00	Toy DIMS 40 cm×28 cm×22 cm

第三节　指定商品运价及航空运费计算

一、指定商品运价的定义及代号

指定商品运价是指适用于自规定的始发地至规定的目的地运输特定品名货物的运价。指定商品运价公布于运价表中,适用于具体的航线运输指定品名的货物。

指定商品运价可由承运人制定。该运价的产生有两方面的原因:一方面,有些货主经常在一些航线上运输某些特定的货物,航空公司为其提供较为优惠的价格;另一方面,根据市场调查,为促进两地间的贸易往来而需要制定这种运价。制定指定商品运价的主要目的是使货主能够意识到用空运方式长期、固定地运输大批量的货物的经济性。同时,促使托运人最大限度地利用承运人提供的载量。由于指定商品运价低于同等重量对应的普通货物运价,因此,在计算航空运费时,首先考虑使用指定商品运价。

指定商品运价均有一个最低重量限制,通常是 100 kgs。而普通货物运价则没有最低重量限制,只要计得的航空运费不低于运价表中的最低运费标准即可。

通常情况下,指定商品运价低于相应的普通货物运价。就其性质而言,该运价是一种优惠性质的运价。鉴于此,指定商品运价在使用时,对于货物的起讫地点、运价使用期限、货物运价的最低重量起点等均有特定的条件。

使用指定商品运价计算航空运费的货物,其航空货运单的"Rate Class"一栏,用字母"C"表示。

二、货物的分类和使用方法

根据货物的性质、属性以及特点等对货物进行分类,共分为 10 个大组,每一组又分为 10 个小组。同时,对其分组形式用四位阿拉伯数字进行编号。该编号即为指定商品货物的品名编号。货物按其性质的不同分为 10 个大组,每个大组由 1000 个数字组成,具体如下。

0001～0999：可食用的动、植物产品。
1000～1999：活体动物,不可食用的动、植物产品。
2000～2999：纺织,纤维及制品。
3000～3999：金属及制品,不包括机器、车辆及电器设备。
4000～4999：机器、车辆及电器设备。
5000～5999：非金属矿物及制品。

6000～6999：化学物品及相关制品。
7000～7999：纸张、芦苇、橡胶及木制品。
8000～8999：科学、专业及精密仪器、器械及配件。
9000～9999：其他。

使用方法：第一步，确定货物所在的大组及小组；第二步，查看实际运输两点间的运价表中是否存在品名编号与货物所在组相对应；第三步，查看品名编号描述部分（即品名表），是否代表所运输的货物；第四步，若代表，则可使用该指定商品运价。

三、指定商品运价的使用规则

在使用指定商品运价时，只要所运输的货物满足下述三个条件，则可以直接使用指定商品运价。

（1）运输始发地至目的地之间有公布的指定商品运价。
（2）托运人所托运的货物品名与有关指定商品运价的货物品名相吻合。
（3）货物的计费重量满足指定商品运价使用时的最低重量要求。

四、指定商品运价的计算步骤

（1）先查询运价表，如有指定商品代号，则考虑使用指定商品运价。
（2）查找 TACT Rates Books 的品名表，找出与运输货物品名相对应的指定商品代号。
（3）如果货物的计费重量超过指定商品运价的最低重量，则优先使用指定商品运价。
（4）如果货物的计费重量没有达到指定商品运价的最低重量，则需要比较下列两种方法计算的航空运费结果。如果货物的计费重量小于最低重量要求，则首先用普通运价计算航空运费；其次用指定商品运价的最低重量（分界点重量）乘以适用的运价，计算得到航空运费；最后两者比较取低者为最终航空运费。

五、计算例题

例题 6-6
Routing：BEIJING，CHINA（BJS）to OSAKA，JAPAN（OSA）
Commodity：Fresh Apples（新鲜苹果）
Gross Weight：Each 65.2 kgs，Total 5 Pieces（件）
Dimensions：102 cm×44 cm×25 cm×5
运价表如下所示。

BEIJING	CN		BJS
Y.RENMINBI	CNY		KGS
OSAKA	JP	M	3200.00
		N	21.34
		45	28.13
	0008	300	18.80

解

Volume：102 cm×44 cm×25 cm×5 = 561 000 cm^3

Volume Weight：561 000 cm^3 ÷6000 cm^3/kgs = 93.5 kgs

Gross Weight：65.2 kgs×5= 326.0 kgs

Chargeable Weight：326.0 kgs

Applicable Rate：SCR 0008/Q300 18.80 CNY/kg

Weight Charge：326.0 kgs×18.80 = CNY6128.80

运费计算栏如表 6-7 所示。

表 6-7 例题 6-6 货运单运费计算栏

No of Pieces RCP	Gross Weight	kg lb	Rate Class	Commodity Item No.	Chargeable Weight	Rate/Charge	Total	Nature and Quantity of Goods（incl. Dimensions or Volume）
5	326.0	K	C	0008	326.0	18.80	6128.80	Fresh Apples DIMS 102 cm×44 cm×25 cm×5

例题 6-7

Routing：BEIJING，CHINA（BJS）TO NAGOVA，JAPAN（NGO）

Commodity：Fresh Orange（新鲜橘子）

Gross Weight：Each 47.8 kgs，Total 6 Pieces

Dimensions：128 cm×42 cm×36 cm×6

运价表如下所示。

BEIJING	CN		BJS
Y.RENMINBI	CNY		KGS
NAGOVA	JP	M	3200.00
		N	21.34
		45	28.13
	0008	300	18.80

解

（1）按普通运价使用规则计算。

Volume：128 cm×42 cm×36 cm×6 = 1 161 216 cm^3

Volume Weight：1 161 216 cm^3 ÷6000 cm^3/kgs = 193.536=194.0 kgs

Gross Weight：47.8 kgs×6= 286.8 kgs

Chargeable Weight：287.0 kgs

Applicable Rate：GCR/Q45 28.13 CNY/kg

Weight Charge：287.0 kgs×28.13 = CNY8073.31

（2）按指定商品运价使用规则计算。

Gross Weight：286.8 kgs

Chargeable Weight：300.0 kgs

Applicable Rate：SCR 0008/Q300 18.80 CNY/kg

Weight Charge：300.0 kgs×18.80 = CNY5640.00

对比（1）与（2），取航空运费较低者。

Weight Charge：CNY5640.00

运费计算栏如表 6-8 所示。

表 6-8　例题 6-7 货运单运费计算栏

No of Pieces RCP	Gross Weight	kg lb	Rate Class / Commodity Item No.	Chargeable Weight	Rate/ Charge	Total	Nature and Quantity of Goods（incl. Dimensions or Volume）
6	286.8	K	C　0008	300.0	18.80	5640.00	Fresh Orange DIMS 128 cm×42 cm×36 cm×6

六、中间点规则

（一）基本规则

指定商品运价中间点规则也称为非公布的指定商品运价。当货物运输始发地至目的地之间无指定商品运价，在始发地或目的地国家选择中间点，并且始发地到中间点，或中间点到目的地，或两个中间点之间存在符合适用条件的指定商品运价时，那么采用该指定商品运价计算的航空运费视同为始发地到目的地的航空运费。

（二）适用条件

介于 IATA 的业务区 TC1 与 TC3 之间（至或从西南太平洋和从南亚次大陆始发除外）。公布的指定商品运价在同时满足下列三个条件的情况下，同样适用于中间点。

（1）中间点必须和指定商品运价的公布地点在同一个国家内。

（2）自始发地至目的地的标准普通货物运价（normal GCR，即 N 运价）不高于指定商品运价公布地点间的 N 运价。

（3）中间点无指定商品运价。

注意：我国能使用中间点规则的范围仅在我国与 TC1 之间。

例题 6-8　北京运往美国西雅图三件纺织品共 380 kgs，计算航空运费。

北京至西雅图无指定商品运价，但查找其他点，找到北京至旧金山等地有指定商品运价，现分析如下（运价资料选用 TACT Rates Book 113 期）。

```
BEIJING—SEATTLE（WA/US）        BEIJING—SAN FRANCI（CA/US）
   M       420.00                    M       420.00
   N        59.61                    N        59.61
  45        45.68                   45        45.68
 100        41.81                  100        41.81
 300        38.81                  300        38.81
 500        35.77                  500        35.77
                              2211  300        27.27
                              2211 1500        25.49
```

北京至美国，属于我国和 TC1 之间；西雅图和旧金山均属于美国的城市；北京至西雅图的 N 运价等于北京至旧金山的 N 运价（不高于）；北京至西雅图无指定商品运价。那么，可以使用北京至旧金山的指定商品运价计算北京至西雅图的航空运费。

所以，北京至西雅图的航空运费计算如下。

计费重量：380.0 kgs

适用运价：C_{2211}300 27.27 NY/kg

航空运费=380.0 kgs×27.27=CNY10 362.60

第四节　等级货物运价及航空运费计算

一、等级货物运价的基本概念

等级货物运价或称为货物的分类运价，是指适用于某一区域内或某两个区域之间运输某些特殊类型的货物的运价。等级货物运价在运价手册上并没有直接公布，而是在普通货物运价的基础上附加或附减一定的百分比构成。由几个承运人联运等级货物时，如果承运人无特殊规定，则可使用自始发站至目的站的直达运价。但如果参与联运的承运人在其所承运的航段有特殊的百分比时，只能按照分段相加的办法组成全程的等级运价。

二、等级货物运价的分类

等级运价适用于下列几种货物。

（1）活体动物。

（2）贵重货物。

（3）书报杂志类货物。

（4）作为货物运输的行李。

（5）尸体、骨灰、汽车等。

三、运价代号及使用规则

等级货物运价是在普通货物运价基础上附加或附减一定百分比的形式构成，附加或附减规则公布在 TACT Rules 中，运价的使用须结合 TACT Rates Books 一同使用。

通常附加或不附加也不附减的等级货物用代号 S 表示。附减的等级货物用代号 R 表示。

IATA 规定，对于等级货物运输，如果属于国际联运，并且参加联运的某一承运人对其承运的航段有特殊的等级货物百分比，即使运输起讫地点间有公布的直达运价，也不可以直接使用。此时，应采用分段相加的办法计算运输始发地至运输目的地的航空运费。此项规则在此不详细说明。

以下所述的各种等级货物运价均为运输始发地至运输目的地之间有公布的直达运价，并且可以直接使用各情况下的航空运费计算。

四、等级货物运价计算航空运费的步骤

（1）确定所托运的货物所属于的类型。
（2）查看实际运输两点间的运价表中对此类货物的具体要求。
（3）根据运输始发地和目的地所在的 IATA 分区，以及具体的比例要求确定运价，即适用运价。
（4）利用计费重量与适用运价的乘积计算出航空运费。

如果货物的计费重量很小，则还要考虑最低收费的要求，即航空运输不能低于最低收费；使用等级货物运价计算的航空运费，其运价类别为"S"或"R"。

五、活体动物运价

（一）活体动物运价表

活体动物运价（live animals rate）如表 6-9 所示。
运价表中有关内容说明如下。

1. 名称解释

baby poultry，即幼禽类，指出生不足 72 小时的幼禽。
monkeys and primates，即猴类和灵长类。
cold blooded animals，即冷血动物类。
ALL LIVE ANIMALS，指除上述三类以外的所有活体动物。
表 6-9 中的"Except"表示一些区域的运价规则与表中规则有例外的情况，使用时应严格按照 TACT Rules 的规则要求，计算正确的航空运费。

2. 运价规则的运用说明

"Normal GCR"，使用 45 kgs 以下的普通货物运价，若无 45 kgs 以下的普通货物运价，可使用 100 kgs 以下普通货物运价；不考虑较高重量点较低运价。

"Normal GCR or Over 45 kgs"，使用 45 kgs 以下普通货物运价，或者 45 kgs 以上普通货物运价；如果有较高重量分界点的较低运价，也不可以使用。

"appl. GCR"，使用相适应的普通货物运价。

3. 活体动物运输的最低收费标准

IATA TC3 内：相应 M 的 200%。
IATA TC2 与 TC3 之间：相应 M 的 200%。
IATA TC1 与 TC3 之间（除到/从美国、加拿大以外）：相应 M 的 200%。
从 IATA TC3 到美国：相应 M 的 110%。
从美国到 IATA TC3：相应 M 的 150%。
IATA TC3 与加拿大之间，相应 M 的 150%。
注意：对于冷血动物，有些区域间有特殊规定，应按规则严格执行。

表 6-9 活体动物运价

IATA AREA (IATA 地区)

LIVE ANIMALS (活体动物类型)	Within 1 (一区内) to/from Canada (到达/来自于加拿大)	Within 1 (一区内) other sectors (其他地区)	Within 2 (二区内)	Within 3 (三区内)	Between 1 & 2 (一区和二区间) to/from Canada (到达/来自于加拿大)	Between 1 & 2 (一区和二区间) other sectors (其他地区)	Between 2 and 3 (二区和三区间)	Between 1 & 3 (一区和三区间) to/from Canada (到达/来自于加拿大)	Between 1 & 3 (一区和三区间) other sectors (其他地区)
ALL LIVE ANIMALS (活体动物) except: (不含)									
A. Baby Poultry less than 72 hours old (少于 72 小时的幼禽)	150% of appl. GCR Except:9	Normal GCR Except:10	150% of Normal GCR Except:1	Normal GCR Except:2.3.17	150% of appl. GCR Except:6.12	Normal GCR Except:6.14	Normal GCR Except:3.7.16	150% of appl. GCR Except:3	Normal GCR Except:3.13.15
B. Monkeys and Primates (猴子和灵长类动物)									
C. Cold blooded animals (冷血动物)									
A. BABY POULTRY less than 72 hours old (少于 72 小时的幼禽)	150% of appl. GCR Except:9	appl. GCR Except:1	Normal GCR Except:4	Normal GCR or over 45 kgs Except:3.17	150% of appl. GCR Except:12	Normal GCR or over 45 kgs Except:5.14	Normal GCR or over 45 kgs Except:3.16	150% of Normal GCR Except:3	Normal GCR or over 45 kgs Except:3.13.15 b
B. MONKEY and PRIMATES (猴子和灵长类动物)	150% of appl. GCR Except:9	appl. GCR	150% of Normal GCR Except:1	Normal GCR Except:3.17	150% of appl. GCR Except:12	appl. GCR Except:14	Normal GCR Except:3.16	150% of appl. GCR Except:3	appl. GCR Except:3.15
C. COLD BLOODED ANIMALS (冷血动物)	125% of appl. GCR Except:8	Normal GCR Except:10	150% of Normal GCR Except:1	150% of Normal GCR Except:2.3.17	125% of Normal GCR Except:11	Normal GCR Except:14	Normal GCR Except:3.16	125% of appl. GCR Except:3	Normal GCR Except:3.13.15

资料来源: 活体动物运价 (TACT Rules 第 53 期 3.7.2, 2001 年 10 月出版)

（二）航空运费计算

例题 6-9

Routing：STUTTGART，GEMANY（STR） to BARCELONA，SPAIN（BCN）

Commodity：Live Dog（活狗）

Gross Weight：40 kgs（dog+kennel，狗+狗舍）

Dimensions：90 cm×50 cm×68 cm

取舍单位为 0.01。

运价表如下所示。

STUTTGART	DE		STR
EURO	EUR		KGS
BARCELONA	ES	M	76.69
		N	5.47
		100	4.45
		300	3.86
		500	3.73

解

Volume：90 cm×50 cm×68 cm= 306 000 cm^3

Volume Weight：306 000 cm^3÷6000 cm^3/kgs = 51 kgs

Gross Weight：40 kgs

Chargeable Weight：51 kgs

Applicable Rate：175% N=175%×5.47=EUR9.57

Weight Charge：51 kgs×9.57=EUR488.07

运费计算栏如表 6-10 所示。

表 6-10 例题 6-9 货运单运费计算栏

No of Pieces RCP	Gross Weight	kg lb	Rate Class	Commodity Item No.	Chargeable Weight	Rate/Charge	Total	Nature and Quantity of Goods（incl. Dimensions or Volume）
1	40	K	S	N175	51	9.57	488.07	Live Dog DIMS 90 cm×50 cm×68 cm LIVE ANIMAL

六、贵重货物运价

（一）贵重货物的界定

（1）任何货物，其运输声明价值毛重每千克超过（或等于）1000 美元或其等值货币，在英国为 450 英镑。

（2）锭形黄金、混合金、金币及各种形状的黄金制品。白金或白金类稀贵金属及各种形状的合金制品。但上述金属及其合金的放射性同位素不包括在内。

（3）现钞、旅行支票、有价证券、股票、邮票以及银行发行的兑现卡和信用卡等。

（4）钻石，红宝石，蓝宝石，绿宝石，蛋白石，珍珠。

（5）镶有翡翠、蓝宝石、蛋白石、珍珠的珠宝类。

（6）由银和/或黄金和/或白金制成的饰物或手表。

（7）黄、白金制品（不包括镀金制品）。

（二）运价

在所有 IATA 区域（除 ECAA 国之间：欧共体国家之间），贵重货物的运价为 200%的 Normal GCR，即 200% N（ECAA 国家之间参见 TACT Rule 3.7.1.3）

例外：从法国到所有区域为 250%N。从俄罗斯到所有区域（除加拿大和美国）为 300%N。从俄罗斯到美国和加拿大：1000 kgs 以下为 300% N，1000 kgs 以上为 200% N。

贵重货物的最低运费为所适用的最低运费标准的 200%，并且不得低于 50 美元或其等值货币。

例外：从法国出发，贵重货物的最低运费标准为 400%M；在沙特阿拉伯，贵重货物的最低运费标准为 SAR190。

例外：IATA TC1 与 TC3 之间且经北或中太平洋（除朝鲜半岛至美国本土各点外），1000 kgs 或 1000 kgs 以上贵重货物的运费，按普通货物 45 kgs 以下运价 150%收取（150% of the Normal GCR）。

（三）最低运费

贵重货物的最低运费按公布最低运费的 200%收取，同时不低于 50 美元或其等值货币。

（四）运费计算

例题 6-10

Routing：BEIJING，CHINA（BJS） to SYDNEY，AUSTRALIA（SYD）

Commodity：Jewellery（珠宝）

Gross Weight：2.8 kgs

Dimensions：1 Piece，40 cm×30 cm×20 cm

兑换率：1 USD=7.0744CNY，取舍单位 0.01。

运价表如下所示。

BEIJING	CN		BJS
Y.RENMINBI	CNY		KGS
SYDNEY	AU	M	420.00
		N	54.72
		45	41.04
		100	35.57
		300	32.83

解

Volume：40 cm×30 cm×20 cm=24 000 cm³

Volume Weight：24 000 cm³÷6000 cm³/kgs=4 kgs

Gross Weight：2.8 kgs

Chargeable Weight：4 kgs

Applicable Rate：S 200% of the Normal GCR

200%×54.72 CNY/kg=109.44 CNY/kg

Weight Charge：4 kgs×109.44=CNY437.76

最低收费：200% M=200%×420.00=CNY840.00

　　　　　50 USD=50×7.0744=CNY353.72

航空运费应按照最高航空运费 CNY 840.00 收取。

运费计算栏如表 6-11 所示。

表 6-11　例题 6-10 货运单运费计算栏

No of Pieces RCP	Gross Weight	kg lb	Rate Class	Commodity Item No.	Chargeable Weight	Rate/ Charge	Total	Nature and Quantity of Goods（incl. Dimensions or Volume）
1	2.8	K	S	M200	4	840.00	840.00	Jewellery DIMS 40 cm×30 cm×20 cm VALUABLE CARGO

七、印刷品运价

（一）印刷品的界定

书报杂志类货物包括报纸、杂志、期刊、图书、目录、盲人读物及设备。

（二）运价

上述物品达到 5 kgs 或以上时，可使用印刷品运价（presswork rate）。IATA TC1 内、欧洲小区之内、IATA TC1 至 TC2：67%N；其他区域：50%N。例外：德国出发或在德国内，由汉莎运输则使用 appl. GCR。

appl. GCR 表示使用运价表中的普货运价（N、Q45、Q100、Q300 等），此时运价的使用与计费重量有关。

appl. GCR 的百分比表示在所适用的普货运价基础上乘以这个百分比，此时运价的使用与计费重量有关。

Q 运价：当使用普通货物运价计算的结果低于使用本规则计算的结果时，应取普通货物运价的计算结果。

印刷品的最低运费即为所适用的最低运费 M，可以使用普通货物的较高重量点的较低运价。

（三）运费计算

例题 6-11

Routing：KARACHI，PAKISTAN（KHI） to LIMA，PERU（LIM）

Commodity：Books（书）

Gross Weight：520 kgs

Dimensions：40 cm×30 cm×28 cm×50

运价表如下所示。

KARACHI	PK		KHI
PAK.RUPEE	PKR		KGS
LIMA	PE	M	2594
		N	530
		45	408
		100	310
		300	270
		500	234

解

Volume：40 cm×30 cm×28 cm×50=1 680 000 cm³

Volume Weight：1 680 000 cm³÷6000 cm³/kgs=280 kgs

Gross Weight：520 kgs

Chargeable Weight：520 kgs

Applicable Rate：50%×530=PKR265

Weight Charge：520 kgs×265=PKR137 800

如果使用普通货物运价，则可以使用 Q500 kgs，运价 PKR234，此时航空运费为 520 kgs×234=PKR121 680。

航空运费应按照较低的航空运费收取，即 PKR121 680 收取。

运费计算栏如表 6-12 所示。

表 6-12　例题 6-11 货运单运费计算栏

No of Pieces RCP	Gross Weight	kg lb	Rate Class		Chargeable Weight	Rate / Charge	Total	Nature and Quantity of Goods （incl. Dimensions or Volume）
				Commodity Item No.				
50	520	K	Q		520	234	121 680	Books DIMS 40 cm×30 cm×28 cm ×50

八、作为货物运输的行李运价

（一）运价的适用范围

在 IATA 业务 TC2 内（全部航程为欧洲分区除外）。

在 IATA 业务 TC3 内（至或从美国领地除外）。

在 IATA 业务 TC2 与 TC3 之间（至或从美国领地除外）。

在 IATA 业务 TC1 与 TC2 之间（至或从美国、美国领地至或从格陵兰岛除外）。

从 IATA 业务 TC3 至 IATA 业务 TC1。

（二）运价

所有 IATA 区域：50% of the Normal GCR。

（三）最低运费按公布的最低运费的 M 与 10 kgs×N×50%取低

作为货物运输的行李仅限于旅客私人的衣物及其他私人物品，包括轻便的手提乐器、手提打字机、轻便的体育器材等；但不包括机器、机器零配件、现金、债券、证券、手表、照相机、胶卷、珠宝饰物、金银餐具、票证、文件、酒、香水、家庭用品、商品及推销用的样品等。

该等级货物运价的使用条件如下。

（1）此类运价的范围仅限于旅客所持客票上注明航段的机场间运输，并且行李的交付不得晚于旅客乘机旅行的当日。

（2）旅客须如实申报行李内容、提供有关的文件、自行办理海关手续，并支付所需费用。

（3）收运此种货物，须将旅客的客票号码、所乘班机的航班号、乘机日期等填入货运单内。

（4）该货物运输的具体时间由承运人决定。

（5）该行李运价不得和任何普通货物运价或指定商品运价相加使用，以使相加后的运价低于适用的规定或组合运价。

（6）如果不满足上述条件，则只能采用普通货物运价或指定商品运价。

中国至 TC2、TC3 的作为货物运输的行李运价如表 6-13 所示。

表 6-13　中国至 TC2、TC3 的作为货物运输的行李运价

中国至	适用运价	最低收费标准
TC3	相应的 Normal GCR 的 50%	10 kgs×N×50%与普通货物的最低收费标准比较，取高者
TC2		

表 6-13 中，如果此类货物按普通货物较高重量分界点较低运价计算得到的运费低于"适用运价"计算的运费时，则按低者收取。

注意：中国到 TC1 运输的此类货物，不属于等级货物的范畴，因此不能使用上述等级折扣运价，应采用普通货物运价或指定商品运价；航空运费的最低收费标准即为普通货物的最低收费标准（M）。

从所有 IATA 区域出发（除马来西亚、西南太平洋）：appl. GCR。

从马来西亚出发：50%N。

从澳大利亚和巴布亚新几内亚出发：75% N。

从新西兰到萨摩亚和汤加：appl. GCR。

从新西兰到其他国家：50% N。

从其他西南太平洋国家出发：50% N。

从克罗地亚出发：75% N。

Q 运价：当使用普通货物运价计算的结果低于使用本规则计算的结果时，应取普通货物运价的计算结果。

（四）可以使用普通货物较高重量点的较低运价

如果使用等级货物运价所计算的航空运费高于使用普通货物运价以及普通货物较高重量点所计算航空运费时，则选择最低结果作为最终的航空运费。

（五）航空运费计算

例题 6-12

Routing：SYDNEYT，AUSTRALIA（SYD） to BEIJING，CHINA（BJS）

Commodity：Baggage（行李）

Gross Weight：52 kgs

Dimensions：60 cm×50 cm×25 cm×5

取舍单位 0.05。

运价表如下所示。

SYDNEY	AU		SYD
AUSTRALIAN$	AUD		KGS
BEIJING	CN	M	120.00
		N	9.75
		45	7.30
		100	3.53
		250	3.40

解

Volume：60 cm×50 cm×25 cm×5= 375 000 cm^3

Volume Weight：375 000 cm^3÷6000 cm^3/kgs=62.5 kgs

Gross Weight：52 kgs

Chargeable Weight：62.5 kgs

Applicable Rate：75%×9.75=AUD7.3125=AUD7.30

Weight Charge：62.5 kgs×7.30=AUD456.25

运费计算栏如表 6-14 所示。

表 6-14　例题 6-12 货运单运费计算栏

No of Pieces RCP	Gross Weight	kg lb	Rate Class	Commodity Item No.	Chargeable Weight	Rate/ Charge	Total	Nature and Quantity of Goods（incl. Dimensions or Volume）
5	52	K	R	N75	62.5	7.30	456.25	Baggage DIMS 60 cm×50 cm×25 cm ×5

例题 6-13 上海运往伦敦作为货物运输的一件行李 8.8 kgs，旅客持有客票的航段为 SHA—HKG—LON，计算其他运费。

运价资料：
    SHA—LON
   M 320.00
   N   57.00
   45 46.93

解

计费重量：9.0 kgs＜10.0 kgs

适用运价：R=N50%=57.00×50%=28.50 CNY/kg

运费=10 kgs×28.50=CNY285.00

SHA—LON 的最低收费标准为 CNY320.00，所以，应收的航空运费为 CNY320.00。

例题 6-13 中，如果旅客将其行李自上海运往法兰克福，因其运输航段非旅客机票上的旅行航段，所以，不能视为作为货物运输的行李折扣运价收运，只能视为普通货物。

例题 6-14

Routing：BEIJING，CHINA（BJS）to TOKYO，JAPAN（TYO）

Commodity：Personal Effects（个人物品）

Gross Weight：25.0 kgs

Dimensions：1 Pieces，70 cm×47 cm×35 cm

公布运价表如下所示。

BEIJING	CN		BJS
Y.RENMINBI	CNY		KGS
TOKYO	JP	M	230.00
		N	37.51
		45	28.13

解

Volume：70 cm×47 cm×35 cm=115 150 cm^3

Volume Weight：115 150 cm^3÷6000 cm^3/kg=19.19 kgs=19.5 kgs

Chargeable Weight：25.0 kgs

Applicable Rate：R 50% of the Normal GCR

50%×37.51 CNY/kg=18.755 CNY/kg=18.76 CNY/kg

Weight Charge：25.0 kgs×18.76=CNY469.00

因此，航空运费为 CNY469.00。

第五节 其他费用

一、货运单费

货运单费（documentation charges）又称为航空货运单工本费，此项费用为填制航空货运单的费用。航空公司或其代理人销售或填制货运单时，该费用包括逐项逐笔填制货运单的成本。对于航空货运单工本费，各国的收费水平不尽相同，依据 TACT Rules 4.4 及各航空公司的具体规定收取。货运单费应填制在货运单的"Other Charges"（其他费有）一栏中，用两字代码"AW"表示（AW-air waybill）。按《华沙公约》等有关公约，国际上多数 IATA 航空公司作如下规定。

（1）由航空公司来销售或填制航空货运单时，此项费用归出票航空公司所有，表示为 AWC。

（2）由航空公司的代理人销售或填制货运单时，此项费用归销售代理人所有，表示为 AWA。

中国民航各航空公司规定：无论货运单是由航空公司销售还是由代理人销售，填制 AWB 时，货运单中"Other Charges"一栏中均用 AWC 表示，意为此项费用归出票航空公司所有。

二、垫付款和垫付费

（1）垫付款（disbursements）。垫付款是指在始发地机场收运一票货物时所发生的其他到付费用。这部分费用仅限于货物地面运输费、清关处理费和货运单工本费。

此项费用须按不同其他费用的种类代号、费用归属代号（A 或 C）及费用金额一并填入货运单的"Other Charges"一栏。例如："AWA"表示代理人填制的货运单；"CHA"表示代理人代替办理始发地清关业务；"SUA"表示代理人将货物运输到始发地机场的地面运输费。

（2）垫付费（disbursements Fees）。垫付费是对于垫付款的数额而确定的费用。垫付费的费用代码为"DB"，按 TACT Rules 规定，该费用归出票航空公司所有。在货运单的 Other Charges 栏中，此项费用应表示为"DBC"。

垫付费的计算公式：垫付费=垫付款×10%。

但每一票货物的垫付费不得低于 USD20 或等值货币。

三、危险品处理费

国际航空货物运输中，对于收运的危险品货物，除按危险品规则收运并收取航空运费外，还应收取危险货物收运手续费，该费用必须填制在货运单"Other Charges"栏内，用"RA"表示费用种类，TACT Rules 规定，危险品处理费归出票航空公司所有。在货运单中，危险品处理费表示为"RAC"。

自中国至 IATA 业务 TC1、TC2、TC3，每票货物的最低收费标准均为 CNY400。

四、运费到付货物手续费

国际货物运输中，当货物的航空运费及其他费用到付时，在目的地的收货人，除支付货物的航空运费和其他费用外，还应支付到付货物手续费。

此项费用由最后一个承运航空公司收取，并归其所有。一般 CC Fee（charges collect fee，运费到付手续费）的收取，采用目的站开具专门发票，但也可以使用货运单（此种情况在交付航空公司无专门发票，并将 AWB 作为发票使用时使用）。

对于运至中国的运费到付货物，CC Fee 的计算公式及标准如下：

CC Fee=（货物的航空运费+声明价值附加费）×2%

各个国家 CC Fee 的收费标准不同。在中国，CC Fee 最低收费标准为 CNY100。

五、声明价值附加费

当托运人托运的货物，毛重每千克价值超过 20 美元或其等值货币时，可以办理货物声明价值，托运人办理声明价值必须是一票货运单上的全部货物，不得分批或者部分办理。托运人办理货物声明价值时，应按照规定向承运人支付声明价值附加费。

声明价值附加费的计算公式为

声明价值附加费=货物声明价值-（货物毛重×20 美元）

注：20 美元应折算为当地货币。

延伸阅读：数字化指数应用探索航空货运新途径

航空货运数字化应用，不仅能提升单个航班的货运效率，更重要的是通过单个航线数据的叠加应用，对机场与机场航线货运数据进行整体分析，分析出各机场航空货运联系强度，以及运输通道的关键节点，结合各货运通道的容量测算，进行价格分析与市场匹配，形成航空货运分析的整体数据，通过数据对航空货运市场进行有利引导。

通过实际航班运行情况对货物运输关联要素进行指标数值归纳和分析。根据航空货运特点，货运运输关联因素涉及货舱的载运量、货舱货物的载运效率、货物收运的价格、航线的稳定性、机场之间联系强度关系。通过对关联因素进行数字化表达，通过持续数据分析监控预判，为货运市场的发展提供数字化应用支撑。

航空货运价格指数，根据航线货物收运价格与货舱载量的权重公式测算出该航线航空货运价格指数。航空货运包机指数，根据客机腹舱货物运输的实际情况，将货物包机的要素通过数字指数表现。航空货运拼货指数，根据航线货物情况计算出拼货指数。机场货运通道强度指数，根据机场联系强度测算，输出机场货运通道系数，引导货运通道航线网络完善，测算优化货运通道连通。货运容量输出，根据货运航线载量数据，引导市场提前分布，提升航空货运市场的信息对标和预判。货运价格指数输出，引导市场价格良性循环，促进货运价格市场完善。货运包机指数输出，为货运包机提供指引参考。拼货指数输出，为货物收运新模式提供数据支撑。指数输出列表，通过对货运指数的统计，整体输出，并开展日、周、月、年的数据累计，提升航空货运的效率。

资料来源：齐麟.《数字化指数应用探索航空货运新途径》，https://news.carnoc.com/list/581/581007.html，2022 年 3 月 19 日。

第七章　民航旅客运输流程

本章概要：本章主要介绍民航旅客运输流程，具体包括客票的使用、民航旅客运输流程及相关业务处理以及行李运输。通过本章的学习，主要掌握民航旅客运输中相关业务的处理办法及规定。

第一节　客票的使用

一、客票的含义与分类

（一）客票的含义

客票是航空公司和客票上所列姓名的旅客之间运输合同的初步证据，由承运人或代表承运人所填开的被称为客票及行李客票的航空运输凭证，包括运输合同条件、声明、通知等内容。同时，客票是旅客和航空公司之间签署的运输契约，是旅客乘坐飞机、托运行李的凭证，是航空公司之间及航空公司与代理人之间进行结算的依据，是旅客退票、签转等的凭证。

（二）客票的分类

（1）根据载体的不同，客票可以分为纸质客票和电子客票，目前市场上主要以电子客票为主。电子客票是普通纸质机票的一种电子映像，是一种电子号码记录。电子客票作为世界上最先进的客票形式，依托现代信息技术，实现无纸化及电子化的订票、结账和办理乘机手续等全过程，给旅客带来诸多便利的同时，也为航空公司降低了成本。

（2）根据运输性质，客票可以分为国际客票和国内客票。

（3）根据航程，客票可以分为单程客票、联程客票和来回程客票。

（4）根据提供者的不同，客票可分为航空公司客票和BSP（billing and settlement plan，开账与结算计划）客票。其中BSP客票又称为中性客票，由IATA提供。

（5）根据使用日期的不同，客票可分为定期客票和不定期客票（OPEN票）。

（三）客票的构成

客票上的点可以分为起点、终点、中间点、折返点等，其中，中间点根据旅客停留时间长短的不同可以分为中途分程点和非中途分程点。如果旅客在航程中某点暂时中断航程，停留24小时以上，然后搭乘另一航班离开，则该点为中途分程点；旅客在航程中某点暂时中断航程，停留24小时以内，然后搭乘另一航班离开，则该点为非中途分程点。同时，旅客的行程中，根据旅客行程的安排，还有转机点和经停点之分，其中经停点指旅客在航程中某点暂时中断航程，停留一段时间后，然后搭乘同一航班离开，注意，经停点并不在客票上体现出来；转机点则是指旅客在该点停留一段时间后，换乘另一个航班离开。

二、客票的相关规定及使用要求

（1）民航运输客票采用实名制，客票仅供所列姓名的旅客使用。

（2）客票必须为 OK 状态，方可由承运人接受运输。旅客如果不能出示根据承运人规定填开的有效客票，则无权要求乘机。

（3）旅客必须按照客票上所列明的航程，从始发地点开始顺序使用。若客票的第一个航段未被使用，而旅客在中途分程点或约定的经停点开始旅行，该客票运输无效，航空公司可不予接受；若旅客开始旅行后，跨段使用客票，则从中断航程地点至继续乘机地点的客票无效，但在客票有效期内，可接受退票申请。

（4）每位旅客，包括婴儿或儿童，都要单独持有客票。

（5）如果旅客购买的是定期客票，那么旅客应该在客票上列明乘机日期乘坐客票上列明的航班，除非旅客有客票变更请求。

（6）对未订妥座位的旅客，航空公司应按旅客的申请，根据适用的票价和所申请航班座位的可利用情况为旅客预订座位。

（7）旅客应在客票有效期内，完成客票上列明的全部航程。

（8）应在客票上的"签注"栏列明客票使用的限制条件，如退票限制条件、签转限制条件等。

（9）旅客如果有变更请求，按照航空公司有关规定办理相关手续。

三、客票的有效期

（一）客票有效期的计算

正常票价的客票有效期自旅客开始旅行之日或自填开客票之日起，一年内有效。其中，不定期客票（OPEN 票），自填开客票之日起计算。特种票价的客票有效期，按照航空公司规定的该特种票价的有效期计算。

（二）客票有效期延长的规定

（1）由于航空公司的以下原因之一，旅客未能在客票有效期内完成旅行，则该客票的有效期可以延长到航空公司能够按照该客票已付票价的舱位等级提供座位的第一航班为止，但延长期不得超过七天，不收任何费用。

①取消旅客已订妥座位的航班；②取消的航班约定经停点中含有旅客的出发地点、目的地点或中途分程点；③更换旅客舱位等级；④不能提供旅客事先已订妥的座位；⑤造成旅客已订妥座位的航班衔接错失；⑥未能在合理的时间内按照班期时刻进行飞行。

（2）旅客开始旅行后，因病不能继续旅行时，除航空公司对所付票价另有规定外，经医生证明，该客票有效期可延长到旅客健康情况经医生诊断适宜旅行为止；或延长到适宜旅行之日以后航空公司能够按照旅客已付票价相符舱位等级提供座位的自恢复旅行地点起的第一个航班为止。如果未使用的客票包含一个或一个以上的中途分程点时，该客票有效期的延长不能超过从医生诊断适宜旅行之日起三个月。对无自理能力旅客的陪伴直系亲属的客票有效期也可同等延长。

持特种票价客票，旅客开始旅行后，因病不能继续旅行时，除该客票有特殊规定外，客票可以延长不超过旅客健康情况经医生诊断适宜旅行之日起七天。如旅客持有不能延长客票有效期的特种票价客票时，旅客须补付全程正常票价与其特种客票的差价后，方可按正常票价的客票规定，予以延长客票有效期。

（3）如旅客在旅途中死亡，该旅客的陪伴直系亲属的客票可用取消最短停留期限或延长客票有效期的方法予以更改。此种更改应在收到死亡证明后办理，客票延长不得超过死亡之日起四十五天。

四、客票变更

（一）客票变更的含义

客票变更，是指对客票改期、变更舱位等级、签转等情形。航空公司及其销售代理人应根据实际情况进行办理，旅客应按承运人的规定支付有关费用。

（二）客票变更的分类及其处理办法

根据变更的原因不同，客票变更可分为旅客自愿变更客票和非自愿变更客票。

如果旅客是自愿变更的，那么承运人或者其航空销售代理人应当按照所适用的运输总条件、客票使用条件办理。

承运人原因导致旅客非自愿变更客票的，承运人或者其航空销售代理人应当在有可利用座位或者被签转承运人同意的情况下，为旅客办理改期或者签转，不得向旅客收取客票变更费。

非承运人原因导致旅客非自愿变更客票的，承运人或者其航空销售代理人应当按照所适用的运输总条件、客票使用条件办理。

在联程航班中，其中一个或者几个航段变更，导致旅客无法按照约定时间完成整个行程的，缔约承运人或者其航空销售代理人应当协助旅客到达最终目的地或者中途分程点。

无论是自愿变更还是非自愿变更，要求变更的客票必须在客票有效期内，且不得违反票价限制条件，客票变更后，客票的有效期仍按原客票出票日期或开始旅行日期计算，即客票有效期不变。

五、退票

（一）退票的含义

旅客购买客票后，由于旅客原因或承运人原因不能在客票有效期内完成部分或全部航程，而要求退还部分或全部未使用航段票款，称为退票。

（二）退票的一般规定

由于承运人或旅客原因，旅客不能在客票有效期内完成部分或全部航程，可以在客票有效期内要求退票。

旅客要求退票，应凭未使用的客票申请退票。

票款只能退给客票上列明的旅客本人或客票的限制条件上注明的指定人和付款人。

旅客退票应出示本人有效身份证件，如退票受款人不是客票上列明的旅客本人，应出示旅客及收款人的有效身份证件。

（三）退票的分类及其处理办法

退票分为自愿退票和非自愿退票。

如果旅客是自愿退票的，那么承运人或者其航空销售代理人应当按照所适用的运输总条件、客票使用条件办理。

旅客非自愿退票的，承运人或者其航空销售代理人不得收取退票费。

承运人或者其航空销售代理人应当在收到旅客有效退款申请之日起 7 个工作日内办理完成退款手续，上述时间不含金融机构处理时间。

六、团体旅客

（一）团体旅客的含义

团体旅客是指人数在十人（含）以上，航程、乘机日期、航班和舱位等级相同并按同一类团体票价支付票款的旅客。

（二）团体旅客客票的处理

1. 退票、变更规定

凡团体旅客购票后要求变更、退票，根据票价限制条件，按规定办理。

团体旅客非自愿变更、退票或部分成员因病要求变更、退票，分别按相应的规定办理，免收退票费。

2. 退票地点

团体旅客的退票手续均在原出票地点办理。

为了加强公共航空运输旅客服务管理，保护旅客合法权益，维护航空运输秩序，2021年交通运输部发布了《公共航空运输旅客服务管理规定》，从客票销售、客票变更与退票、乘机、行李运输等角度阐述了旅客运输服务内容。考虑到各航空公司的差异，规定指出"承运人应当根据本规定制定并公布运输总条件，细化相关旅客服务内容"。同时，规定指出航空公司的运输总条件至少应当包括下列内容：①客票销售和退票、变更实施细则；②旅客乘机相关规定，包括婴儿、孕妇、无成人陪伴儿童、重病患者等特殊旅客的承运标准；③行李运输具体要求；④超售处置规定；⑤受理投诉的电子邮件地址和电话。上述所列事项变化较频繁的，可以单独制定相关规定，但应当视为运输总条件的一部分，并与运输总条件在同一位置以显著方式予以公布。

航空公司可以结合自身的战略定位、经营目标等详细制定自己的客票使用过程规定，如表7-1是国航自愿退票手续费收费标准，表7-2是国航自愿变更手续费收费标准，各个航空公司的规定具有一定的差异性和个性化。

表7-1 国航自愿退票手续费收费标准

服务等级	舱位代码	航班起飞前7天之前	航班起飞前7天(不含)至48小时（含）	航班起飞前48小时（不含）至4小时（含）	航班起飞前4小时(不含)至航班起飞后
头等舱	F	免费	5%	5%	10%
	A	5%	5%	5%	15%
公务舱	J	免费	5%	5%	10%
	C/D/Z/R	5%	10%	15%	20%
超级经济舱	G	免费	5%	10%	15%
	E	10%	15%	25%	30%
经济舱	Y	免费	5%	10%	15%
	B/M/U	10%	15%	25%	30%
	H/Q/V	10%	20%	35%	45%
	W/S	20%	30%	65%	70%
	T/L/P/N/K	20%	40%	70%	75%

资料来源：国航官网

注：自愿退票手续费收费标准，按对应航段的票面百分比价格收取

表7-2 国航自愿变更手续费收费标准

服务等级	舱位代码	航班起飞前7天之前	航班起飞前7天(不含)至48小时（含）	航班起飞前48小时（不含）至4小时（含）	航班起飞前4小时(不含)至航班起飞后
头等舱	F	免费	免费	5%	5%
	A	免费	5%	5%	10%
公务舱	J	免费	免费	5%	5%
	C/D/Z/R	免费	10%	10%	15%
超级经济舱	G	免费	5%	5%	10%
	E	免费	10%	15%	20%
经济舱	Y	免费	5%	5%	10%
	B/M/U	免费	10%	15%	20%
	H/Q/V	免费	15%	25%	35%
	W/S	5%	20%	45%	55%
	T/L/P/N/K	5%	30%	50%	60%

资料来源：国航官网

注：自愿变更手续费收费标准，按对应航段的票面百分比价格收取

第二节 民航旅客乘机流程

一、民航旅客运输流程

对于民航国内旅客来说，出行的全过程主要包括以下环节：需求产生、购票、值机、行李托运、安检、候机、登机、空中飞行、下机、提取行李、离开机场。对于民航国际旅客来说，出行的全过程主要包括以下环节：需求产生、购票、值机、行李托运、海关申报、卫生检疫检查、边境出境检查、安检、海关检查、候机、登机、空中飞行、下机、提取行李、动植物检疫、海关入境检查、离开机场。旅客运输流程如图 7-1 和图 7-2 所示。

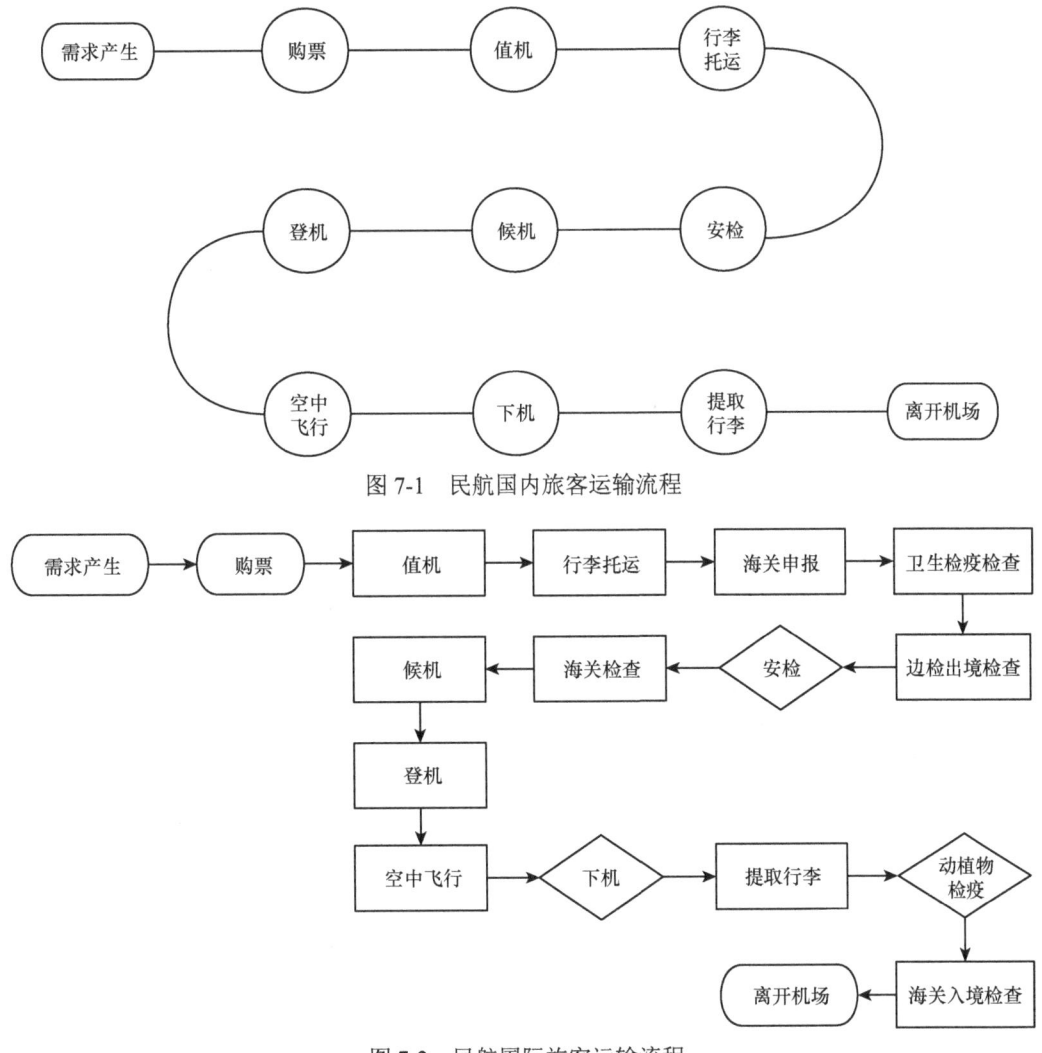

图 7-1 民航国内旅客运输流程

图 7-2 民航国际旅客运输流程

旅客的每次出行均从购票开始，旅客根据自己的行程安排和偏好，可以通过航空公司官网、航空公司 APP、代理人官网或代理人 APP 等多种渠道进行航班的比较和选择，并最终完成客票的购买。

对于值机环节来说，以往旅客只能到机场的人工柜台完成值机，换取登机牌。而现在，随着信息技术的发展，旅客既可以选择到机场通过人工柜台或自助柜台办理值机，也可以选择在家里、在办公室等非机场区域，通过手机、电脑等设备办理自助值机，登机牌也可以根据旅客需求选择电子登机牌或到达机场后进行补打登机牌。

行李托运与原来相比也有了变化。目前，有很多机场都配置了自助托运行李设备，旅客可以通过该设备进行行李的托运、逾重行李费的交付等，设备会自动打印行李条，旅客只需将行李条按照规定栓挂到行李上即可。

而对于国际旅客来说，部分机场实现了海关与安检的联合检查，传统流程上旅客需要分别接受海关和安检对随身行李物品的检查，而在某些机场（如成都天府国际机场）旅客只需要经过一次查验，就可以完成检查。

另外，值得注意的是，为了使旅客的出行更为便捷，有些机场将自助值机设备、自助托运行李设备放置在地铁站等场所，实现了相关服务设备的前置，帮助旅客实现更轻松的出行。

而在提取行李环节，为了提升服务质量，改善旅客的出行体验，包括三亚凤凰国际机场、北京大兴国际机场等机场均推出了行李提取可视化服务。通过系统设备，旅客可在第一时间，零距离、直观地看到自己的托运行李从卸车到发放的全服务流程。

二、旅客乘机规定

（1）旅客应当在航空公司规定的时限内到达指定机场，凭客票及本人有效身份证件按时办理客票查验、托运行李、领取登机牌等乘机手续。

（2）旅客在承运人或者其地面服务代理人停止办理乘机登记手续前，凭与购票时一致的有效身份证件办理客票查验、托运行李、获取纸质或者电子登机凭证。

（3）如旅客未能按时办理值机手续或到达登机门，或未出示有效身份证件，或未能做好旅行准备，航空公司为不延误航班可取消旅客订妥的座位。对旅客由此产生的损失和费用，航空公司不承担责任。

（4）旅客在办理乘机登记手续时，承运人或者其地面服务代理人应当将旅客姓名、航班号、乘机日期、登机时间、登机口、航程等已确定信息准确、清晰地显示在纸质或者电子登机凭证上。

（5）登机口、登机时间等发生变更的，承运人、地面服务代理人、机场管理机构应当及时告知旅客。

（6）乘机前，旅客及其行李和免费随身物品必须经过安全检查。

（7）有下列情况之一的，承运人应当拒绝运输：依据国家有关规定禁止运输的旅客或者物品；拒绝接受安全检查的旅客；未经安全检查的行李；办理乘机登记手续时出具的身份证件与购票时身份证件不一致的旅客；国家规定的其他情况。

除上述规定外，旅客的行为有可能危及飞行安全或者公共秩序的，承运人有权拒绝运输。

（8）旅客被拒绝运输而要求出具书面说明的，除国家另有规定外，承运人应当及时出具；旅客要求变更客票或者退票的，承运人可以按照所适用的运输总条件、客票使用条件办理。

三、旅客座位安排

（一）旅客座位的安排原则

为确保飞行安全，提高服务质量，规定在飞机上实行旅客对号入座的办法。在符合飞机载重平衡要求的前提下，尽量按旅客提出的要求安排座位。为重要旅客预留最前排座位，或按旅客要求安排。安排需特殊服务的旅客在靠近客舱乘务员的座位或靠近舱口座位就座，或按旅客要求安排（但要避开舱口或紧急出口处）。如经济舱座位超售或航班换机型，在头等或公务舱有空余座位的情况下，经值班主任等同意，可按逐级提高等级的原则安排旅客分别在公务或头等舱内就座，应从后向前集中安排。团体旅客，同一家庭成员或须互相照顾的旅客，如病人及其陪伴人员等，应尽量安排在一起。不同政治态度或不同宗教信仰的旅客，不要安排在一起。需特殊照顾的旅客不应安排在紧急出口处，应安排在靠近乘务员、方便出入的座位。国际航班在国内航段载运旅客时，国际、国内旅客分别集中安排。航班经停站有重要旅客、特殊旅客或需要照顾的旅客时，事先通知始发站预留合适的座位，始发站则应通知乘务员注意不要让其他旅客占用。在航班不满的情况下，应将携带不占座位婴儿的旅客安排在相邻座位无人占用的座位上；如果旅客在订座时已预定了机上摇篮，应把旅客安排在可安置摇篮的座位上。需拆机上座椅的担架旅客必须本着避免影响其他旅客的原则，一般应在客舱尾部，避免其他旅客进出客舱引起注意；所拆座位不能在紧急出口旁边。犯罪嫌疑人应安排离一般旅客较远、不靠近紧急出口和不靠窗的座位，其押送人员必须安排在其旁边的座位上。因非自愿提高舱位等级的旅客应与该等级正常付费的旅客座位分开，非自愿降低等级的旅客应安排在降低等级后较舒适的座位上。

（二）飞机紧急出口的安排原则

紧急出口座位应尽量安排身体健全、具有良好的语言沟通能力、遇紧急情况时愿意帮助别人和机组人员的旅客。下列旅客不能安排在紧急出口：旅客不具备良好的普通话理解能力和表达能力（如国内航班上的外国旅客）；旅客需要照顾小孩；遣返旅客、在押犯人及其押解的人员；无成人陪伴儿童；病残、听障旅客等。

四、候补旅客处理

候补旅客指持有不定期客票的旅客，包括不定期客票的付费旅客和优惠折扣客票的旅客，以及无订座且不持任何客票而自愿到机场等候座位的旅客。

对自愿到机场等候座位的候补旅客，视当时飞机座位空余情况而予以安排。安排顺序如下：公司常旅客；正常票价旅客；特种票价旅客；持折扣票价或免票旅客。

旅客应该在航班规定起飞时间前30分钟到值班主任柜台或指定柜台办理候补手续。在候补登记表上按候补的先后顺序填写旅客姓名。在明确能否候补后，工作人员应及时主动与旅客联系，以确保航班正点。

五、误机、漏乘、错乘旅客处理

（一）误机旅客的定义及处理规定

误机指旅客未按规定时间办妥乘机手续或因身份证件不符合规定而未能乘机。旅客如发生误机，应到乘机机场或原购票地办理改乘航班、办理退票手续。旅客误机后，如要求变更后续航班或退票，按客票相应规定办理。

（二）漏乘旅客的定义及处理规定

漏乘指旅客办妥乘机手续后或在经停站过站时未能搭乘其客票列明的航班。由于旅客原因发生漏乘，旅客要求退票，按自愿退票规定办理。由于承运人原因旅客漏乘，承运人应尽早安排旅客乘坐后续航班出行。如旅客要求退票，在始发站未开始旅行，应退还全部票款；在经停地应退还未使用航段的全部票款，不收取退票费。

（三）错乘旅客的定义及处理规定

错乘指旅客搭乘了不是客票列明的航班。旅客错乘航班，承运人应安排错乘旅客搭乘最早的航班飞往旅客客票上的目的地，票款不补不退。由于承运人原因旅客错乘，承运人应尽早安排旅客乘坐后续航班出行。如旅客要求退票，在始发站未开始旅行，应退还全部票款；在经停地应退还未使用航段的全部票款，不收取退票费。

六、超售旅客处理

按照国际航空运输行业通行的做法，为了满足广大旅客的出行需求，减少因部分旅客临时取消出行计划而造成的航班座位虚耗，航空公司可能会在部分容易出现座位虚耗的航班上进行适当的超售，以保证更多的旅客能够搭乘理想的航班。

《公共航空运输旅客服务管理规定》中有以下规定。

（1）承运人超售客票的，应当在超售前充分考虑航线、航班班次、时间、机型以及衔接航班等情况，最大程度避免旅客因超售被拒绝登机。

（2）承运人应当在运输总条件中明确超售处置相关规定，至少包括下列内容：超售信息告知规定；征集自愿者程序；优先登机规则；被拒绝登机旅客赔偿标准、方式和相关服务标准。

（3）因承运人超售导致实际乘机旅客人数超过座位数时，承运人或者其地面服务代理人应当根据征集自愿者程序，寻找自愿放弃行程的旅客。未经征集自愿者程序，不得使用优先登机规则确定被拒绝登机的旅客。

（4）在征集自愿者时，承运人或者其地面服务代理人应当与旅客协商自愿放弃行程的条件。

（5）承运人的优先登机规则应当符合公序良俗原则，考虑的因素至少应当包括老幼病残孕等特殊旅客的需求、后续航班衔接等。承运人或者其地面服务代理人应当在经征集自愿者程序未能寻找到足够的自愿者后，方可根据优先登机规则确定被拒绝登机的旅客。

（6）承运人或者其地面服务代理人应当按照超售处置规定向被拒绝登机旅客给予赔偿，并提供相关服务。

（7）旅客因超售自愿放弃行程或者被拒绝登机时，承运人或者其地面服务代理人应当根据旅客的要求，出具因超售而放弃行程或者被拒绝登机的证明。

（8）因超售导致旅客自愿放弃行程或者被拒绝登机的，承运人应当按照本规定第二十四条第一款、第二十五条办理客票变更或者退票。

第三节 行李运输

一、行李的定义及分类

（一）行李的含义

行李是指承运人统一运输的、旅客在旅行中携带的物品，包括托运行李和非托运行李。

（二）行李分类

1. 托运行李

托运行李，是指旅客交由承运人负责照管和运输并出具行李运输凭证的行李。这种行李一般在值机柜台接收，旅客在到达时认领并由承运人（或其代理人）交付。

2. 非托运行李

非托运行李（也称"客舱行李"）是指旅客自行负责照管的行李。非托运行李包括下列两类：

（1）（免费）随身携带物品，在客舱中免费携带，由旅客自己照管和负责的物品。这类物品不挂行李牌。

（2）自理行李，旅客自己照管和负责，在客舱中运输的除（免费）随身携带物品以外的物品。这类物品要挂行李牌。自理行李只能是那些适于在客舱中运输的物品，诸如文件资料、有价证券、贵重物品或手提电脑等。（注：在客舱中装运易碎、大件、贵重和外交行李，适用特别的规则）

二、不得作为行李运输的物品

（1）危险品。爆炸品；气体，包括易燃和非易燃无毒气体、低温冰冻和有毒气体；易燃液体，如打火机油、油漆和稀释剂等；易燃固体、自燃物质和遇水释放易燃气体的物质；氧化剂、有机过氧化物；毒性物质和传染；放射性物质；腐蚀性物质（如水银、酸、碱和湿电池等）；磁性物质；具有麻醉、令人不快或其他类似气体或性质的物质；容易污损飞机的物品；各种列入《航空运输危险品目录》中的危险物品和航空公司规定不得作为行李运输的其他危险物品。

（2）枪支、含各种仿真玩具枪、枪型打火机及其他各种具有攻击性的武器，但体育运动用器械除外。

（3）军械、警械。

（4）管制刀具。

（5）活体动物，但有关规定中的小动物及导盲犬和助听犬除外。

（6）国家规定的其他禁运物品。

三、不得作为托运行李运输的物品

重要文件、商业文件、资料、医疗证明、X光片、证券、货币、现金、汇票等流通票据、珠宝、贵重金属及其制品、银制品、古玩字画、易碎或易损坏物品、易腐物品、样品、旅行证件等需要专人照管的物品不得作为托运行李或夹入行李内托运，而应作为自理行李或免费随身携带物品带入客舱运输。如放在托运行李内发生丢失或损坏，航空公司按照一般托运行李承担责任。航空公司在运行李前或在运输过程中，发现行李中装有或夹带以上物品，可以拒绝收运或随时终止运输。

四、限制运输物品

下列物品只有在符合航空公司运输条件的情况下，并经航空公司同意方可接受运输。①精密仪器、电器等类物品，应作为货物托运，如按托运行李运输，必须有妥善包装，并且此类物品的重量不得计算在免费行李额内；②体育运动用器械，包括体育运动用枪支和弹药；③外交信袋、机要文件；④管制刀具以外的利器、钝器，如菜刀、餐刀、水果刀、工艺品刀、手术刀、剪刀以及钢锥、铁锥、斧子、短棍、锤子等，应放入托运行李内运输；⑤有关规定中的小动物、导盲犬和助听犬；⑥旅客旅行途中使用的折叠轮椅或电动轮椅；⑦医疗所需的气态氧或空气小型钢瓶。

五、特殊行李物品

承运有危险的，易损或不适宜运输的行李要采用特殊规则，以活体动物为例，其运输要求如下。

（1）活体动物（宠物）不能放在客舱内运输。

（2）不与旅客同行的动物或体形和形状异常的动物只能作为货物运输。伴随盲人的导盲犬和协助聋哑人的助听犬，在事先取得航空公司和有关部门同意的情况下，可以接收在客舱运输，并有适当的套具拴着。

六、行李的包装、重量和体积

(一) 行李的包装

为了保证运输途中的行李安全和必要照料,托运行李必须包装完善、锁扣完好、捆扎牢固,能承受一定的压力,能够在正常的操作条件下安全装卸和运输,如果承运人认为旅客托运行李在包装上不符合规定,有权拒绝收运或不负损坏责任。

(二) 行李的重量和体积

一般情况下,行李的重量和体积的限额有如下规定。

1. 托运行李的限额

托运行李的重量每件不能超过 50 kgs,体积不能超过 40 cm×60 cm×100 cm。不得小于 5 cm×15 cm×20 cm,不符合规定的行李,须事先征得航空公司的同意才能托运。

2. 自理行李的限额

每位旅客只限携带一件自理行李,其重量不能超过 10 kgs,体积不超过 20 cm×40 cm×55 cm,并能放于旅客的前排座位之下或封闭式行李架内。自理行李必须称重并计入托运行李总重量中。

3. 免费随身携带物品的限额

每位旅客免费随身携带物品的重量以 5 kgs 为限。持头等舱客票的旅客,每人可随身携带 2 件物品;持公务舱或经济舱客票的旅客,每人只能随身携带 1 件物品。每件随身携带物品的体积不得超过 20 cm×40 cm×55 cm。

七、免费行李额和逾重行李的收费规定

(一) 免费行李额

1. 计重免费行李额

计重免费行李额指每位旅客的托运行李和自理行李合并计算的免费行李额。持成人或儿童票的头等舱旅客为 40 kgs、公务舱旅客为 30 kgs、经济舱旅客为 20 kgs;持婴儿票的旅客,无免费行李额。

以国航为例,其规定计重制航线担架旅客免费行李额为 60 kgs,每件行李长、宽、高不得超过 100 cm、60 cm、40 cm。

2. 计件免费行李额

在中美、中加国际航线上,以及部分国际航线上,旅客的免费行李额均按件数计算。以国航为例,其规定计件制航线担架旅客免费行李额为 3 件,每件不得超过 23 kgs,每件行李的三边之和不得超过 158 cm。

根据旅客所付的票价座位等级，每位旅客的托运行李和自理行李合并计算的免费行李额为：持成人或儿童票的头等舱/公务舱旅客可免费托运 2 件行李，每件的长、宽、高三边之和不得超过 158 cm（62 in）；持经济舱客票的旅客可免费托运 2 件行李，每件的长、宽、高三边之和不得超过 158 cm（62 in），但其 2 件行李的长、宽、高三边的总和不得超过 273 cm（107 in）；托运行李的重量每件不得超过 32 kgs；按成人票价 10%购票的婴儿可免费托运一辆轻便的婴儿车和一件长、宽、高三边之和不得超过 115 cm（45 in）的行李；免费随身携带物品为一件，超过一件时，假如三边尺寸总和不超过 115 cm，可以作为一件对待。

3. 航空公司免费行李额的相关规定

在实际的运行中，各航空公司有关免费行李额的规定有一定的差异，下面以国航的部分免费行李额规定为例，了解航空公司有关免费行李的规定。

1）国内航线

国航在国内航线上实行计重制免费行李额规定：持成人或儿童客票的旅客免费行李额为头等舱 40 kgs、公务舱 30 kgs、经济舱 20 kgs，每件行李长、宽、高不得超过 100 cm、60 cm、40 cm。持婴儿客票的旅客免费行李额为 10 kgs，每件行李长、宽、高不得超过 100 cm、60 cm、40 cm。另可免费托运一辆折叠式婴儿车或摇篮。如客舱空间允许，在征得乘务长同意后可带入客舱。

2）国际、地区航线

国航在国际、地区航线上实行计件制免费行李额规定，分为区域一计件制行李规则和区域二计件制行李规则。IATA TC1 与 TC2 之间的航线：持成人或儿童客票的头等舱、公务舱旅客可免费托运两件行李，每件行李的重量不得超过 32 kgs，每件行李的三边之和不得超过 158 cm。IATA TC1 与 TC3 之间的航线：持成人或儿童客票的经济舱旅客可免费托运两件行李，每件行李的重量不得超过 23 kgs，每件行李的三边之和不得超过 158 cm。

（二）行李合并交运

搭乘同一航班前往同一目的地的两个（含）以上的同行旅客，如在同一时间、同一地点办理行李托运手续，其免费行李额可以按照各自的客票价等级标准合并计算。

（三）免费行李额的其他规定

1. 一般免费行李额的其他规定

旅客变更舱位等级时，免费行李额的规定为：当旅客自愿改变舱位等级时，免费行李额应按照改变后的舱位等级规定的免费行李额办理；当旅客非自愿改变舱位等级时，应按照原票价等级享受免费行李额。

构成国际运输的国内航线，每位旅客的免费行李额按适用的国际航线免费行李额计算。

持有免费或折扣票的旅客，免费行李额与其客票列明的座位等级是对应的。

承运宠物不得计入免费行李额，旅客携带的宠物按普通逾重行李收费，不允许将动物和容器以及食物计入免费行李额（导盲犬和助听犬按特殊规定处理）。

家用电器不得计入免费行李额。如经特许收运了供家庭使用的电视机、录像机、小型音响设备等电器，按普通逾重行李费收取运费，不允许从旅客未使用的免费行李额中扣除；同时还须办理声明价值。

2. 其他规定

除了上述一般免费行李额的规定以外，航空公司还会有其他一些规定。以国航为例，免费行李额的其他规定如下。

全航程为国航实际承运的联程运输，无论有无中途分程，全航程免费行李额按较高额度航段免费行李额标准执行。

非自愿提高或非自愿降低舱位服务等级旅客的免费行李额，按原客票舱位服务等级标准执行。

额外占座旅客的免费行李额，按其所占座位票价舱位服务等级和所占座位数量确定。额外占座行李无免费行李额，占用每一个座位的行李重量不得超过 75 kgs，长、宽、高不得超过 100 cm、60 cm、40 cm。

每件托运行李的最大重量不得超过 45 kgs。国际运输的每件托运行李重量一般不超过 32 kg，如超过 32 kgs，但不超过 45 kgs 的行李必须符合到达机场和续程承运人的有关规定。每件托运行李的长、宽、高三边之和不得超过 203 cm，不得小于 60 cm。

包机运输按照包机协议中相关规定执行。

（四）逾重行李和逾重行李费

1. 逾重行李的含义

旅客的托运行李和自理行李，超过该旅客免费行李额部分，称为逾重行李，应支付逾重行李费。注：收取逾重行李费，应填逾重行李票。

2. 逾重行李费的费率

对于计重制来说，不管旅客所付票价是何种等级和类别，逾重行李的费率为每千克按逾重行李票填开当日所适用的直达单程成人正常经济舱票价 1.5% 计算，以元为单位，取小数点后两位，舍去其他小数位数，以确定每千克的费率。

逾重行李费=（托运行李重量–适用免费行李额）×适用的逾重行李费的费率

对于计件制来说，OAG 运价手册会公布适用的费率，对超件和超重的行李来说按填逾重行李票当日所适用的费率收取。当旅客托运行李与自理行李的件数超过免费行李额度中规定的件数时，每超 1 件行李，按 1 倍费率收取逾重行李费。当旅客托运行李与自理行李每件行李的重量超过免费行李额度中规定的重量时：每件行李的重量为 33～45 kgs 时，为 3 倍逾重行李费率；每件行李的重量为 46～55 kgs 时，为 4 倍逾重行李费率；每件行李的重量为 56～65 kgs 时，为 5 倍逾重行李费率。当旅客托运行李与自理行李每件行李的体积超过免费行李额度中规定的体积时：三边之和不超过 203 cm 时，为 1 倍逾重行费率;三边之和超过 203 cm 时,为 3 倍逾重行李费率。

3. 逾重行李票

逾重行李票是收取逾重行李费和行李声明价值附加费的收据,是一种有价证券,也是承运人之间的结算凭证。在财务上应按照有价票证的要求处理。

4. 航空公司有关逾重行李费的规定

航空公司在管理规定的基础上可以根据自身情况进行逾重行李费的规定,例如,国航逾重行李收费包括以下规定。

①当旅客托运行李的重量、尺寸或件数超过免费行李额标准时,旅客应为超过部分支付逾重行李费。逾重行李费根据旅客托运行李运输段的始发地和目的地进行计算。②国航国内航线的逾重行李费实行计重制收费标准,国际及地区航线实行计件制收费标准。③国内航线,即全航程为纯中国境内航线运输,逾重行李收费标准按照相关规定执行,即逾重行李费率以每千克按公布的最高直达、单程、成人普通舱票价的 1.5%进行计算。④国际及地区航线,按照计件制途逾重行李费率计算,不同区域具体费率不同,以 TC1 为例,行李超额的收费标准如表 7-3 所示。

表 7-3 国航航班普通托运行李超额收费标准

普通托运行李超限额收费标准		人民币/(元/件)	美元/件
超重或超尺寸行李收费	超重量但不超尺寸 23 kgs＜W≤28 kgs;60 cm＜S≤158 cm	380	60
	超重量但不超尺寸 28 kgs＜W≤32 kgs;60 cm＜S≤158 cm	980	150
	不超重量但超尺寸 2 kgs≤W≤23 kgs;158 cm＜S≤203 cm	980	150
	超重量且超尺寸 23 kgs＜W≤32 kgs;158 cm＜S≤203 cm	1400	220
额外行李收费 重量:头等舱/公务舱≤32 kgs 悦享经济舱/超级经济舱/经济舱≤23 kgs 尺寸:60 cm＜S≤158 cm (超尺寸或超重量需另行支付并叠加计算费用)	超出的第一件行李	1400	220
	超出的第二件行李	2000	310
	超出的第三件及以上行李	3000	460

资料来源:国航官网

TC1:美洲(除美国/加拿大外)/加勒比海地区与欧洲/非洲/中东/亚洲/西南太平洋之间的航线。国航航班普通托运行李超额收费标准见表 7-3。

八、行李的声明价值

(一)办理行李声明价值的规定

国内航线旅客的托运行李,每千克价值超过人民币 100 元时,可办理行李的声明价值。国际航线旅客的托运行李,每千克价值高于 20 美元时,可办理行李的声明价值。旅客所携带或托运的小动物（宠物）和客舱行李（包括自理行李和免费随身携带物品）不办理声明价值。旅客声明的价值是外币时，应按当日银行买入价折成人民币价值。办理行李声明价值，只适用于本公司承运的航段和与本公司有特别协议的其他承运人承运的航段（按代理协议）。如旅客在后续航段需要办理声明价值，应向后续承运人申请。如旅客在中途分程点声明价值高于原始发地，应补收中途分程点至最后目的站的声明价值附加费。

（二）声明价值附加费

按旅客所声明价值中超过规定限额部分的价值的 5‰收取声明价值附加费。金额以人民币元为单位，不足一元按一元计收。

$$声明价值附加费=［行李的声明价值-（每千克行李最高赔偿额\times办理声明价值行李的重量）］\times 5‰$$

例如：旅客乘坐国内航班托运行李一件，重 15 kgs，其声明价值为人民币 6000 元，计算声明价值附加费。

声明价值附加费=［6000 元-（100 元/kg×15 kgs）］×5‰=22.5 元=23 元。

（三）托运行李的声明价值限额

任何托运行李的声明价值均不能超过行李本身的实际价值。每一旅客的行李声明价值最高限额为 8000 元。如航空公司对声明价值有异议而旅客又拒绝接受检查时，则有权拒绝收运。

（四）注意事项

办理声明价值的行李必须与旅客同机运出。在载重表上注明件数、重量、行李牌号码、装载舱位。严格交接手续。行李拴挂普通行李牌。始发站发电报通知各站。

九、行李的收运

（一）一般规定

1. 拒绝运输权

旅客的托运行李、自理行李和免费随身携带物品，如属于夹带有"不得作为行李运输的物品"，航空公司有权拒绝接受该行李的运输。旅客携带了属于"限制运输物品"的物品，如旅客没有或拒绝遵守航空公司的限制运输条件，航空公司有权拒绝接受该物品的运输。旅客的托运行李、自理行李或免费随身携带物品，如因其形态、包装、体积、重量或特征等原因不符合航空公司运输条件，航空公司应请旅客加以改善；如旅客不能或拒绝改善，航空公司有权拒绝接受该行李的运输。

2. 检查权

航空公司为了运输安全原因，可以会同旅客对其行李进行检查；必要时，可会同有关部门进行检查。如旅客拒绝检查，航空公司有权拒绝接受该行李的运输。

3. 行李收运要求

旅客必须凭有效客票托运行李。航空公司应在客票及其行李票上填写托运行李的件数和重量。航空公司一般是在航班离站当日办理乘机手续时收运行李。如旅客要求提前托运，可事先约定。航空公司应对旅客托运的每件行李应拴挂行李牌，并将行李牌识别联交给旅客。经航空公司同意的自理行李，在与托运行李合并计重并分别填入客票和拴挂自理行李牌后，交由旅客带入客舱自行照管。旅客托运有运输责任争议的行李，航空公司应经旅客书面同意，拴挂免除责任行李牌，以免除航空公司相应的运输责任。

4. 行李运载

旅客的托运行李，应与旅客同机运送，特殊情况下不能同机运送时，航空公司应向旅客说明，并优先安排在载量允许的后续航班上运送。旅客的逾重行李在飞机载量允许的情况下，应与旅客同机运送。如载量不允许，而旅客又拒绝使用后续可利用航班运送，航空公司可拒绝收运旅客的逾重行李。迟到旅客和候补旅客托运的行李，应尽可能与旅客同机运出，但如果影响航班正点起飞，其托运行李可在后续航班优先运出，但此类行李应拴挂免除责任行李牌。

（二）行李收运程序

（1）一般行李的收运。检查托运行李的包装是否符合要求，不符合要求的行李应请旅客加以改善。在收运行李时，要向旅客宣传办理行李声明价值的有关规定，是否办理声明价值，由旅客自己确定。托运行李称重后，将行李的件数和重量填写在客票相应位置，并输入电脑。如行李逾重，应收取逾重行李费，填逾重行李票。将托运的行李平置，拴挂行李牌，并撕下行李牌的识别联交给旅客作为领取行李的凭证；将行李牌的存根联撕下粘贴在乘机联背面，以备发生不正常行李运输时的查找工作。

（2）重要旅客托运的行李，应在行李上加挂 VIP 行李牌及"小心轻放"标识，并及时通知装卸部门。

十、行李的安全、退运和变更

（一）行李的安全

（1）所有旅客手提行李必须经过安全检查（国务院规定免检的除外）。拒绝接受安全检查的，不准登机，造成的损失旅客自负。对已经办理登机手续而未登机的旅客的行李，不得装入或者留在航空器内。旅客在航空器飞行中途终止旅行时，必须将其行李卸下。

（2）在任何时候保护旅客托运行李免于被偷窃是航空公司的责任，在航班运行的全过程，必须对交付运输的行李予以监管，这种监管应从旅客完成托运手续起至旅客领取托运行李止。行李、邮件必须经过安全检查合格，并挂有安检标志牌。托运行李应尽量装载在与旅客乘坐的同一班机上随机运至目的地。如关舱门时旅客人数不齐，而未到旅客有托运行李，值机人员应将该旅客滞留机上的行李搬离飞机后，方可放行飞机。行李、邮件的装卸及地面运输过程应安排监装监卸人员进行全过程监控。飞机不能按时起飞，旅客下机回隔离区候机时，贵重手提行李应随旅客带下飞机。货舱内的托运行李由监装监卸人员监管。过夜飞机存放的行李、邮件和货物应由监护人员监管。无人认领的行李、邮件和货物应归仓管理，如超过规定期限，航空公司可按照无法交付行李、邮件和货物的有关规定处理。旅客行李的监管应保证行李随旅客按期运达目的地，并且在旅客提取时，行李的包装、件数等情况与旅客交运时同公司约定的条件相一致。公司承运过程中发生行李遗失，如确定为公司责任应予以赔偿。旅客申报行李遗失，行李查询员应予以记录，并按行李遗失程序进行处理。确认该行李未运达目的地，行李查询员应与行李运输始发站运输服务部门交涉查询。非属公司责任也应协助旅客交涉相关事宜。

（二）行李的退运和变更

1. 行李的退运

旅客在始发站要求退运行李，须在行李装机前提出。如果旅客临时退票，则必须同时退还已托运的行李。以上均退还已收的行李运费。旅客在中途站要求退运，已收的行李运费不退。但如旅客因病退票或航空公司原因造成的旅客非自愿退票，则可以从已收取的行李运费中扣除已使用航段的行李运费后退还余额。退还行李运费时，收回原逾重行李费收据，另填退款单给旅客。旅客退运行李，其交付手续按规定办理。

2. 中途站提取行李的处理

航班在中途站过夜，旅客要求提取行李，可将行李交给旅客并收回旅客的行李领取联。旅客再交回行李时，则重新办理行李托运手续，行李重新称重，并重新拴挂行李牌。行李重新称重时，如重量有变动，须在有关的业务文件上作相应的变更；重量增加超过免费行李额或超过原付费重量时，补收该站至到达站的逾重行李费或原付费的差额部分；重量减少的，已付逾重费的差额不退。

3. 航班中断时对行李的处理

如果安排旅客改乘其他班机，行李的运输应随旅客作相应的变更，并可重新计算行李运费，多退少不补。如果旅客改乘地面运输工具，行李交还旅客，已收取行李运费的，退还未使用航段的运费。

4. 声明价值行李的处理

已办理声明价值的行李退运或变更时，已交的行李运费按行李退运和变更规定办理。已交声明价值附加费在始发站予以退还。在中途站不论是由于何种原因，一律不退还。在始发站退还声明价值附加费时，收回原收据，另填退款单交旅客。

延伸阅读：用智慧打动旅客

随着经济环境及旅客出行习惯的变化，民航旅客运输量一直保持着持续增长的态势。航空运输需求越来越大，机场变得越来越繁忙，仅仅从扩大硬件设施规模这一途径入手已经很难更好地解决问题，需要寻求另外的途径。另外，旅客对于出行体验的需求也较以往发生了一些变化，如何更好地满足旅客的出行需求也是航空运输服务需要重视的问题。综上，仅建设新跑道和候机楼已经不是一种解决目前面临问题的可持续的解决方案，并且空间限制也会导致可行性有限，采用新技术改变乘客出行方式才是正确的解决之道。国内外很多机场都开始了"智慧机场"的建设，以期通过"智慧机场"的实现提高机场的运行效率，提高旅客的出行体验。下面以大兴机场为例，来看一下"智慧机场"使用了哪些"黑科技"便捷旅客的出行。

（1）大兴机场随处可见智慧航显，旅客只需在航显屏前"刷脸"，不仅能自动识别到旅客预订的航班信息，还能显示旅客当前位置，指引旅客迅速找到最近登机口位置，极大提高旅客机场服务效率和体验。

（2）旅客在安检时，通过人脸识别即可完成无感身份识别、人包自动绑定。同时，旅客在安检时采集面部数据信息后，即可在登机口"刷脸"登机。

（3）大兴机场联合东航在全国率先推出出港行李可视化服务。旅客在办理值机手续时，可以通过航显屏看到行李后厅的托运行李分拣操作过程；旅客在完成自助值机和自助行李托运后，打开北京大兴机场APP，就能看到行李"走"到了哪里；旅客在提取行李时可通过行李转盘航显屏看到进港行李运输路线图及地服人员卸载行李实况。

（4）如果旅客想在航站楼内逛一逛但又担心误机，还可以预约登机提醒服务。

各种科学技术的应用，的确为旅客带来了不一样的出行。通过信息技术将服务延伸到旅客的身边，延伸到乘机的每个环节，"智慧机场""便捷出行"似乎已经是一种必然。

资料来源：《北京大兴国际机场正式投运 值机到登机"刷脸"走遍机场》，http://m.news.cctv.com/2019/09/25/ARTIWZ3jE2SsSGLKblOBoEhw190925.shtml，2019年9月25日。

第八章　民航货物运输流程及其优化

本章概要：本章主要介绍民航货物运输的业务环节、民航货物运输流程优化、包括贵重货物和活体动物等在内的特种货物运输的规定、民航货物运输中不正常情况的处理等。通过本章的学习，可以深入了解民航货物运输的流程及相关业务处理办法，同时培养基于流程优化方法提升运输效率的思维。

第一节　民航货物运输业务环节

民航货物运输业务流程指的是为了满足生产经营的需要，从托运人发货开始到收货人收货结束的全过程，即航空公司为货主或货运代理人实现货物从托运人到收货人手中的全部过程。一般来说，民航货物运输流程主要包括三大环节：货物出港过程、空中飞行过程以及货物进港过程。考虑到民航货物运输市场中，托运人一般会委托航空货运代理人办理相关业务，因此，可将运输流程进一步细分为四个环节：航空货物出港运输代理业务、航空货物出港航空公司业务、航空货物进港航空公司业务、航空货物进港运输代理业务。下面以国际货物为例，详细介绍民航货物运输业务环节。

一、航空货物出港运输代理业务

（一）销售、揽货

销售和揽货是民航货物运输流程中的第一环节，代理人面向运输市场的货主、生产企业等进行航空公司舱位的销售。这个环节是保证航空公司的舱位能够充分利用。

（二）接受委托

货运代理公司与发货人达成运输事宜意向后，向发货人提供中国民航的"国际货物托运书"。发货人应自己填写托运书，并加盖公章。托运书将作为货主委托代理公司办理出口货物运输的依据，也是填货运单的依据，同时，托运书也是代理公司进行相关费用结算的依据。航空货运代理公司根据委托书要求办理出口等相关手续。

（三）审核单证

代理人应对托运人的相关单证进行审核，单证主要包括：发票、装箱单；托运书；报关单；外汇核销单；许可证；商检证；进料/来料加工核销本；索赔退修协议；到付保函；关封等。代理人应根据各项单证的具体要求进行单证内容及形式的逐一审核。

（四）预配舱

结合航空公司航线、舱位、不同航班对货物的要求以及揽货情况，针对每条航线、每个航班进行预配舱，每单货物要产生运单号。

（五）预订舱

预订舱，就是向航空公司申请运输并预订舱位的行为。预订舱的过程为：代理人根据制订的预配舱方案，向航空公司提交包括航班、日期、运单号、货物名称、件数、重量、体积、包装种类、目的港、要求的运输时间等信息在内的预订舱请求，向航空公司预订舱位，待航空公司确认后将预订信息输入系统。

（六）接单

航空公司确认舱位后，代理人应接收发货人提交的货物出口所需的一切单证，包括报关单、核销单、报关委托书、配额、产证、出口许可证等文件，为报关做好准备。接单后，代理人一定要将系统中的收货记录与相关凭证进行——核对，保证货物与单证相符，这是确保顺利出口的必要步骤。

（七）制单

制单，就是由制单员根据"货物托运书"填航空货运单的过程，其中，货物托运书包括总运单和分运单。

在航空货运单上，除了托运书的内容之外，还包括航班号、日期、运单号、运价类别、运费等内容。对于有特殊要求的货物，包括鲜活易腐货物、危险品等，应在货运单中的"Handling Information"（储运注意事项）栏目中注明。按体积重量计算运费的货物，货运单上货物品名一栏中须注明体积、尺寸。

（八）接货

接货，是指货运代理公司与货主进行货物的交接，并将货物运送到自己的仓库或海关监管仓库的过程。接货一般与接单同时进行。待运货物到达后，代理人应对货物进行称重、测量体积，确定计费重量，并在托运书上进行签名确认。同时，清点货物，核对货物的数量、品名、合同号等信息是否与货运单所列内容一致；检查货物外包装是否符合航空运输要求。然后，代理人与发货人办理交接手续。最后，货物进入代理公司或航空公司或机场货运站的海关监管仓库。

（九）标记和标签

在货物外包装上贴挂和书写运输标志、运输标贴和运输标签。标记或标签一定要准确填写，保证在运输过程中不发生差错事故。

（十）配舱

此时，需要运输的货物已经入库，代理人根据货物的实际情况以及各航班机型对货物运载的要求进行配载。因为有可能出现货物未能顺利通关等情况，在最终运输前，代理人还需要对配舱进行调整。因此，该过程将一直延续到货物交给航空公司才能得以结束。

（十一）订舱

订舱，就是将所接收货物向航空公司正式提出运输申请并订妥舱位。订舱时要充分考虑发货人的要求和货物的特点。代理人在订舱时需要将货物的相关信息告知给航空公司，包括货物的名称、货物的体积（必要时提供单件尺寸）、货物的重量、货物的件数、目的地、要求到达时间、其他运输要求等（如温度、装卸要求、货物到达目的地时限等）。

对于航空公司来说，在安排航班和舱位时，一般遵循以下原则：保证有固定舱位配额的货物；保证邮件、快件舱位；优先预定运价较高的货物舱位；保留一定的零散货物舱位；未订舱的货物按交运时间的先后顺序安排舱位。

（十二）出口检验、报关

出口检验是根据出口商品的种类和性质，按照进、出口国家的有关规定，对其进行商品检验、卫生检验、动植物检验等。报关是指发货人或代理人在发运货物之前，向出境地海关办理出口手续的过程。因国家鼓励出口，出口报关要较进口报关简单，报关的环节也比较少。出口货物应在装货前24小时向海关申报。海关已放行的货物一般在登机24小时以前必须运到机场货站，在货站的监管舱等候登机。

（十三）编制出仓单

配舱方案制订后就可编制出仓单。出仓单应包括承运航班的日期、装载板箱形式及数量、货物进仓顺序编号、总运单号、件数、重量、体积、目的港三字代码和备注等信息。

（十四）提板箱

代理人向航空公司订妥舱位后，航空公司的吨控部门根据货物的实际情况发放"航空集装箱、板"凭证，代理公司凭此向航空公司箱板管理部门领取相应的集装板、集装箱，并办理相应的手续。

（十五）货物装箱装板

货运代理公司将两立方以下货物作为小货交与航空公司拼装，大于两立方的大宗货集中托运拼装，一般均由货运代理自己装板、装箱。

（十六）签单

货运单在盖好海关放行章后还要到航空公司签单。该环节的主要目的是审核运价使用是否正确以及货物的性质是否适合空运等。一般来说，只有签单确认后才允许将单、货交给航空公司。

（十七）交接发运

交接，就是向航空公司交单交货，由航空公司安排航空运输。交单，就是将随机单据和应由承运人留存的单据交给航空公司。交货，即把与单据相符的货物交给航空公司。交货之前必须粘贴或拴挂货物标签，清点和核对货物，填制货物交接清单。大宗货、集中托运货，以整板、整箱称重交接。零散小货按票称重，计件交接。航空公司审单验货后，在交接清单上验收，将货物存入出口仓库，单据交吨控部门，以备配舱。

（十八）航班跟踪

单、货交接给航空公司后，货运代理公司须对航班、货物进行跟踪。需要联程中转的货物，在货物出运后，要求航空公司提供二、三程航班中转信息，并及时将上述信息反馈给托运人，如果遇到不正常情况，代理人应及时处理。

（十九）信息服务

货运代理公司应及时将相关信息反馈给托运人，包括是否订舱成功、单证审核情况、报关情况、交运称重信息、运费计算标准、航班号、日期等。同时，代理人在发运出口货物后，应将发货人留存的单据交付或寄送发货人。

（二十）费用结算

费用结算主要涉及发货人、承运人和国外代理人三方面的结算。与发货人结算费用，即向发货人收取航空运费（在运费预付的情况下），同时收取地面操作费以及各种服务费和手续费；与承运人结算费用，就是向承运人支付航空运费，同时向其收取代理佣金；与国外代理结算，主要涉及付运费和手续费。

二、航空货物出港航空公司业务

（一）货物交接

货物交接是指代理人向航空公司交单交货，由航空公司安排航空运输，具体包括航空公司或其地面代理预审订舱单、整理单据及进行货物入库。

货物订舱单由吨控室开具，该单据是配载人员进行配载工作的依据，工作人员会根据航班可用业载情况、旅客人数情况、舱位利用情况等，初步了解飞机重心后进行配载，航空公司对订舱单进行认真审核。同时，航空公司将要求代理人将随机单据和应由承运人留存的单据交给航空公司。另外，代理人将与单据相符的货物交给航空公司。交货前必须粘贴或拴挂货物标签，清点和核对货物，填制货物交接清单。最后，将货物的相关信息输入系统，并将货物码放在货架上。

（二）货物仓储

货物仓储工作大致有出入库货物交接、登记装配、储存、清仓等，必须按严格的货物仓储方案进行航空货物的存放与保管,以备高效地进入组装及配载流程。

(三) 货物组装

根据货物组装的原则、机型以及航空公司的要求对货物进行装箱打板。一般来说,货物组装的基本原则有:货物如属于易碎物品,在装箱之前必须妥善包装;大件货物和重货放在下面,小件货物和轻货放在上面;货物的底面为金属材料时,应加垫板以防止货物在集装板上滑动;货物应装得紧凑一些,缝隙越小越好;如果集装箱内货物未装满2/3,要将货物固定;货物装板时,应码放整齐;组货时应将货品和货物固定好。

(四) 货物配载

货物配载是货物运输过程中一项非常重要的工作,直接关系到货物运输的正常进行和经济效益的提高。航空公司的货运配载人员,在实际工作中真正体现"保证重点,照顾一般,合理运输"的原则,以提高航空公司的货物运输能力。

根据货物的性质,承运人一般按下列顺序发运:抢险、救灾、急救、外交信袋和政府指定急运的托运物资;报纸、新闻稿件、纸型、政治宣传品、AOG(aircraft on ground,飞机停在地面)航材;始发邮件;指定航班、日期和按急件收运的货物;有时限、贵重和零星小件物品;漏装、错装、前班落下的货物;联程中转货物,分批发运货;按货物运价的高低安排发运;相同运价的货物按收运的先后顺序安排发运。

(五) 制作单据

货物的出港操作,重点是制作平衡交接单、货邮舱单及货物转港舱单。配载工作全部完成后,制作平衡交接单。平衡交接单中须注明航班、日期、机型、起飞时间、板箱号、重量、总板箱号、总重量等信息。货邮舱单主要反映飞机所装载货物、邮件的情况,是每一航班总申报单的附件之一,也是向出境国、入境国海关申报飞机上所装载货物、邮件情况的重要文件,还是承运人之间结算运费的依据之一。货物转港舱单则由交运承运人填写,该舱单是承运人之间交接货物、文件的重要运输凭证,也是承运人之间结算航空运费的重要依据之一。

(六) 货物出仓

货物的出仓指的是将准备发运的货物从仓库内取出,并根据具体的装载要求组装集装器的过程。配载人员在出仓前应对已填制的货邮舱单的内容进行审核,做到货运单与货邮舱单相符合,货邮舱单与出港货物相符合,货运单与货物相符合。在货物的出仓操作时可注意以下几点:根据货邮舱单上列明的货运单号码、件数、重量逐件逐批出仓;认真核对出仓的件数、重量;核对每个集装板上、集装箱内、托盘上的货物重量,并填列在外包装的挂牌上;配载人员应尽快将审核无误的货邮舱单交货物出仓人员进行出仓,货物出仓不应晚于航班预计起飞时间前2~3小时开始;出仓的货邮,应按航班和到达地点及货舱号分别堆放,注意不要与未出仓的货邮混杂;包装不够完善或运输手续不齐全的货物,应修好包装、补齐手续才能出仓;出仓人员拿到舱单后应立即到货场,仔细按照舱单所列运单号码逐票寻找货物，并根据配载要求分别装车（平板车）、集装板或集装箱；出仓人员应在规定的时限内将货物组装情况及时反馈给该航班的配载人员，告知组装板箱的板箱号及出仓中遇到的货物的不正常情况。

三、航空货物进港航空公司业务

（一）进港航班预报

根据当日的航班进港预报，填写航班预报本，包含的信息主要有航班号、机号、预计到达时间等。同时，为了业务开展便利，航空公司在每个航班到达之前，可以从查询部门拿取航班货物舱单（flight freight manifest，FFM）、集装箱板电报（container and pallet distribution message，CPM）、载重信息（loadmessage，LDM）、特种货物（special cargo，SPC）等电报，提前了解到达航班的货物及装机情况，做好接机准备，尤其是如有需要特殊处理的货物，应提前做好准备。

（二）办理货物海关监管

有关人员将货运单送到海关办公室，由海关人员在货运单上加盖海关监管章。

（三）分单业务

在每份货运单的正本上加盖或书写到达航班的航班号和日期；审核货运单，注意运单上所列目的港的代理公司、品名和运输保管注意事项。

（四）核对运单和舱单

航空公司进行运单及舱单的核对工作，如果舱单上有分批货，则应把分批货的总件数标在运单号之后，并注明分批标志；如果舱单上有特种货物、联程货物，应将这些货物圈出；根据分单情况，在整理出的舱单上标明每票运单的去向，核对运单份数与舱单份数是否一致。

（五）打印交接单

将包括航班号、日期、运单号、数量、重量、特种货物、代理商、分批货、不正常现象等在内的相关信息输入系统，打印出国际进口货物航班交接单。

（六）交接

将中转货物和中转运单、舱单交给出港操作部门；邮件和邮件路单交邮局。

四、航空货物进港运输代理业务

（一）代理预报

在发货之前，始发地代理公司将运单、航班、件数、重量、品名、实际收货人及其他地址、联系电话等内容通过传真或 E-mail 等方式发给目的地代理公司,这一过程被称为预报。预报的目的是使目的地代理公司做好接货前的准备工作。

(二) 交接单、货

货物到达后,与货物相关的单据,包括运单、发票、装箱单等,也将随飞机到达目的地。卸下货物后,货物会存入航空公司或机场的监管仓库。航空公司的地面代理与代理公司交接内容有:国际货物交接清单;总运单、随机文件;货物。在交接的时候要注意:单、单核对,即交接清单与总运单核对;单、货核对,即交接清单与货物核对。若存在有单无货或有货无单的情况,应在交接清单上注明,以便航空公司组织查询并通知入境地海关。如果在交接的时候发现货物短缺、破损或其他异常情况,应向航空公司等索要商务事故记录,作为实际收货人交涉索赔事宜的依据。

(三) 理货与仓储

代理人与航空公司交接货后,可将货物运进自己的监管仓库,并进行理货、仓储。

理货是指逐一核对每票件数,并再次检查货物破损情况,如果有异常,并属于接货时未发现的问题,可向航空公司提出交涉。仓储时对于不同类型的货物尽量做到分别堆存,如大货、小货;重货、轻货;单票货、混载货;危险品、贵重品;冷冻、冷藏品等。鉴于航空货物的贵重性、特殊性,仓储货物时一定要尽量满足货物的仓储要求,比如,货物不能置于露天,不能无垫托置于地上;纸箱、木箱均有叠高限制;生物制剂、化学试剂、针剂药品等部分特殊物品,有储存温度要求,要防止阳光暴晒;为防贵重品被盗,贵重品应设专库,由双人制约保管,防止出现被盗事故。

(四) 理单与到货通知

理单是指将集中托运的每票总运单项下的分运单分理出来,审核与到货情况是否一致,并将货物情况输入系统。代理人对总运单、分运单与随机单证、国外代理先期寄达的单证、国内货主预先交达的各类单证进行整理。单证齐全、符合报关条件的即转入制单、报关程序。

同时,为减少货主仓储费,避免海关滞报金,代理人应尽早、尽快、尽妥地通知货主到货情况,提请货主配齐有关单证,尽快报关。

(五) 制单、报关

制单指按海关要求,依据运单、发票、装箱单及证明货物合法进口的有关批准文件,制作"进口货物报关单"。进口报关是进口运输中关键的环节,报关程序中,还含有许多环节,大致可分为初审、审单、征税、验放四个主要环节。

初审是海关在总体上对报关单证做粗略的审查,审核报关单所填报的内容与原始单证是否相符,商品的归类编号是否正确,报关单的预录是否有误等,初审只是对报关单证作形式上的审核,不作实质性的审查。

审单是报关的中心环节,从形式上和内容上对报关单证进行全面的详细的审核,审核内容包括：报关单证是否齐全、准确；所报内容是否属实；有关的进口批文和证明是否有效；报关单所填报的货物名称、规格、型号、用途及金额与批准文件所批的是否一致；确定关税的征收与减免等。

征税是报关必不可少的一个重要内容，即根据报关单证所填报的货物名称、用途、规格、型号及构成材料等确定商品的归类编号及相应的税号和税率。

货物放行的前提是：单证齐全，税款和有关费用已经结清，报关未超过报关期限，实际货物与报关单证所列一致；放行的标志是正本上或货运代理经海关认可的分运单上加盖公章。放行货物的同时，将报关单据（报关单、运单、发票各份）及核销完的批文和证明全部留存海关。

按海关法规定，进口货物报关期限为自运输工具进境之日起 14 日内报关。超过这一期限报关的，由海关征收滞报金。滞报金每天的征收标准为货物到岸价格的万分之五。

海关对进出口货物实施开箱检验是经常性的工作，占到货票数的一定比例，为此货运代理公司必须配备一定人员、工具，协助海关、货主实施开箱检验工作。

（六）收费、发货

办完报关、报验等进口手续后，货主须凭盖有海关放行章、动植物报验章、卫生检疫报验章（进口药品须有药品检验合格章）的进口提货单到所属监管仓库付费提货。

仓库发货时，须检验提货单据上各类报关、报验章是否齐全，并登记提货人的单位、姓名、身份证号，以确保发货安全。保管员发货时，须再次检查货物外包装情况，遇有破损、短缺，应向货主做出交代。

货运代理公司仓库在发放货物前，一般先将费用收妥。收费内容有：到付运费及垫付佣金；单证、报关费；仓储费（含冷藏、冷冻、危险品、贵重品特殊仓储费）；装卸、铲车费；航空公司到港仓储费；海关预录入、动植检、卫检报验等代收代付费用；关税及垫付佣金。

（七）送货与转运

进口清关后，代理人可将货物直接运送至货主单位。转运业务主要指将进口清关后货物转运至内地的货运代理公司，运输方式主要为飞机、汽车、火车、水运、邮政。办理转运业务时，需由内地货运代理公司协助收回相关费用，同时口岸货代公司也应支付一定比例的代理佣金给内地代理公司。

另外，还有可能会有货物入境后不在入境地海关办理进口报关手续，而运往另一设关地点办理进口海关手续的货物。对于这种货物来说，在办理进口报关手续前，货物将一直处于海关监管之下，转关运输也称监管运输，即此运输过程置于海关监管之中。

对于国内货物来说，其进港、出港流程与国际货物较为相似，但是在业务环节上要相对简单，不用考虑报关、相关检验检疫等环节。

第二节 特种货物运输

特种货物包括贵重货物、活体动物、尸体、骨灰、危险物品、外交信袋、作为货物运输的行李和鲜活易腐货物等。由于运输特种货物操作难度大，容易出现问题，因此运输特种货物时，除执行一般运输规定外，还应严格遵守每一类特种货物的特殊规定。

一、贵重货物

（一）定义

凡交运的一批货物中含有下列物品中的一种或多种的，称为贵重货物。

（1）其声明价值毛重每千克超过（或等于）1000美元的任何物品。

（2）黄金（包括提炼或未提炼过的金锭）、混合金、金币以及各种形状的黄金制品。

（3）合法的银行钞票、有价证券、股票、旅行支票及邮票（从英国出发的货物应不包括新邮票）。

（4）钻石（包括工业钻石）、红宝石、蓝宝石、绿宝石、蛋白石、珍珠（包括养殖珍珠）以及镶有上述钻石、宝石、珍珠等的饰物。

（5）金、银、铂制作的饰物和手表。

（6）金、铂制品（不包括镀金、镀铂制品）。

（二）收运条件

在收运贵重货物时要特别注意下列要求。

1. 包装

贵重货物应用硬质木箱或铁箱包装，不得使用纸质包装物包装，必要时外包装上应用"井"字铁条加固，并使用铅封或火漆封志。

2. 标记与标签

贵重货物只能使用挂签。除识别标签和操作标签外，贵重货物不需要任何其他标签和额外粘贴物。货物的外包装上不可有任何对内装物做出提示的标记。

3. 文件

（1）货运单。货运单上应包括详细的托运人、另请通知人，以及收货人的名称、地址、联系电话；除在"Nature and Quantity of Goods"（货物的品名和数量）栏内填写真实的货物名称、准确净重和内装数量外，还应注明"Valuable Cargo"（贵重物品）字样；注明已订妥的各航段航班号和日期；贵重货物不可与其他货物作为一票货物运输。

（2）其他文件。其他文件的名称和操作要求在"Handling Information"栏内注明。

4. 订舱

优先使用直达航班。收运贵重货物前，必须订妥全程舱位，并符合有关承运人的运输条件。

5. 仓储

贵重货物应存放在贵重货物仓库内,并随时记录出库、入库情况。货物交接时必须有书面凭证并由双方签字。保证始发站、中转站和目的站机场都设有贵重货物仓库。

6. 运输

运输贵重货物应尽量缩短货物在始发站、中转站和目的站机场的时间,避开周末或节假日交运。贵重货物在装机或装集装箱过程中,至少应有 3 人在场,其中 1 人必须是承运人的代表。对于装在集装箱内的贵重货物,装机站负责监护装机至飞机舱门关闭。航班离港后,装机站应立即用电话或电报通知卸机站,并做详细记录。卸机站接到通知,应安排专人监督卸机直至货物入库。中转站在接收中转的贵重货物时应进行重新称重。若发现包装破损或封志有异,应停止运输,征求始发站的处理意见。

二、活体动物

活体动物不同于其他货物,对环境的变化很敏感。由于活体动物种类繁多,各具特性,工作中容易出现各种各样的情况。为保证活体动物安全到达目的站,IATA 每年出版一期《活体动物规则》,规定运输活体动物的最低标准,其中包括有关活体动物运输的各项内容,如包装种类、操作和仓储标准等。

(一) 一般规定

收运活体动物应以 LAR 为依据,严格遵守各项规定。装卸活体动物时必须谨慎,以确保动物和有关工作人员的健康与安全。装卸活体动物时应避免污染其他货物。

(二) 收运条件

1. 基本条件

交运的动物必须健康状况良好,无传染病,并具有卫生检疫证明。托运人必须办妥海关手续,根据有关国家的规定,办妥进出口和过境许可证,以及目的地国家所要求的一切文件。

2. 包装

动物容器的尺寸应适合不同机型的舱门和货舱。容器的大小应适应动物的特性,并应为动物留有适当的活动余地,大型动物容器需满足使用机械工具进行装卸的要求。容器应坚固,防止动物破坏、逃逸和接触外界。

3. 文件

运输时需准备活体动物证明书、货运单和其他文件,如动物卫生检疫证明、有关国家的进出口许可证。

4. 标签和标记

容器上应清楚写明收货人的姓名和详细地址（与货运单上相同），容器上还应写明动物的习性和特性，有关特殊饲养的方法及应注意的事项。容器上应贴有下列标贴："活体动物"（LIVE ANIMAL）标贴；"不可倒置"（THIS SIDE UP）标贴；对危害人的有毒动物，应贴"有毒"（POISONOUS）标贴。

5. 仓储

根据动物习性，野生动物（包括哺乳动物和爬行动物）喜欢光线暗淡的环境，一般放置在安静阴凉处；家畜或鸟类一般放置在敞亮的地方。不可在高温、寒冷、降雨等恶劣天气时露天存放活体动物。装载活体动物的容器要与其他货物有一定的距离，以保证通风。互为天敌的动物、来自不同地区的动物不能一起存放。

6. 运输

必须在订妥全程舱位后方可收运。动物运输不办理运费到付。动物运输应尽量利用直达航班；如无直达航班，应尽量选择中转次数少的航班。只有部分机型的下货舱可以通风和控制温度，因此，动物装载在下货舱内运输时，应考虑不同的飞机所提供的运输条件。

三、鲜活易腐货物

（一）定义

鲜活易腐货物是指在一般运输条件下易死亡的动物或变质腐烂的货物，如虾、蟹类，花卉，水果，蔬菜，沙蚕、活赤贝、鲜鱼类，植物，蚕种，蛋种，乳制品，冰冻食品，药品，血清、疫苗、人体白蛋白、胎盘球蛋白等。此种货物一般要求在运输和保管中采取特别的措施，如冷藏、保温等，以保持其鲜活或不变质。

（二）收运条件

1. 证明

应出具必要的检验合格证明和卫生检疫证明，应符合到达站国家关于此种货物进口和过境的规定，应书面提出在运输中需要注意的事项及允许的最长运输时间。

2. 包装

必须有适合此种货物特性的包装。要注意避免在运输途中包装破损或有液体溢出而污损飞机或其他装载物。

3. 标签

除识别标签外，货物的外包装上还应拴挂"鲜活易腐"标签和"向上"标签。

4. 文件

应备好货运单及其他文件。在"Handling Information"栏内注明其他文件的名称和注意事项，并将装有各种卫生检疫证明的信封订在货运单后面，随货运单寄出。

5. 仓储

为减少鲜活易腐货物在仓库存放的时间，托运人或收货人可直接到机场办理交运或提取手续。

6. 运输

承运前必须查阅 TACT 规则本中第七部分关于各个国家对鲜活易腐物品进出口、转口的运输规定，如机场能否提供冷库、清关的时间期限等，确定无误后方可承运。鲜活易腐货物应优先发运，尽可能利用直达航班。收运鲜活易腐品的数量取决于机型以及飞机所能提供的调温设备。须订妥舱位。鲜活易腐货物运达后，应由航空公司或其地面代理立即通知收货人来机场提取。承运前还应查阅 TACT 规则本中第八部分有关承运人对鲜活易腐品的承运规定。

四、危险物品

（一）定义

危险物品是指在航空运输中，可能危害人身健康、安全或对财产造成损害的物品或物质。

DGR 是根据《芝加哥公约》附件 18 和 ICAO 技术指南的内容所编制，每年 IATA 组织危险物品运输专家对 DGR 内容进行修改。DGR 依运输专用名称的顺序公布了各类危险物品的包装、标签、数量等方面的要求。

（二）分类

根据所具有的不同危险性，危险物品分为九类。其中有些类别又分为若干项。

第一类为爆炸品（explosives）。第二类为气体（gas）。第三类为易燃液体（flammable liquids）。如汽油、酒精、油漆、黏合剂等。第四类为易燃固体、自燃物质和遇水易燃物质。第五类为氧化剂和有机过氧化物（oxidizing substances and organic peroxide）。第六类为毒性和传染性物质（toxic and infections substances）。第七类为放射性物质（radioactive materials），如钴 60 等。第八类为腐蚀性物质（corrosive），如硫酸、汞、氢氧化钠等。第九类为杂项危险品类（miscellaneous dangerous goods），如干冰、磁性物质等。

（三）文件

1. 危险品申报单

托运人必须填写一式两份的危险品申报单，签字后，一份交始发站留存，另一份随货物运至目的站。申报单必须由托运人填写、签字，并对申报的所有内容负责。任何代理人都不可替代托运人签字。

2. 货运单

在"Handling Information"注明"Dangerous goods as per attached shipper's declaration"（附托运人声明中的危险物品）。

（四）运输

运输危险物品应遵循以下原则。

1. 预先检查原则

危险物品的包装件在装入集装器或装机之前，必须认真检查，确保包装件在完全符合要求的情况下才可继续作业。

2. 方向性原则

装有液体危险物品的包装件均按要求贴有"向上"标签（需要时还应标注"THIS SIDE UP"），在搬运、装卸、装集装板或集装箱以及装机的全过程中，必须按该标签的指向使包装件始终保持直立向上。

3. 轻拿轻放原则

在搬运或装卸危险物品包装件时，无论采用人工操作还是机械操作，都必须轻拿轻放，切忌磕、碰、摔、撞。

4. 固定货物、防止滑动原则

危险物品包装件装入飞机货舱后，装载人员应设法固定，防止其在飞机飞行中倾倒或翻滚，造成损坏。

第三节 不正常运输及其处理

一般情况下，货物可以根据托运人及承运人签署的约定到达目的地。但是，由于一些不可预料的原因，运输过程中有可能会出现货物破损、运输变更等情况。因此，如何正确有效地处理货物的不正常运输、掌握处理不正常运输的原则、方法和流程，对于提高货物运输服务质量至关重要。

一、货物破损

货物破损是指货物的外部或内部变形，造成货物的价值遭受损失或可能有损失，如破裂、损坏或短缺。

内损是指货物包装完好而内装货物受损，只有收货人提取后或交海关时才能发现。

在收运时发现货物破损，应拒绝收运。在出港操作时，如发现外包装破损，但内物未损坏，则应加固包装，继续运输；如果发生严重破损，同时内物损坏，应停止运输，通知发货人；在始发站发现以上情况，应向托运人征求处理意见。在进港操作时，如果发现货物破损，应填不正常运输记录，并拍发电报通知始发站。在交接中转货物时，如果发现货物出现轻微破损，应在备注栏内说明破损情况；如果出现严重破损，则可拒绝转运。

二、无法交付货物

货物到达目的地航站 14 天后，由于下列原因之一，即被视为无法交付货物：货运单所列地址无此收货人或收货人地址不详；收货人对提取货物通知不予答复；收货人拒绝提货或拒付应付的费用；出现了其他一些影响正常提货的问题。

货物到达目的站 60 日内仍无人提取，又未获始发站的任何处理意见，根据航空运输规定对该货物予以处置。

对于无人提取的货物通常发出无法交付货物通知单（notice of non-delivery，IRP）。IRP 应交给始发站的出票航空公司或其当地代理人，填开 IRP 的单位，出票承运人的财务部门应有副本。

三、变更运输

在托运人交运货物到收货人提取货物这段时间内，托运人可以对货运单上除声明价值和保险金额外的其他各项申请变更。根据变更的原因不同，货物运输变更可以分为自愿变更和非自愿变更。但无论哪种变更，都应该遵循以下基本原则：不得违反国家的法律法规，以及航空运输的有关规章制度；不得损害对方或他人的利益；对受损害一方给予公平补偿；双方应该遵守诚实信用原则。

（一）自愿变更

由托运人的原因造成的运输变更是自愿变更。

1. 自愿变更的范围

托运人有权申请做如下变更：货物发运前在始发站退运；在航班经过的任何一个经停站停运；由目的站退回始发站；变更收货人；变更目的地。

2. 自愿变更的手续

由托运人以书面形式向始发站提出申请，并同时出具个人有效证件和货运单托运人联。托运人负担因变更运输而产生的一切费用。

（二）非自愿变更

由天气原因、机械故障、货物积压、机场关闭、禁运等，或者承运人自身的原因而导致托运人要求变更已经预订妥当的航班、运输路线等，则为非自愿变更。

（三）航空货物运输变更的处理

1. 航空货物运输变更的运费处理办法

托运人在货物发运后，可以对货运单上除声明价值和保险金额外的其他各项做变动。托运人要求变更时，应出示货运单正本并保证支付由此产生的费用。托运人的要求，在收货人还未提货或还未要求索取货运单和货物，或者拒绝提货的前提下应予以满足。托运人的要求不应损害承运人及其他托运人的利益。当托运人的要求难以做到时应及时告知。

对于已经变更的运输，其运费的处理应采用以下办法处理：货物尚处于始发站而办理退运的，如果属于承运人的原因而退运的，退还全部运费。如果属于托运人要求退运的，退还全部运费时，应在已付运费中扣除已发生的费用（如地面运输费等）。承运人还可以收取退运手续费。货物在中途而办理停运的，应从已付运费内扣除已运输航段的航空运费和其他费用，多退少补。

2. 货运单及货物标记的处理

在货物运输发生变更后，有些货物需要结算退、补运费。一般来说，始发站应该收回货运单托运人联，并注明变更情况，然后送交财务部门。在某些情况下需要重新填制货运单，比如货物是在发运前变更目的站的，则始发站应重新填制货运单，原货运单作废。

3. 运费更改办法

在国际航空货物运输过程中，由于托运人的原因，或者由于承运人（或其代理人）原因，货运单上所列运费的具体数额或运费的付款方式出现差错或者需要更改的，应及时采取措施予以更正，具体办法如下。

托运人在办完托运手续后，如果要求将运费由预付更改为到付，或由到付更改为预付的，其处理方法有以下几种。如果货物尚未发运，则应该重新填开货运单，并视情况退回运费或补收运费。如果货物已经发运，可分以下几种情况进行处理：如果该票货物属于预订吨位，航空货运单上也已注明各承运人及航班日期，则应发电通知指定的承运人和目的站，要求在货运单上作相应的更改，并要求回复予以证实；如果该票货未预订吨位，货运单上也未注明承运人，则可直接电告货物目的站有关部门，要求在货运单上作相应的更改，并要求回复予以证实；如果该票货物已被收货人提取，则应将情况告托运人，不予办理更改手续。

承运人错收或错列付款方式的处理办法：在承运人（或其代理人）因自身工作失误而造成运费多收、少收或付款方式错写（运费到付错写运费预付或运费预付错写运费到付）的情况下，应该发电通知有关承运人和货物目的站的有关部门，要求在货运单上作相应的更改，并要求回复予以证实。

四、货物不正常运输的赔偿

（一）货物索赔的含义

货物索赔是托运人、收货人或其代理人对承运人在货物运输组织的全过程中，所造成的货物毁灭、破损、遗失、变质、污染、延误、内容短缺等，向承运人提出赔偿的要求。

（二）法律依据

在国际货运中，主要的法律依据是华沙体系中的《华沙公约》《海牙议定书》和 1999 年的《蒙特利尔公约》。在国内货物运输中，主要是《中华人民共和国民用航空法》《民用航空货物运输管理规定》。除了这两个法律条文外，还有以下同航空货运有关的法律和规定：《中华人民共和国民事诉讼法》《中华人民共和国民法典》《中华人民共和国进出口商品检验法》《中华人民共和国进出境动植物检疫法》《中华人民共和国野生动物保护法》《中华人民共和国消费者权益保护法》《中国民用航空总局令》《民用航空货物运输管理规定》等本国适用的有利于消费者的法律和法规。

（三）承运人责任及其限额

《华沙公约》第十八条规定："对于任何已登记的行李或货物因毁灭、遗失或损坏而产生的损失，如果造成这种损失的事故是发生在航空运输期间，承运人应负责任。"如承运人已确认货物发生灭失，或在货物应抵达的日期 7 天后仍未能抵达，则收货人有权向承运人行使运输合同所规定的权利。《华沙公约》第十九条规定："承运人对旅客、行李或货物在航空运输过程中因延误而造成的损失应负责任。"该公约规定，承运人对货物的灭失、损害或延误交货的责任，以货物毛重每千克 250 法郎为限。但对托运人在货物托运时已声明货物价值，并支付了声明价值附加运费的则不在此限内，除非承运人能证明托运人所申述的金额超出了交货时货物的实际价值。要说明的是，如果货物遭受损害、灭失或延误交货是由承运人雇员故意引起，则承运人无权引用公约中有关责任限额和免除承运人责任的免责条款。

（四）承运人免责

根据《华沙公约》的规定，空运承运人应对货物在空运期间所发生的货物灭失、损害或延误交货承担责任。空运期间是指货物交由承运人掌管的整个期间，如在机场外装载、交货、转运而引起的灭失、损害，除了相反的证据外，仍应视为在空运期间发生的损害，承运人应承担责任。承运人可引用公约中的免责条款要求免责，但不排除对货物应有的责任。

除外责任包括：承运人能证明货物的灭失或损害系受损人的过失引起或促成时，可免除承运人全部或部分责任；承运人能证明货物的灭失或损害是由工作疏忽或飞机操作上的疏忽和驾驶上的失误引起的，并能证明他和他的代理人已在一切方面采取了必要的措施以避免损失，承运人对此损失不负责任，但此项对旅客人身伤亡不适用；战争行为或者武装冲突等不可抗力造成；公共当局实施的与货物入境、出境或者过境有关的行为；

承运人能证明已经采取一切可合理要求的措施或者不可能采取此种措施的，承运人不对因延误引起的损失承担责任。

（五）托运人和收货人的权利与义务

托运人应对自己或者以其名义在航空货运单上所填关于货物的各项说明和声明的正确性负责，否则，托运人应对给承运人或者承运人对其负责的任何其他人造成的一切损失承担赔偿责任。

（六）索赔

1. 索赔人

托运人、收货人或其代理人及其获得权益转让书的人员均可作为索赔人。如承保货物的保险公司；受索赔人之托的律师；有关的其他单位集运货物的主托运人和主收货人。

2. 索赔地点

托运人、收货人或其代理人在货物的始发站、目的站或损失事故发生的中间站，可以书面的形式向承运人（第一承运人或最后承运人或当事承运人）或其代理人提出索赔要求。

3. 索赔对象

合同方承运人、目的站承运人或当事承运人或其代理人。

4. 索赔所需文件

承运人收到索赔申请后，要求索赔人提供下列文件：正式索赔函两份（收货人/发货人向代理公司、代理公司向航空公司）；货运单正本或副本；损失证明（货物商业发票、装箱清单和其他必要资料）；货物舱单（航空公司复印）；货物运输事故签证（货物损失的客观详细情况）；商检证明（货物损害后由商检等中介机构所做的鉴定报告）；不正常运输事故记录；来往电传等文件。

5. 索赔期限

货物损坏（包括短缺）属于明显可见的赔偿要求，收货人或有关当事人应从发现时起立即向承运人提出书面通知，并最迟延至收到货物之日起14天内提出书面通知，若规定期限内没有提出，则视为托运人放弃该项索赔。货物运输延误的赔偿要求，在货物交由收货人处置之日起21天内提出。货物毁灭或遗失的赔偿要求，应自填开货运单之日起120天之内提出。任何异议，均按上述规定期限，向承运人以书面形式提出。

6. 理赔

当航空地面代理人在卸货时发现货物破损，即由航空公司或航空公司地面代理人填写《货物运输事故签证》。同时，发现货物发生问题后，一定要按照《华沙公约》所规定的赔偿时限提出赔偿要求，需要向航空公司提出书面的索赔申请书。航空公司受理并接受索赔，同时审核所有的资料和文件。

> **延伸阅读："南宁智慧航空物流综合服务平台"国内货运电子运单上线**
>
> 2022年，"南宁智慧航空物流综合服务平台"（简称"南宁智慧物流平台"）推行国内货运电子运单服务，截至2022年8月，山东航空、四川航空、海南航空等12家航空公司的国内货运电子运单已在南宁机场货站上线。
>
> 据介绍，传统的航空货运依赖纸质文件，不仅消耗大量人力和物力，而且信息传递复杂、低效和烦琐，随着民航业的高速发展，货运流程无纸化已成为趋势，并在全国主要机场推行。
>
> 国内货运电子运单主要通过"南宁智慧物流平台"提供的数据接口，在南宁机场货站流转，不仅减少了纸张原材料的消耗，降低了运营成本，又有利于节能减排与环境保护，而且各航空公司的货运电子数据可通过电子运单，在"南宁智慧物流平台"中实现实时互通，最大限度消除重复数据的录入，避免关键信息被恶意篡改，有效降低数据冗余度，提升运输效率、提高服务水平。
>
> 下一步，将持续对接尚未在南宁机场货站启用国内货运电子运单的航空公司，同时加快技术创新、业态升级，推动国际货运电子运单的启用，不断促进南宁机场航空物流的数字化、信息化建设，实现货物集疏、保障能力、运行效率等物流链条的提质增效，持续助力"智慧机场""绿色机场"建设。
>
> 资料来源：《"南宁智慧航空物流综合服务平台"国内货运电子运单上线》，http://gx.cnr.cn/cnrgx/jingjishenghuo/20220825/t20220825_525986124.shtml，2022年8月25日。

第四节 民航货物运输流程优化

对于民航货物运输来说，整个过程环节较多，业务较为冗杂，如何提高货物运输效率是航空公司、货站以及货主等相关主体关心的内容，本节将针对航空货物运输流程，介绍流程优化的方法。

一、国内航空货物运输流程

国内航空货物运输业务是指利用国内出港航班的剩余业载，将航空货物运送到目的地机场的相关业务。货物运输成功的三个基本条件是信息的整合、货物的到达、文件的齐全，具体流程如图8-1所示。

二、国内航空货物运输业务流程节点优化

由于国内航空运输业务的入港流程比较简单，而出港流程相关的部门较多，工作流程多，流程效率问题比较明显，所以有必要对出港流程进行改进。

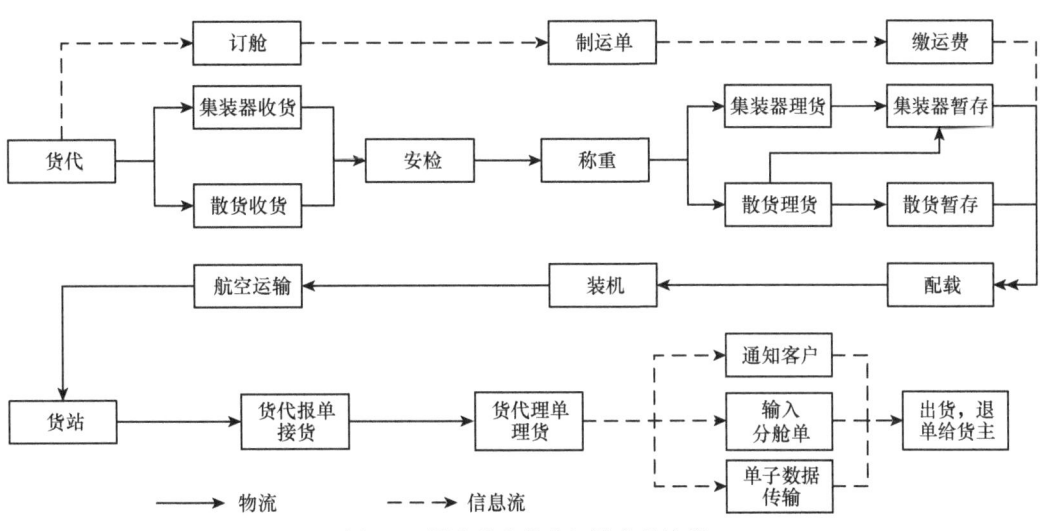

图 8-1 国内航空货物运输业务流程

(一) 国内航空货物运输业务流程 Petri 网建模

从图 8-1 中删去航空运输和进港部分,分离出国内航空货物运输出港业务流程,如图 8-2 所示。

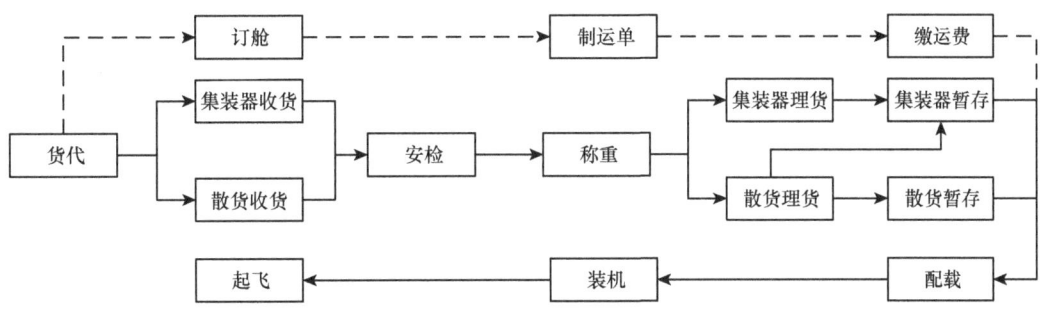

图 8-2 国内航空货物运输出港业务流程

根据国内航空货物运输出港业务流程,利用 Petri 网的"状态"和"事件"概念对整个工艺流程进行描述,具体见表 8-1。

表 8-1 国内航空货物运输货物出港流程 Petri 网描述

库所	意义	变迁	意义
p_1	货物	t_1	货物到达
p_2	集装器收货区	t_2	集装器收货
p_3	散货收货区	t_3	散货收货
p_4	集装器安检区	t_4	集装器安检
p_5	散货安检区	t_5	散货安检
p_6	地磅	t_6	集装器称重
p_7	地磅	t_7	散货称重
p_8	集装货暂存区	t_8	散货装箱

续表

库所	意义	变迁	意义
p_9	散货理货区	t_9	散货理货
p_{10}	散货暂存区	t_{10}	配载
p_{11}	空港交接区	t_{11}	运货
p_{12}	托运车	t_{12}	装机
p_{13}	客机坪		
p_{14}	货机坪		
p_{15}	飞机		

分析国内航空货物运输过程中的每一个空间位置用 Petri 网的库所表示，事件或操作用 Petri 网的变迁表示，变迁所对应的操作的前置条件是库所的输入，后置条件是库所的输出。根据以上思路，可以创建基于 Petri 网的国内航空货物运输出港业务流程模型，如图 8-3 所示。

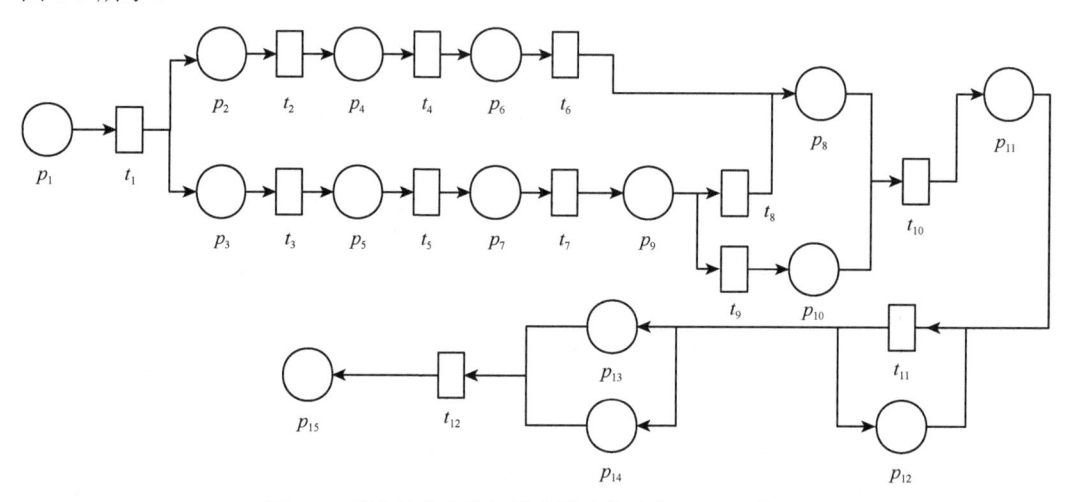

图 8-3 国内航空货物运输出港业务流程 Petri 网模型

（二）模型性能分析

1. 与随机 Petri 网同构的马尔可夫链

设连续随机变量 x_t（正实数）是变迁的可实施与实施之间的延时时间，且服从分布 $F_t(x) = P(x_t \leqslant x)$，如果将该分布函数定义为负指数分布，即 $F_t = 1 - e^{-\lambda_t x}$，（$\lambda_t > 0$，$x \geqslant 0$，$\lambda_t$ 是变迁 t 的平均实施速率），就可以将随机 Petri 网系统和马尔可夫链相联系。假设 SPN=（P，T；F，W，$M_0\lambda$）为连续时间随机 Petri 网，在初始标识下是可达的，那么 $\forall M_i \in [M_0]$（其中 $[M_0]$ 被称为网系统 SPN 的可达标识集），$\forall p_i, p_j \in P$，一定有：①SPN 是可达的，记可达标识集为 $R(M_0)$，$R(M_0)$ 可以看成 MC（马尔可夫链）的状态集，所以库所可以与 MC 的状态对应，库所状态的改变对应于 MC 的状态的改变，满足满射；②如果存在 $s_i \to s_j$ 的状态变换（符号 s 表示状态），那么马尔可夫链有 $M(s_i) \to M(s_j)$。

因此，随机 Petri 网的每一个可识别的状态对应于连续时间多个帧链的每一个状态，并且随机 Petri 网的接入图具有与多个帧链的状态空间相同的配置，同时根据随机 Petri 网的可达性标识图获得马尔可夫链的转移矩阵，且基于该矩阵计算马尔可夫链的每个状态的稳定概率，是进行系统性能分析的重要因素。根据图 8-3，获得与 Petri 网相同结构的马尔可夫链可达性标识，见表 8-2 和图 8-4。

表 8-2 模型的可达性标识

状态	p_1	p_2	p_3	p_4	p_5	p_6	p_7	p_8	p_9	p_{10}	p_{11}	p_{12}	p_{13}	p_{14}	p_{15}
M_0	1	—	—	—	—	—	—	—	—	—	—	—	—	—	—
M_1	—	1	1	—	—	—	—	—	—	—	—	—	—	—	—
M_2	—	—	—	1	1	—	—	—	—	—	—	—	—	—	—
M_3	—	—	—	—	—	1	1	—	—	—	—	—	—	—	—
M_4	—	—	—	—	—	—	—	1	1	—	—	—	—	—	—
M_5	—	—	—	—	—	—	—	1	—	1	—	—	—	—	—
M_6	—	—	—	—	—	—	—	—	—	—	1	—	—	—	—
M_7	—	—	—	—	—	—	—	—	—	—	—	1	—	—	—
M_8	—	—	—	—	—	—	—	—	—	—	—	—	1	1	—
M_9	—	—	—	—	—	—	—	—	—	—	—	—	—	—	1

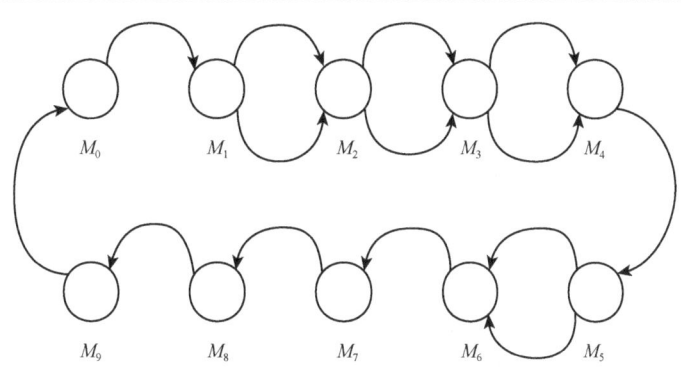

图 8-4 国内航空货物运输出港业务流程的马尔可夫链

2. 出港流程性能分析

表 8-3 是流程中各个变迁的平均实施速率，是经调查研究得来，单位为次数/小时，具体含义为一件货物经过某变迁，记为 1 次。

表 8-3 各变迁流程平均实施速率

变迁实施速率	次数/小时	变迁实施速率	次数/小时
λ_1	6.0	λ_7	5.0
λ_2	10.0	λ_8	1.5
λ_3	6.0	λ_9	1.2
λ_4	20.0	λ_{10}	10.0
λ_5	6.0	λ_{11}	5.0
λ_6	15.0	λ_{12}	2.0

设 $P' = (p_1, p_2, \cdots, p_n)$ 是各状态标识的稳定概率，转移矩阵为 Q：

$$Q = \begin{pmatrix} -\lambda_1 & \lambda_1 & & & & & & & & & & & \\ & -(\lambda_2+\lambda_3) & \lambda_2+\lambda_3 & & & & & & & & & & \\ & & -(\lambda_4+\lambda_5) & \lambda_4+\lambda_5 & & & & & & & & & \\ & & & -(\lambda_6+\lambda_7) & \lambda_6+\lambda_7 & & & & & & & & \\ & & & & -(\lambda_8+\lambda_9) & \lambda_8+\lambda_9 & & & & & & & \\ & & & & & -\lambda_{10} & \lambda_{10} & & & & & & \\ & & & & & & -\lambda_{11} & \lambda_{11} & & & & & \\ & & & & & & & -\lambda_{11} & \lambda_{11} & & & & \\ & & & & & & & & -\lambda_{12} & \lambda_{12} & & & \\ \lambda_{13} & & & & & & & & & -\lambda_{13} & & & \end{pmatrix}$$

由公式：

$$\begin{cases} PQ = 0 \\ \sum_{i=1}^{r} p_i = 1 \end{cases} \tag{8-1}$$

可以得出稳定概率：$P(M_0) = 0.0620$，$P(M_1) = 0.0233$，$P(M_2) = 0.0143$，$P(M_3) = 0.0186$，$P(M_4) = 0.1378$，$P(M_5) = 0.0372$，$P(M_6) = 0.0744$，$P(M_7) = 0.0744$，$P(M_8) = 0.1860$，$P(M_9) = 0.3720$。

业务流程的平均执行时间是指在稳定状态下，根据业务流程完整地遍历所有环节所需要的平均时间。业务流程的平均执行时间可以基于方程 $N = \lambda T$ 来计算，其中，N 是 Petri 网络系统处于稳定状态时整个系统内的平均令牌数，λ 为单位时间进入系统的令牌数量，T 是该系统的平均运行时间。

（1）库所忙碌的概率，即库所中存在令牌的概率：$P[(M(p_1)=1] = P(M_0) = 0.0620$；$P[(M(p_2)=1] = P(M_1) = 0.0233$；$P[(M(p_3)=1] = P(M_1) = 0.0233$；$P[(M(p_4)=1] = P(M_2) = 0.0143$；$P[(M(p_5)=1] = P(M_2) = 0.0143$；$P[(M(p_6)=1] = P(M_3) = 0.0186$；$P[(M(p_7)=1] = P(M_3) = 0.0186$；$P[(M(p_8)=1] = P(M_4) + P(M_5) = 0.1750$；$P[(M(p_9)=1] = P(M_4) = 0.1378$；$P[(M(p_{10})=1] = P(M_5) = 0.0372$；$P[(M(p_{11})=1] = P(M_6) = 0.0744$；$P[(M(p_{12})=1] = P(M_7) = 0.0744$；$P[(M(p_{13})=1] = P(M_8) = 0.1860$；$P[(M(p_{14})=1] = P(M_8) = 0.1860$；$P[(M(p_{15})=1] = P(M_9) = 0.3720$。

（2）系统中令牌的平均数为

$$N = \sum_{i=1}^{15} P[(M(p_i) = 1] = 1.4172$$

（3）单位时间进入系统中的令牌数为

$$\lambda = 6 \times P[M(p_1) = 1] = 0.372$$

(4)航空货物运输系统的平均延时时间 $T = \frac{N}{\lambda} = 3.8097$,时间 T 的大小反映了整个流程组织的运行效率。

(三)国内航空货物运输业务流程 Petri 网模型的优化

关于 Petri 网的优化方法,可采用关联矩阵重组优化分析方法和业务流程重组分析方法。

1. 关联矩阵重组优化分析方法

在 Petri 网中,相关矩阵有效地表达了库所与变迁之间的关系。列向量表示一个库所与其他变迁之间的关系,行向量表示一个变迁与所有库所之间的关系。根据行向量和列向量的"+1"和"−1"的数量,表示 Petri 网中的库所与库所、库所与变迁、变迁与变迁的选择关系、冲突关系、并发关系和同步关系。其中,并发关系不需要优化。

由图 8-2 可以得到航空货物运输货物出港 Petri 网模型的关联矩阵为

$$C = \begin{pmatrix} -1 & 1 & 1 & 0 & 0 & 0 & 0 & 0 & 0 & 0 & 0 & 0 & 0 & 0 \\ 0 & -1 & 0 & 1 & 0 & 0 & 0 & 0 & 0 & 0 & 0 & 0 & 0 & 0 \\ 0 & 0 & -1 & 0 & 1 & 0 & 0 & 0 & 0 & 0 & 0 & 0 & 0 & 0 \\ 0 & 0 & 0 & -1 & 0 & 1 & 0 & 0 & 0 & 0 & 0 & 0 & 0 & 0 \\ 0 & 0 & 0 & 0 & -1 & 0 & 1 & 0 & 0 & 0 & 0 & 0 & 0 & 0 \\ 0 & 0 & 0 & 0 & 0 & -1 & 0 & 1 & 0 & 0 & 0 & 0 & 0 & 0 \\ 0 & 0 & 0 & 0 & 0 & 0 & -1 & 0 & 1 & 0 & 0 & 0 & 0 & 0 \\ 0 & 0 & 0 & 0 & 0 & 0 & 0 & 1 & -1 & 0 & 0 & 0 & 0 & 0 \\ 0 & 0 & 0 & 0 & 0 & 0 & 0 & 0 & -1 & 1 & 0 & 0 & 0 & 0 \\ 0 & 0 & 0 & 0 & 0 & 0 & -1 & 0 & -1 & 1 & 0 & 0 & 0 & 0 \\ 0 & 0 & 0 & 0 & 0 & 0 & 0 & 0 & 0 & -1 & 0 & 1 & 0 & 0 \\ 0 & 0 & 0 & 0 & 0 & 0 & 0 & 0 & 0 & 0 & 0 & -1 & -1 & 1 \end{pmatrix}$$

(1)优化选择关系。当关联矩阵中的一列出现几个"+1"时,该库所可以通过多个变迁获得令牌,无论哪个变迁出发,都可以保证该库所获得的令牌。这意味着现存变迁数量存在闲置和浪费,应减少某些变迁,提升资源利用率。

(2)优化冲突关系。当关联矩阵中的一列出现几个"−1"时,意味着一个库所有多个输出变迁,但库所中令牌在一次系统运行过程中,只能触发其中一个变迁。这意味着资源的竞争。通过合并变迁,扩大节点的功能范围,满足程序的多种需求。这里 p_9 散货理货区,以它作为输入库所的两个变迁为散货装货和散货理货。实际操作中,因为某些货物在运输过程中,需要避免碰撞、挤压、倾倒等问题,将其装入集装器运输。为提升效率,可考虑货代送至货站时,就按装载需求分类,将准备装入集装器的和散货分开存放。

(3)优化同步关系。如果关联矩阵的某一行出现多个"−1",表示一个变迁拥有若干个输入库所,并且该变迁的触发需要所有输入库所的变迁流动。这就意味着每个小分支存在依赖关系,需要不断缩短各个流程之间的时间差来提高这个流程效率。在该模型

中 p_{13} 和 p_{14} 是同步关系，分别代表客机坪和货机坪，无须调整。

2. 业务流程重组分析方法

在最初的 Petri 网模型中，存在许多串行连接，譬如：$p_2 \rightarrow t_6$ 和 $p_3 \rightarrow t_9$。因此程序中的各个节点都要排队执行，后续部分要搁置很多时间，降低程序效率。基于业务流程重构的思想，将串行连接转换为并行连接是提高过程工作效率和减少消耗时间的有效方法。

结合以上两种思路，对原始 Petri 网模型结构调整，结果如图 8-5 所示。

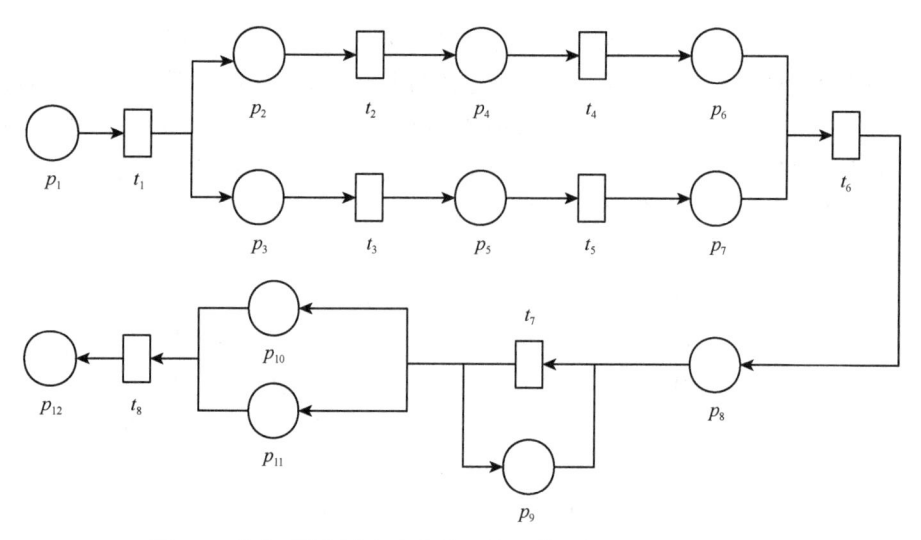

图 8-5　优化后的国内航空货物运输出港业务流程 Petri 网模型

其中，各项库所和变迁的含义见表 8-4。

表 8-4　优化后的国内航空货物运输货物出港流程 Petri 网描述

库所	意义	变迁	意义
p_1	货物	t_1	货物到达
p_2	集装器及需装箱的散货收货区	t_2	集装器及需装箱的散货收货
p_3	散货收货区	t_3	散货收货
p_4	集装器安检、称重区	t_4	集装器安检、称重、装箱
p_5	散货安检、称重、理货区	t_5	散货安检、称重、理货
p_6	集装货暂存区	t_6	配载
p_7	散货暂存区	t_7	运货
p_8	空港交接区	t_8	装机
p_9	托运车		
p_{10}	客机坪		
p_{11}	货机坪		
p_{12}	飞机		

三、优化后的模型性能分析

优化后的 Petri 网模型的同构 MC 见图 8-6。

表 8-5 为优化后的模型的可达性标识。

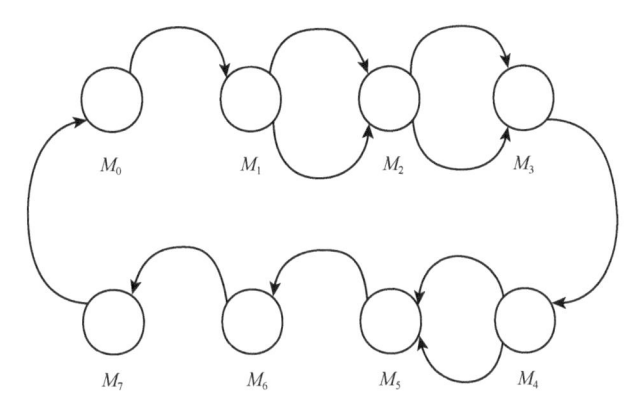

图 8-6 优化后的国内航空货物运输出港业务流程的马尔可夫链

表 8-5 优化后的模型的可达性标识

状态	p_1	p_2	p_3	p_4	p_5	p_6	p_7	p_8	p_9	p_{10}	p_{11}	p_{12}
M_0	1	—	—	—	—	—	—	—	—	—	—	—
M_1	—	1	1	—	—	—	—	—	—	—	—	—
M_2	—	—	—	1	1	—	—	—	—	—	—	—
M_3	—	—	—	—	—	1	1	—	—	—	—	—
M_4	—	—	—	—	—	—	—	1	—	—	—	—
M_5	—	—	—	—	—	—	—	—	1	—	—	—
M_6	—	—	—	—	—	—	—	—	—	1	1	—
M_7	—	—	—	—	—	—	—	—	—	—	—	1

表 8-6 为各变迁流程平均实施速率。

表 8-6 各变迁流程平均实施速率

变迁实施速率	次数/小时	变迁实施速率	次数/小时
λ_1	6	λ_5	6
λ_2	10	λ_6	10
λ_3	6	λ_7	5
λ_4	15	λ_8	2

新马尔可夫链的转移矩阵为

$$Q' = \begin{pmatrix} -\lambda_1 & \lambda_1 & & & & & & & \\ & -(\lambda_2+\lambda_3) & \lambda_2+\lambda_3 & & & & & & \\ & & -(\lambda_4+\lambda_5) & \lambda_4+\lambda_5 & & & & & \\ & & & -\lambda_6 & \lambda_6 & & & & \\ & & & & -\lambda_7 & \lambda_7 & & & \\ & & & & & -\lambda_7 & \lambda_7 & & \\ & & & & & & & -\lambda_8 & \lambda_8 \\ \lambda_9 & & & & & & & & -\lambda_9 \end{pmatrix}$$

由式（8-1）可以得出稳定概率：$P'(M_0) = 0.0726$，$P'(M_1) = 0.0272$，$P'(M_2) = 0.0290$，$P'(M_3) = 0.0436$，$P'(M_4) = 0.0871$，$P'(M_5) = 0.0871$，$P'(M_6) = 0.2178$，$P'(M_7) = 0.4356$。

（1）库所中繁忙的概率也就是库所中有一个令牌的概率为：$P'[(M(p'_1) = 1] = P'(M_0) = 0.0726$；$P'[(M(p'_2) = 1] = P'(M_1) = 0.0272$；$P'[(M(p'_3) = 1] = P'(M_1) = 0.0272$；$P'[(M(p'_4) = 1] = P'(M_2) = 0.0290$；$P'[(M(p'_5) = 1] = P'(M_2) = 0.0290$；$P'[(M(p'_6) = 1] = P'(M_3) = 0.0436$；$P'[(M(p'_7) = 1] = P'(M_3) = 0.0436$；$P'[(M(p'_8) = 1] = P'(M_4) = 0.0871$；$P'[(M(p'_9) = 1] = P'(M_5) = 0.0871$；$P'[(M(p'_{10}) = 1] = P'(M_6) = 0.2178$；$P'[(M(p'_{11}) = 1] = P'(M_6) = 0.2178$；$P'[(M(p'_{12}) = 1] = P'(M_7) = 0.4356$。

（2）系统中令牌的平均数为

$$N' = \sum_{i=1}^{12} P'[(M(p'_i) = 1] = 1.3176$$

（3）单位时间进入系统中的令牌数为

$$\lambda' = 6 \times P'[M(p'_1) = 1] = 0.4356$$

（4）航空货物运输系统的平均延时时间 $T' = \dfrac{N'}{\lambda'} = 3.0248$，时间 T 的大小反映了整个流程组织的运行效率。可计算出优化后的系统延时时间比原始快了 20.6%。

由于系统整体速度提升，随时间增加产生的风险也会大大降低。

第九章　飞机载重与平衡

本章概要： 本章主要介绍飞机载重与平衡。当航空公司已经销售了客票，收运了货物后，就需要使用航班将旅客、行李、货物和邮件运输到目的地，那么，确保航班不超载，且装载后飞机处于平衡状态显得尤为重要。本章内容包括飞机载重和平衡的意义及基本流程、飞机重心的确定方法、飞机载重与平衡工作的基本情况，以及客机腹舱装载优化方法。通过本章的学习，理解飞机载重与平衡的安全意义和经济意义，掌握飞机载重与平衡的基本流程及方法、常见机型的载重表和平衡图以及客机腹舱装载优化的思路和方法。

第一节　民用航空器最大业务载重量的计算

一、基本概念

（一）飞机最大起飞重量

飞机最大起飞重量（maximum takeoff weight，MTOW）指根据飞机的强度和适航要求，规定飞机滑跑并达到抬前轮速度时的重量极限，大气温度、机场标高、风向、风速、跑道情况、机场净空条件等因素将会影响飞机最大起飞重量的大小。

（二）飞机最大着陆重量

飞机最大着陆重量（maximum landing weight，MLDW）指根据飞机强度和适航要求规定，飞机着陆时的重量极限，受机场条件、场温、风速、风向，起落架结构强度等因素影响。

（三）飞机最大无油重量

根据飞机的结构强度和适航要求规定，飞机最大无油重量（maximum zero fuel weight，MZFW）是指除可用燃油之外的飞机重量极限。

（四）飞机的最大业务载重量

根据飞机性能及安全等因素的要求，飞机所装载的旅客、货物、行李和邮件等的重量不允许超过某一特定值，这个值称为最大业务载重量（maximum payload），简称"最大业载"。一架飞机的最大业载不是固定不变的。

（五）实际业务载重量（简称实际业载）

实际业载指飞机实际装载的旅客、行李、邮件、货物、集装设备、压舱物的重量总和。剩余业载简称"空载、余载"，是指飞机扣除了实际业载后，还能利用的业载重量。

（六）空机重量

空机重量指飞机本身的结构重量、动力装置重量、固定设备重量、油箱内不能利用或不能放出的燃油、散热器降温系统中液体重量等的总和。飞机的空机重量由飞机制造厂提供。

（七）基本重量

基本重量（basic weight，BW）指除业务载重和燃油重量之外，已基本作好飞行准备的飞机重量，包括空机重量及附加设备重量、空勤组及随身携带用品用具重量、服务设备及供应品重量、其他应计算在基重之内的重量。基本重量有时也被称为使用空重（operating empty weight，OEW）。飞机修正后的基本重量干使用重量（dry operating weight，DOW）指在基本重量上增减设备、服务用品、机组人数等重量后变动的基本重量。飞机修正后的基本重量有时也被称为修正后的使用空重。

（八）操作重量

操作重量（operating weight，OW）指除去业务载重量以外的已经做好飞行准备时飞机的重量，其数值为飞机修正后的基本重量与起飞油量之和。

（九）起飞油量

起飞油量（takeoff fuel，TOF）指飞机在跑道上离地时刻所须携带的油量。起飞油量包括航段耗油量和备用油量两部分，但不包括地面开车和滑出所用油量。

航段耗油量（trip fuel weight，TFW）是指飞机由始发站到目的站航段需要消耗的燃油量。航段耗油量是根据航段距离和飞机的平均地速以及飞机的平均小时耗油量确定的，计算公式如下：

$$航段耗油量 = \frac{航段距离}{飞机平均地速} \times 平均小时耗油量$$

飞行计划中航段耗油量考虑风向、风速、高度、航路等因素影响，因而是变值。

备用油量（reserve fuel weight，RFW）指飞机由目的站飞到其备降机场并在备降机场上空还可以盘旋 45 分钟所须耗用的油量。有时目的站因为某种原因不能让飞机降落，飞机需在其备降机场降落，因此执行航班任务的飞机都应携带备用油量。

备用油量的计算公式如下：

$$备用油量 = \left(\frac{目的站与其备降机距离}{飞机的平均地速} + \frac{45}{60} \right) \times 平均小时耗油量$$

由起飞油量的组成可知，起飞油量应按如下公式计算：

$$起飞油量 = 航段耗油量 + 备用油量$$

二、最大业载的计算

任何一种交通运输工具，由于自身结构强度、客货舱容积、运行条件及运行环境等原因，都必须有最大装载量的限制。飞机是在空中飞行的运输工具，要求其具有更高的可靠性和安全性以及更好的平衡状态，因此严格限制飞机的最大装载量具有重要的意义。

（一）计算飞机最大业载的意义

1. 确保飞行安全，杜绝超载飞行

超载飞行表现出的最主要问题有：需要较高的速度；需要较长的起飞跑道；减少了爬升速度；降低了最大爬升高度；缩短了航程；降低了巡航速度；降低了操纵灵活性；需要较高的落地速度；需要较长的落地滑行距离；影响飞机机翼、起落架结构，从而缩短飞机寿命；飞机发动机因推力不足而危及安全。这些降低了飞机效率的因素在某些情况下可能并不会有严重的影响，但如果出现机翼表面结冰或发生故障等情况时，就会造成极严重的后果。因此，实际的业载绝对不能超过本次航班的最大允许业载。

2. 充分利用飞机的装载能力，尽量减少空载

计算出飞机的最大允许业载和实际业载之后，即可明确航班的剩余业载，那么根据可装载情况尽可能多地转载旅客、行李、货物和邮件。此时，如果还有旅客要求乘坐本次航班或者还有可由本次航班运出的货物，则可适量接收旅客和货物，最大限度减少航班空载，提高航班客座利用率和载运率，从而提高经济效益。

（二）最大业载的计算方法

航班最大允许业载是指执行航班任务的飞机允许装载的旅客、行李、邮件、货物的最大重量。航班最大允许业载主要受飞机最大起飞重量、最大着陆重量、最大无油重量、起飞油量、航段耗油量、备用油量等影响。航班最大业载的求算，应保证飞机在起飞着陆和无油时都不超过其限制重量。同时需要考虑飞机最大业载限额，该限额是飞机出厂时最大允许的商务载重量。

方法一：主要根据飞机的起飞重量、落地重量和实际无油重量的实际值不应超过各自的最大数值。

修正后的基本重量+起飞油量+实际业载≤最大起飞重量

修正后的基本重量+备用油量+实际业载≤最大着陆重量

修正后的基本重量+实际业载≤最大无油重量

由上述三个不等式可以计算出三个最大业载：

最大业载①=最大起飞重量−修正后的基本重量−起飞油量

最大业载②=最大着陆重量−修正后的基本重量−备用油量

最大业载③=最大无油重量−修正后的基本重量

飞机实际可用的最大允许业载应为此三个最大业载的最小者，并且不应超过飞机的最大业载限额。因此应有

最大允许业载=min（最大业载①，最大业载②，最大业载③，最大业载限额）

例题 9-1 B-2544 号飞机（B737-500）执行航班任务，基本重量为 32 327 kgs，增加一名机组人员（按 80 kgs 计算）。起飞油量为 9800 kgs，航段耗油量为 5900 kgs。飞机的最大起飞重量为 60 554 kgs，最大着陆重量 49 895 kgs，最大无油重量 46 493 kgs。计算本次航班的最大业载。

$$修正后的基本重量=32\ 327+80=32\ 407（kgs）$$
$$备用油量=9800-5900=3900（kgs）$$
$$最大业载①=60\ 554-32\ 407-9800=18\ 347（kgs）$$
$$最大业载②=49\ 895-32\ 407-3900=13\ 588（kgs）$$
$$最大业载③=46\ 493-32\ 407=14\ 086（kgs）$$

本机型最大的业载限额为 15 780 kgs。因此，本次航班的最大允许业载为

$$\min（18\ 347,\ 13\ 588,\ 14\ 086,\ 15\ 780）=13\ 588（kgs）$$

方法二：由方法一公式可得

$$最大起飞重量=修正后的基本重量+起飞油量+最大业载①$$
$$最大着陆重量=修正后的基本重量+备用油量+最大业载②$$
$$最大无油重量=修正后的基本重量+最大业载③$$

在计算最大着陆重量公式的等号左右两端同时加航段耗油量，则有

$$最大着陆重量+航段耗油量=修正后的基本重量+起飞油量+最大业载②$$

在计算最大无油重量公式的等号左右两端同时加起飞油量，则有

$$最大无油重量+起飞油量=修正后的基本重量+起飞油量+最大业载③$$

套用最大起飞重量公式则得到：

$$最大起飞重量②=最大着陆重量+航段耗油量$$
$$最大起飞重量③=最大无油重量+起飞油量$$

由上述公式可知，最大业载①、②、③中的最小者，对应于最大起飞重量①、②、③中的最小值。因此可以先求出最大起飞重量①、②、③中的最小值，然后减去操作重量，其差值再与该机型的最大业载限额进行比较，其中最小者便为本次航班的最大业载。

在实际工作中多采用方法二。

例题 9-2 用方法二计算例题 9-1 中航班的最大业载重量。

$$最大起飞重量①=60\ 554（kgs）$$
$$最大起飞重量②=49\ 895+5900=55\ 795（kgs）$$
$$最大起飞重量③=46\ 493+9800=56\ 293（kgs）$$
$$操作重量=32\ 407+9800=42\ 207（kgs）$$

于是有

$$允许的起飞重量-操作重量=55\ 795-42\ 207=13\ 588（kgs）$$

本机型飞机最大业载限额为 15 780 kgs，由于 13 588＜15 780，因此本次航班的最大业载为 13 588 kgs。

第二节 多航段航班各航段可用业务载重量的分配

一、有关概念

（一）最大通程业载

最大通程业载指由各航班的始发站一直可以用到终点站的载量。

（二）固定配额

经由始发站及其他中途站商定，某中途站在每个航班中固定地装载一定数量吨位，1 吨位表示 1/100，即一个吨位为 100 kgs 载量。

（三）临时索让

在某次航班上，某中途站在其固定配额之外，要求多装载一部分业载和多销售一部分客票，需要向其他站临时索要一部分吨位。

（四）前方站和后方站

沿飞行方向确定前方站和后方站。

（五）近程吨位和远程吨位

从某站出发，有包含航段数少的吨位和包含航段多的吨位，其中包含航段数少的吨位称为近程吨位，包含航段数多的吨位称为远程吨位。

二、各航段业载的分配原则

（一）保证前方各中途站的固定配额和临时索让不被占用

所有后方站在配载时要保证不占用前方中途站的固定配额和临时索让，否则会出现以下情况：如果前方中途站仍然按照分配到的座位/吨位配载，将造成航班的吨位超载；前方中途站的业载中有一部分运不出去，造成该站业载积压，导致该站疏运困难；前方中途站卸下过站业载，装上由本站出发的业载，造成不正常运输情况的发生和难以查询卸下的过站业载的查询等。

（二）优先分配远程吨位

优先分配远程吨位，在配载时就可以尽量多地配运远程业载，这样就可以最大限度地减少后续航段的空载。

三、各航段业载分配的方法

分配各航段可用业载的方法有划线法和比较法两种。下面以划线法为例介绍各航段业载分配的方法。

（一）步骤

（1）写出各站基本情况。

（2）根据分配原则进行分配：预留固定配额和临时索让；求最大通程业载；分配剩余业载。

（3）分析归纳。

（二）例题

例题 9-3 某航线情况如下，分配各航段业载。

```
HRB————JIL————SHE————DLC
48/4460    48/4480    48/4320
48/4320    48/4320    48/4320
─────────────────────────────
0/140      0/160      0/0
0/140      0/140
0/0        0/20
           0/20
           0/0
```

各航段业载分配结果如下：

HRB—JIL	0/0	HRB—SHE	0/140
HRB—DLC	48/4320	JIL—SHE	0/20
JIL—DLC	0/0	SHE—DLC	0/0

分析如下。

从 HRB 站出发的已分配的座位/吨位为：0/0+0/140+48/4320=48/4460。

从 JIL 站出发的已分配的座位/吨位为：0/140+48/4320+0/20+0/0=48/4480。

从 SHE 站出发的已分配的座位/吨位为：48/4320+0/0+0/0=48/4320。

例题 9-4 某航线情况如下，SHE 和 TSN 站的固定配额分别为 6/600 与 4/400，分配各航段业载。

```
                6/600      4/400
CGQ————SHE————TSN————CGO
48/4400    48/3500    48/4300
           6/600      6/600
           42/2900    42/3700
                      4/400
                      38/3300
38/2900    38/2900    38/2900
─────────────────────────────
10/1500    4/0        0/400
4/0        4/0
─────────────────────────────
6/1500     0/0
```

```
6/1500            0/400
─────             ─────
0/0               0/0
```

各航段业载分配结果如下：

CGQ—SHE   6/1500   CGQ—TSN   4/0
CGQ—CGO   38/2900   SHE—CGO   6/600
TSN—CGO   4/400+0/400=4/800

分析如下。

从 CGQ 站出发时已分配的座位/吨位为：6/1500+4/0+38/2900=48/4400。

从 SHE 出发时已分配的座位/吨位为：4/0+38/2900+6/600=48/3500。

从 TSN 出发时已分配的座位/吨位为：38/2900+6/600+4/800=48/4300。

例题 9-5 某航线情况如下，WUH 站和 BJS 站的固定配额分别为 15/1500 与 10/1000，WUH 站和 BJS 站分别向 CAN 站索取 4/400 与 2/200 至 HET 站，分配各航段业载。

```
              +4/400      +2/200
              15/1500     10/1000
CAN─────────WUH─────────BJS─────────HET
87/7630       87/6280     87/7910
              19/1900     19/1900
              ───────     ───────
              68/4380     68/6010
                          12/1200
                          ───────
                          56/4810

56/4380       56/4380     56/4380
31/3250       12/0        0/430
12/0          12/0
─────         ─────
19/3250       0/0
19/3250                   0/430
─────                     ─────
0/0                       0/0
```

各航段业载分配结果如下：

CAN—WUH   19/3250   CAN—BJS   12/0
CAN—HET   56/4380   WUH—HET   19/1900
BJS—HET   12/1200+0/430=12/1630

分析如下。

从 CAN 站出发时已分配的座位/吨位为：19/3250+12/0+56/4380=87/7630。

从 WUH 站出发时已分配的座位/吨位为：12/0+56/4380+19/1900=87/6280。

从 BJS 站出发时已分配的座位/吨位为：56/4380+19/1900+12/1630=87/7910。

例题 9-6 某航线情况如下。SHE 站和 SHP 站的固定配额分别为 8/800 与 4/400，并且 SHP 站分别向 HRB 站和 SHE 站各索取 2/200 至 TAO，分配各航段业载。

```
                        +2/200
            −2/200      +2/200
            8/800       4/400
HRB─────────SHE─────────SHP─────────TAO
```

```
48/4100      48/4200     48/4300
             2/200       8/800
             ─────       ─────
             46/4000     40/3500
             6/600       6/600
             ─────       ─────
             40/3400     34/2900
34/2900      34/2900     34/2900
14/1200      6/500       0/0
6/500        6/500
─────        ─────
8/700        0/0
8/700
─────
0/0
```

各航段业载分配结果如下：

HRB—SHE　8/700　　　HRB—SHP　6/500
HRB—TAO　34/2900　　SHE—SHP　2/200
SHE—TAO　6/600　　　SHP—TAO　8/800

分析如下。

从 HRB 站出发时已分配的座位/吨位为：8/700+6/500+34/2900=48/4100。

从 SHE 站出发时已分配的座位/吨位为：6/500+34/2900+2/200+6/600=48/4200。

从 SHP 站出发时已分配的座位/吨位为：34/2900+6/600+8/800=48/4300。

例题 9-7　某航线情况如下。其中 B 站和 C 站的固定配额分别为 3/300 与 2/200，并且 B 站向 C 站索取 1/100 至 D 站，分配各航段业载。

```
                +1/100      -1/100
                3/300       2/200
A───────────B───────────C───────────D
48/2000     48/1900     48/2100
            4/400       4/400
            ─────       ─────
            44/1500     44/1700
                        1/100
                        ─────
                        43/1600
43/1500     43/1500     43/1500
5/500       1/0         0/100
1/0         1/0
─────       ─────
4/500       0/0
4/500                   0/100
─────                   ─────
0/0                     0/0
```

各航段业载分配结果如下：

A—B　4/500　　A—C　1/0
A—D　43/1500　B—D　4/400
C—D　1/200

分析如下。

从 A 站出发时已分配的座位/吨位为：4/500+1/0+43/1500=48/2000。

从 B 站出发时已分配的座位/吨位为：1/0+43/1500+4/400=49/1900。

从 C 站出发时已分配的座位/吨位为：43/1500+4/400+1/200=48/2100。

例题 9-8 某航线情况如下，SHE 和 TSN 站的固定配额分别为 6/600 和 4/400，CGQ 站收回 SHE 站的 2/200 固定配额，分配各航段业载。

```
                    −2/200
            6/600           4/400
CGQ—————SHE—————TSN—————CGO
48/4400     48/3500         48/4300
            4/400           4/400
            44/3100         44/3900
                            4/400
                            40/3500
40/3100     40/3100         40/3100
————————————————————————————————
8/1300      4/0             0/400
4/0         4/0
————————————————
4/1300      0/0
4/1300                      0/400
————————————————————————————————
0/0                         0/0
```

各航段业载分配结果如下：

CGQ—SHE　4/1300　　　　CGQ—TSN　4/0

CGQ—CGO　40/3100　　　　SHE—CGO　4/400

TSN—CGO　4/400+0/400=4/800

分析如下。

从 CGQ 站出发时已分配的座位/吨位为：4/1300+4/0+40/3100=48/4400。

从 SHE 出发时已分配的座位/吨位为：4/0+40/3100+4/400=48/3500。

从 TSN 出发时已分配的座位/吨位为：40/3100+4/400+4/800=48/4300。

第三节　实际业载配算

一、实际业载配算的含义

配载是指值机人员关闭柜台后，按照航班目前的重心位置，通过航班配载表有计划地将不同重量的货物装运到航班的不同位置，必要时调整尾翼的角度，确保航班每个航段的载量得到充分利用。航班各站根据飞机从本站出发时的可用业务载重配运由本站出发至其他站的旅客、行李、邮件和货物。

二、配算的步骤

配算工作一般分为预配和结算。

（一）预配

1. 预配的定义

预配是指在航班起飞前一段时间内根据飞机的可用业务载重、预计的旅客人数、预留的邮件和行李重量，对飞机所载货物进行配运的过程。

2. 预配的作用

一般来说，在飞机起飞时间前 30 分钟停止办理旅客乘机手续，此时才能获得旅客人数和行李重量等项目的准确情况。飞机起飞前需要做的工作较多，如果不进行预配而直接进行结算，使得配载工作在很匆忙的情况下进行，一方面可能不能按时完成所有工作，造成航班延误；另一方面可能造成配载错误，影响飞行安全。预配可以预先了解航班的剩余业载的大致情况，积极筹集客货，减少航班空载。因此，在飞机起飞前一段时间内进行预配，在停止办理乘机手续后，根据实际的旅客、行李、邮件的情况，在预配的基础上做一些调整，便可得到实际的配载情况和准确的飞机重心位置。这样就可以减少飞机起飞前的工作量，保证实际配载的正确性，避免配载原因而造成航班延误，影响飞机重心。

3. 预配的原则

预配时要注意留有余地，必须坚持"宁加勿拉"的原则，即宁可使飞机出现空载而再加装货物，勿使飞机出现超载而拉下货物。因此在预留旅客、行李和邮件的吨位时要适量，既要使实际的旅客、行李和邮件的重量不超过预留吨位，确保完成全部业载装载后飞机不超载，能够安排临时的紧急客货运输，又不造成飞机大量的空载。

4. 预配的步骤

（1）向调度部门了解航班号、飞机号、起飞油量与加油方式、机组人数、供应品等情况，据此求出本站的最大可用业载。

（2）向销售部门或从计算机订座系统了解航班的售票情况，了解旅客的人数和构成。

（3）预估行李、邮件的重量，并从最大可用业载中扣除旅客、行李和邮件的预留重量，求出可配货物数。在计算行李的预留重量时，成人和儿童的行李按照每件 15 kgs 计算；预留邮件重量则根据以往收运邮件的情况决定。

（4）通知货运部门配货。货运部门根据各航段可配货情况和实际有货的情况，决定各航段的货物配运，并把实际配货结果通知配载部门。

（5）配载部门根据实际配运货物情况对预配结果进行复核，决定是否加拉货物，并求出飞机预配时的重心位置。

（二）结算

进行预配时，旅客人数、行李和邮件重量都是预估值，只有在旅客办理完乘机手续后，才能得知实际准确的业载情况，因此预配的结果不是实际准确的结果，而是需要在办理完乘机手续后根据业载变动情况在预配的基础上进行适当调整，以得出飞机的实际装载情况和飞机的准确重心位置，这个过程称为结算。

当结算完成后，如果航班还有剩余座位和剩余吨位，则可以再出售一部分客票或加配一部分货物，以充分利用飞机的装载能力，减少空载，提高载运率，创造更大的运输效益。

三、配载的原则和规定

（1）按照负责运输、计划运输和合理运输原则，遵守规章制度，合理利用运输能力，符合飞机的载重平衡要求，保障运输工作顺利进行。

（2）对业务载重量的分配，应按照旅客、行李、紧急货物和转港货物、邮件、普通货物的顺序进行。普通货物按照先后顺序发运。

（3）选择正确路线，尽量选用直达航班，避免迂回和倒流。对特急货物，必须选择最迅速的运输路线，因此可以迂回和倒流。

（4）应利用远程吨位配运远程业载，避免吨位浪费。只有在必要或没有远程业载时，才能用远程吨位配运近程业载。

（5）除非没有近程业载，一般不用近程吨位装运远程业载，避免给前方站造成运输困难。

四、始发站的预配

始发站进行预配时，以本站至其他各站的可用业载为依据，根据各航段预计的旅客人数，预留出旅客、行李和邮件的重量，剩余部分即为本航段的可配货重量。为了防止行李、邮件留载不足而造成拉货情况以及解决临时发生的急货运输问题，有必要在最大通程业载中留出一定的备用吨位。始发站进行结算后，如果尚有空余吨位，应尽量加以利用，以减少空载。

始发站在进行配载时应注意以下几点。

（1）近程吨位的超载可以由远程吨位的空载抵消掉，而远程吨位的超载不能由近程吨位的空载抵消。

（2）最大通程业载不能超载。

（3）前方各中途站的固定配额和临时索取吨位不能被侵占。

（4）飞机起飞时的总业载不能超载。

例题 9-9 航线 CGO—TSN—SHE—CGQ，各站的可用业载分别为 48/3500、48/4700、48/4000，TSN 和 SHE 固定配额为 4/400 与 6/600。预配时了解到售票情况以及根据邮件收寄情况和以往收运情况如表 9-1 所示，办理完乘机手续后，实际业载情况如表 9-2

所示。

表 9-1 航线预留业载情况

航段	旅客人数	预留行李/kgs	预留邮件/kgs
CGO—TSN	2	30	20
CGO—SHE	8	120	50
CGO—CGQ	20	300	30

表 9-2 实际业载情况

航段	旅客人数	行李/kgs	邮件/kgs	货物/kgs
CGO—TSN	3	35	30	50
CGO—SHE	8	100	40	107
CGO—CGQ	22	310	50	40

根据以上情况进行预配和结算。

解 根据划线法分配各航段可用业载，结果如下。

CGO—TSN 4/0；CGO—SHE 6/500；CGO—CGQ 38/3000；TSN—SHE 0/800；TSN—CGQ 4/400；SHE—CGQ 6/600。根据预配时了解的情况进行预配，预配过程如表 9-3 所示。

表 9-3 CGO 站预配情况

航段	可用业载/kgs	旅客重量/kgs	行李重量/kgs	邮件重量/kgs	可配货重量/kgs	合计	备注
CGO—TSN	4/0	2/144	30	20	−194/0	2/194	−2/194
CGO—SHE	6/500	8/576	120	50	−246/0	8/746	2/246
CGO—CGQ	38/3000	20/1440	300	30	1230/790	20/2560	−18/−440
合计	48/3500	30/2160	450	100	790/790	30/3500	−18/0

可配货重量，计算方法为：可配货重量=可用业载−旅客重量−行李重量−邮件重量。当可配货重量的剩余吨位项出现负值时，说明该航班在配运旅客、行李和邮件后已经超载，因此没有吨位配运货物了，故可配货重量为 0。

当某航段没有可用业载或者可用业载少于实际业载时，该航段的实际业载应照样进行配运，出现的超载部分可由一个或几个更远程航段的空载抵消掉。

合计为配运的旅客、行李、邮件和货物的重量之和，结构为"旅客人数/业载重量"，因此合计=旅客重量+行李重量+邮件重量+可配货重量。

备注用于判断各航段超载情况，备注=合计−可用业载。因此，备注内的正值表示相应航段超载数量，负值表示相应航段空载数量。

计算出各航段的可配货重量后，通知货运部门进行配货。货运部门根据各航段的可配货重量及仓库现有货物情况进行选配货物。现在仓库库存情况为：CGO—TSN 45 kgs；CGO—SHE 107 kgs；CGO—CGQ 20 kgs。

货运部门选配货物后，把配货结果通知配载部门。配载部门根据实际配货情况，做出预配结果，如表 9-4 所示。

表 9-4　CGO 站的预配结果

航段	可用业载/kgs	旅客重量/kgs	行李重量/kgs	邮件重量/kgs	实配货重量/kgs	合计	备注
CGO—TSN	4/0	2/144	30	20	45	2/239	−2/239
CGO—SHE	6/500	8/576	120	50	107	8/853	2/353
CGO—CGQ	38/3000	20/1440	300	30	20	20/1790	−18/−1210
合计	48/3500	30/2160	450	100	172	30/2882	−18/−618

对表 9-4 的预配结果进行复核检查如下：

CGO————TSN————SHE————CGQ
−2/239
2/353　　　2/353
−18/−1210　−18/−1210　−18/−1210

CGO 站的情况：−2/239+2/353+（−18）/（−1210）=−18/−618。

这说明在 CGO 起飞时，飞机的座位/吨位都没有超载，符合总业载不能超载的要求。

TSN 站的情况：2/353+（−18）/（−1210）=−16/−857。

这说明在 TSN 按其分配到的可用业载装载时，且飞机在 TSN 起飞时，还有剩余吨位，所以 TSN 的固定配额没有被占用，符合要求。

SHE 站的情况：−18/−1210。

这说明在 TSN 按其分配到的可用业载装载时，且飞机在 SHE 起飞时，还有剩余吨位，所以 SHE 的固定配额没有被占用，符合要求。

由上述复核可知，预配结果可以通过。

办理完旅客乘机手续后在预配结果的基础上进行调整，得到结算结果如表 9-5 所示。

表 9-5　CGO 站的结算结果

航段	可用业载/kgs	旅客重量/kgs	行李重量/kgs	邮件重量/kgs	实配货重量/kgs	合计	备注
CGO—TSN	4/0	3/216	35	30	50	3/331	−1/331
CGO—SHE	6/500	8/576	100	40	107	8/823	2/323
CGO—CGQ	38/3000	22/1584	310	50	40	22/1984	−16/−1016
合计	48/3500	33/2376	445	120	197	33/3138	−15/−362

对结算结果进行复核：

CGO————TSN————SHE————CGQ
−1/331
2/323　　　2/323
−16/−1016　−16/−1016　−16/−1016

CGO 站的情况：−1/331+2/323+（−16）/（−1016）=−15/−362。

这说明在 CGO 起飞时，符合总业载不能超载的要求。

TSN 站的情况：2/323+（−16）/（−1016）=−14/−693。

这说明 TSN 的固定配额没有被占用，符合要求。
SHE 站的情况：-16/-1016。
这说明 SHE 的固定配额没有被占用，符合要求。
由上述复核可知，结算结果可以通过。
对三站的剩余业载再分配如下：

CGO	TSN	SHE	CGQ
15/362	14/693	16/1016	
14/362	14/362	14/362	
1/0	0/331	2/654	
1/0	0/331	0/331	
0/0	0/0	2/323	
		2/323	
		0/0	

可知 CGO—CGQ 航段还有 14/362 的剩余业载可以利用，因此如果还有旅客或货物可由本航班运出，则在保证航班不延误的前提下应给予安排。

第四节　飞机平衡及重心位置求算

一、飞机的平衡

飞机平衡指的是一架飞机的重心位置在合理的范围之内，它对飞机的稳定性、可控性以及飞行安全是极其重要的。一般来说，飞机的平衡有三种，分为俯仰平衡、横侧平衡和方向平衡。

俯仰平衡是指作用于飞机上的上仰力矩和下俯力矩彼此相等，使飞机既不上仰，也不下俯。影响飞机俯仰平衡的因素主要有旅客的座位安排方式和货物的装载位置及滚动情况、机上人员的走动、燃料的消耗、不稳定气流、起落架或副翼的伸展与收缩等。因此配载人员在安排旅客的座位时，除按照舱位等级与旅客所持客票的票价等级来安排之外，在对重心影响较小的舱位尽量多安排旅客，并且在飞机起降时请旅客不要在客舱内走动，以免影响飞机的俯仰平衡和旅客的安全；在安排货物时，对重心影响程度小的货舱尽量多装货物，并且对于散装货物来说，要固定牢靠，防止货物在货舱内滚动，影响俯仰平衡及造成货物损坏。

横侧平衡是指作用于飞机机身两侧的滚动力矩彼此相等，使飞机既不向左滚动，也不向右滚动。影响飞机的横侧平衡的因素主要有燃油的加装和利用方式、货物装载情况和滚动情况等。

方向平衡是指作用于飞机两侧的力形成的使飞机向左和向右偏转的力矩彼此相等，使飞机既不向左偏转，也不向右偏转。影响方向平衡的因素主要有发动机推力等。

二、飞机的安定性和操纵性

（一）平衡的相对性

飞机的平衡是动态的，载重平衡所计算的平衡状况是起飞前的平衡，而在飞行过程中，飞机总是通过不同的操作来保持实时的平衡。

（二）安定性和操纵性

1. 飞机的安定性

飞机的安定性是指飞机在飞行中受到各种因素的干扰而失去原有的俯仰平衡状态时，在干扰消失后，飞机能自动恢复平衡状态的性质。飞机的安定性使得飞机在失去俯仰平衡时，不需要总由驾驶员操纵驾驶杆便能自动恢复平衡，因此驾驶员不会过度疲劳。一般来说，飞机的重心位置越靠前，飞机的安定性越好。

2. 飞机的操纵性

飞机的操纵性是指驾驶员操纵驾驶杆而使飞机改变原来平衡状态的性能。保护飞机的操纵性的目的主要有两个方面：一是当飞机受到干扰而失去原来的俯仰平衡时，如果单靠飞机的安定性来恢复原来的平衡状态，需要较长的时间，而通过操纵杆改变升降舵与迎向风的角度，则能加速飞机恢复原来的俯仰平衡状态；二是当飞机起飞、降落和遇到紧急情况的时候，需要使飞机保持稳定的姿态，这时需要通过操纵杆改变原来的飞行姿态和俯仰平衡状态。一般来说，飞机的重心位置越靠后，飞机的操纵性越好。

飞机的安定性和飞机的操纵性各有重要的作用，因此要求飞机同时具有一定的安定性和一定的操纵性。又因为安定性和操纵性对飞机重心位置的要求正好相反，因此决定了飞机重心必须处于前后两个极限范围之内。如果重心位置过于靠前，则使飞机的操纵性差，当飞机起飞或者着陆时，驾驶员需要大幅度地拉推操纵杆，甚至拉推到底也不能使飞机取得起飞或者着陆所需姿态，此时就有可能危及飞行安全。另外如果重心过于靠前，当飞机着陆或在地面停放时可能会损坏前起落架或支撑结构。如果重心位置过于靠后，则使飞机的安定性较差，将导致飞机的俯仰不安定，驾驶员需要随时用操纵杆维持飞机的平衡状态，很难准确掌握操纵分量，使驾驶员容易疲劳，影响飞行安全。另外，不论重心位置偏前还是偏后，飞机都处于下俯或上仰的不平衡状态，因此为了保持俯仰平衡，飞机在巡航时都要额外地偏转升降舵，以减小阻力。在此情况下飞行，既减小了飞行速度，又增大了飞行成本。由此可见，飞机的重心位置与飞行安全和飞行成本都有直接关系，配载人员应充分认识到飞机重心位置的重要性，认真负责地做好飞机的载重平衡工作，使飞机的重心位置处于适当的范围之内。

三、飞机重心的定义及求算

（一）飞机的重心

飞机的各个部位都具有重力，所有重力的合力为整个飞机的重力，飞机重力的着力点为飞机的重心。飞机的重心是一个假设的点，假定飞机的全部重量都集中在这个点上并支撑起飞机，飞机就可以保持平衡。飞机作任何转动都是围绕飞机的重心进行的。

如果飞机的重心超出前面的极限范围，则使飞机的操纵性能过差，当飞机起飞或者着陆时，驾驶员需要大幅度地拉推操纵杆，甚至拉推到底也不能使飞机取得起飞或者着陆的姿态，就有可能危及飞行安全。此外，当飞机着陆或在地面停放时也可能会损坏前起落架或支撑结构。如果重心超出后面的极限范围，则使飞机的安定性过差，导致飞机的俯仰不安定，驾驶员需要随时用操纵杆来保持飞机的平衡状态，很难准确掌握操纵分量，使驾驶员容易疲劳，影响飞行安全。另外在起飞或着陆过程中难以稳定控制方向，而且落地时后起落架可能会损坏，飞机的尾部也可能触及地面。

飞机的重心位置取决于载量在飞机上的分布，除了在重心位置以外，飞机上任何部位的载重量发生变化，都会使飞机的重心发生移动，并且重心总是向载重量增大的方向移动。载重量对不同飞机重心的影响不一样，在实际工作中要根据执行航班飞机的重心具体变化规律来确保配载机飞行安全。

技术上我们引入平均空气动力弦（mean aerodynamic chord，MAC）概念，假想一个矩形机翼，其面积、空气动力和俯仰力矩等都与原机翼相同。该矩形机翼的翼弦与原机翼某处翼弦长度相等，则原机翼的这条翼弦即为平均空气动力弦。

飞机重心的表示方法：指飞机重心位置到平均空气动力弦前缘的距离占平均空气动力弦长度的百分比，以%MAC 来表示。

（二）飞机重心的求算方法

1. 代数法

代数法是飞机重心计算方法的基础。以重心到基准点的距离作为未知数 x，按照逐项计算力矩，最后求算重心位置的方法，叫代数法。在飞机的机身纵轴线上假设一个基准点，并确定力矩计算原则，如果飞机机头在左侧，机尾在右侧，那么如果重心在基准点左侧，则力臂值为负值，使得飞机低头；重心在基准点右侧，则力臂值为正值，使得飞机抬头。把飞机上装载的各项重量分别根据它们距离基准点的力臂长度，逐项算出装载力矩数。每架飞机的空机重量和空机重心位置飞机制造厂已提供，即可求出飞机的空机力矩，以空机力矩数为基础，加上装载力矩数，得出飞机装载后的总力矩。总力矩再除以总重量，得出飞机装载后的重心距离基准点的长度，即重心位置的所在。根据平均空气动力弦，将飞机重心位置换算成%MAC 值。代数法是计算飞机重心位置的基本方法。计算中基准点的改变不影响重心位置。但基准点的不确定，造成表示重心位置的数字千变万化。虽然其最终值%MAC 是一致的，但在实际操作中仍然非常不便。

例题 9-10 飞机长 NR，各项重量（单位 10^3 kgs）及其作用点位置如图 9-1 所示，其中物体 A 的重量为 1，到 N 点的距离为 4 m；物体 B 的重量为 2，到 A 点的距离为 3 m；物体 C 的重量为 5，到 B 的距离为 7 m；物体 D 的重量为 3，到 C 的距离为 8 m；物体 E 的重量为 7，到 D 的距离为 10 m。相对于 N 点，平均空气动力弦前缘和后缘位置分别为 18 m、23 m，分别以 N、E 为基准点计算%MAC。

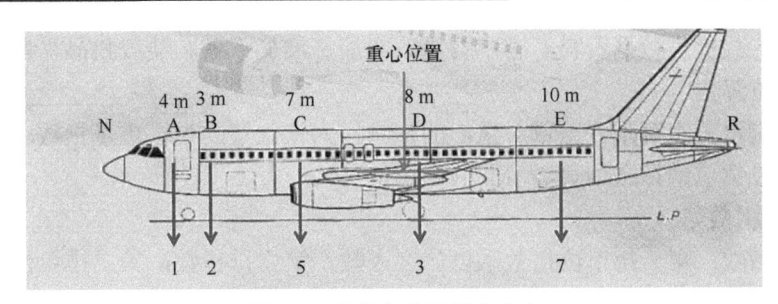

图 9-1 飞机物体重量和分布

（1）以 N 为基准点：

重心相对于 N 的距离=（1×4+2×7+5×14+3×22+7×32）/（1+2+5+3+7）=21（m）

$$\%MAC=（21-18）/（23-18）=0.6=60\%$$

（2）以 E 为基准点：

重心相对于 E 的距离=（0×7-10×3-18×5-25×2-28×1）/（1+2+5+3+7）=-11（m）

意味着重心在 E 点左侧 11 m 处，即距离 E 点为 11 m。因为 E 点到 N 点距离为 4+3+7+8+10=32（m），那么，重心到 N 点距离为 32-11=21（m），则

$$\%MAC=（21-18）/（23-18）=60\%$$

可以看出，基准点选择在 N 点和 E 点，%MAC 值是相等的。

2. 站位法

在采用代数法计算飞机重心位置的时候，基准点不固定，选择具有随机性。在采用站位法计算飞机重心位置的时候，固定选择飞机的零站位或平衡基准点座位求算飞机重心的基准点。飞机的平均空气动力弦长度是固定的，平均空气动力弦前缘到零站位或平衡基准点的距离也是固定的，因此可以得到重心到平均空气动力弦的距离，那么使用该距离与平均空气动力弦长度的比值来表示飞机重心。

例题 9-11 飞机长 NR，各项重量（单位 10^3 kgs）及其作用点位置如图 9-1 所示，其中物体 A 的重量为 1，到 N 点的距离为 4 m；物体 B 的重量为 2，到 A 点的距离为 3 m；物体 C 的重量为 5，到 B 点的距离为 7 m；物体 D 的重量为 3，到 C 点的距离为 8 m；物体 E 的重量为 7，到 D 点的距离为 10 m。假设 D 点为飞机的平衡基准点。相对于 N 点，平均空气动力弦前缘和后缘位置分别为 18 m、23 m，以平衡基准点为基准点计算%MAC。

以平衡基准点 D 为基准点，计算飞机的重心位置。

重心相对于 D 的距离=（0×3+7×10-15×2-8×5-18×1）/（1+2+5+3+7）=-1（m）

说明重心在 D 点左侧 1 m 处，即距离 D 点为 1 m。因为 D 点到 N 点距离为 4+3+7+8=22（m），那么，重心到 N 点距离为 22-1=21（m），则

$$\%MAC=（21-18）/（23-18）=60\%.$$

3. 指数法

飞机的实际指数是在飞机的空机指数基础上加上所有装载物的重量对重心指数的影响之和。飞机的空机指数已由制造商出厂时提供，飞机上每个位置对指数影响也由制造

商以力臂的形式提供数据资料。客户要更改布局、增加设备、装载物品，都可以用重量乘以所装位置算出。

每个固定位置上每千克重量对重心的影响作为该位置的单位重量指数。在空机重心位置前面的单位重量指数为负，后面的为正。

1）旅客指数

第一排指数：第一排单位指数乘以旅客人数；第二排指数：第二排单位指数乘以旅客人数。各排指数相加得到旅客指数。

2）货物、行李和邮件指数

前货舱第一区间 100 kgs 指数，该单位指数乘以该区间重量；前货舱第二区间 100 kgs 指数，该单位指数乘以该区间重量。各区间指数相加得到货物、行李和邮件指数。

最后利用%MAC 公式计算飞机的重心位置。

4. 图表法

图表法是在实际工作中，手工填写载重表（图 9-2）和平衡图（图 9-3）时，根据各种飞机相对应的手工载重表和平衡图的性质，通过旅客在飞机各个区域的人数分布对飞机重心指数的影响以及货物、邮件、行李在飞机上各舱装载量对飞机重心指数的影响，用图表形式表现出来，从而能够求出所要项目的指数和重量等有关数据。目前，大多数航空公司或者代理人采用离港系统生成相应的载重表和平衡图相关信息，涵盖了手工图表法的相关内容。

四、飞机配载平衡操作程序

飞机配载平衡业务涉及的飞机载重和平衡计算、飞机载重平衡操作流程如下：航班起飞前 30 分钟，与值机、配载室交接旅客人数、行李件数/重量、货邮件数/重量/舱位；根据旅客、货物、行李、邮件的分布，制作载重平衡图；读出重心位置相应指数；检查、复核、签字；送业务文件，载重平衡图交机组签字；发送业务函电；整理航班文件，登记数据。

航班起飞后 5 分钟内，拍发载重电报等相关业务函电；将出港载重电报、载重平衡图、货运装机通知单、旅客行李交接单、过站载重平衡图等相关航班文件装订存档，在航班客货载量记录中登记出港旅客人数、行李、货物、邮件数据。

当航班飞机不超载，但是飞机重心位置不符合飞机平衡的要求时，可以采取以下处理措施：①倒舱位。从重心偏出方的货舱内卸下适量货物、邮件或行李装入重心的另一方货舱内；②卸货。当货舱满载无法倒舱时，可从重心偏出的舱内卸下适量的货物、邮件或行李；③调换旅客座位。

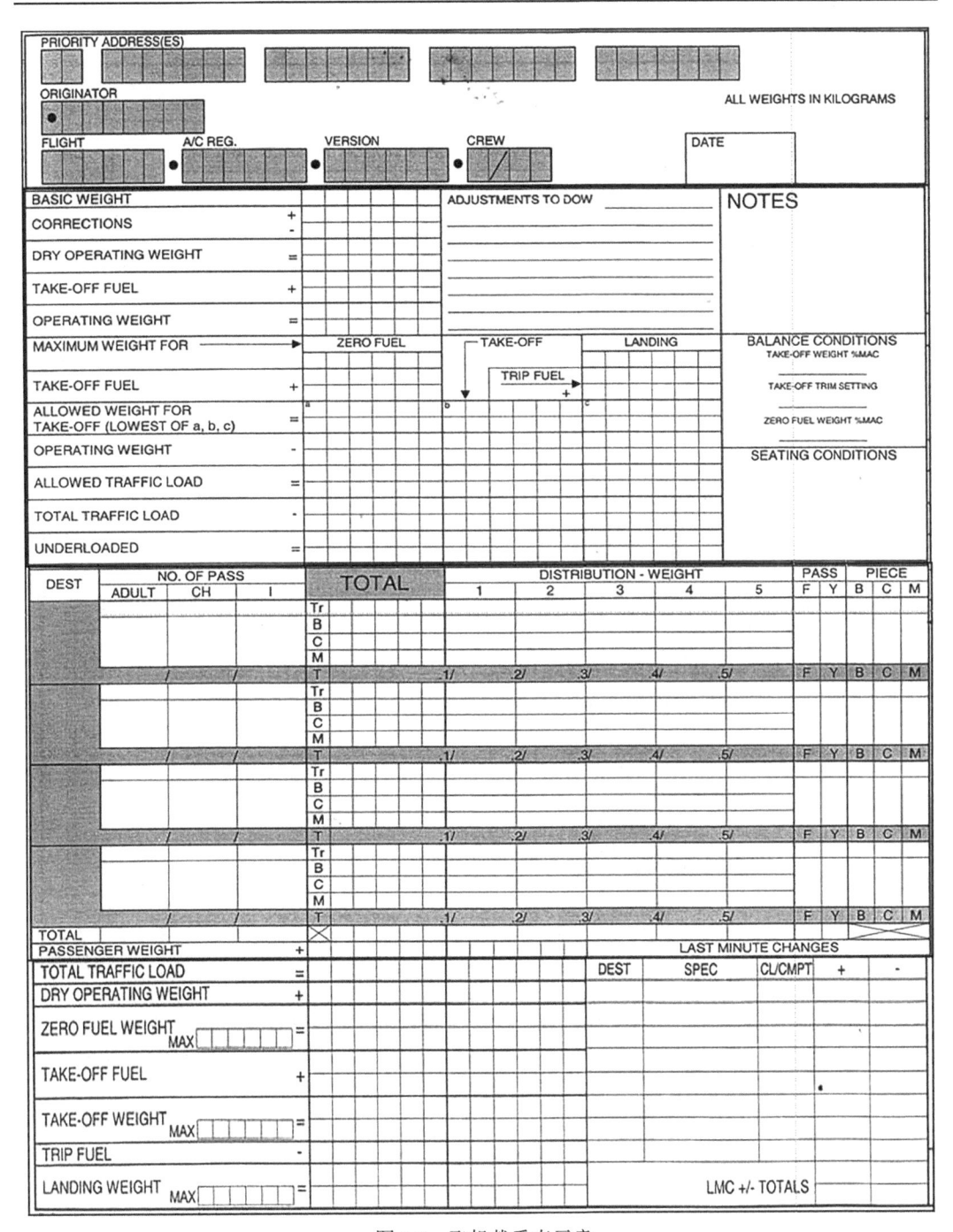

图 9-2 飞机载重表示意

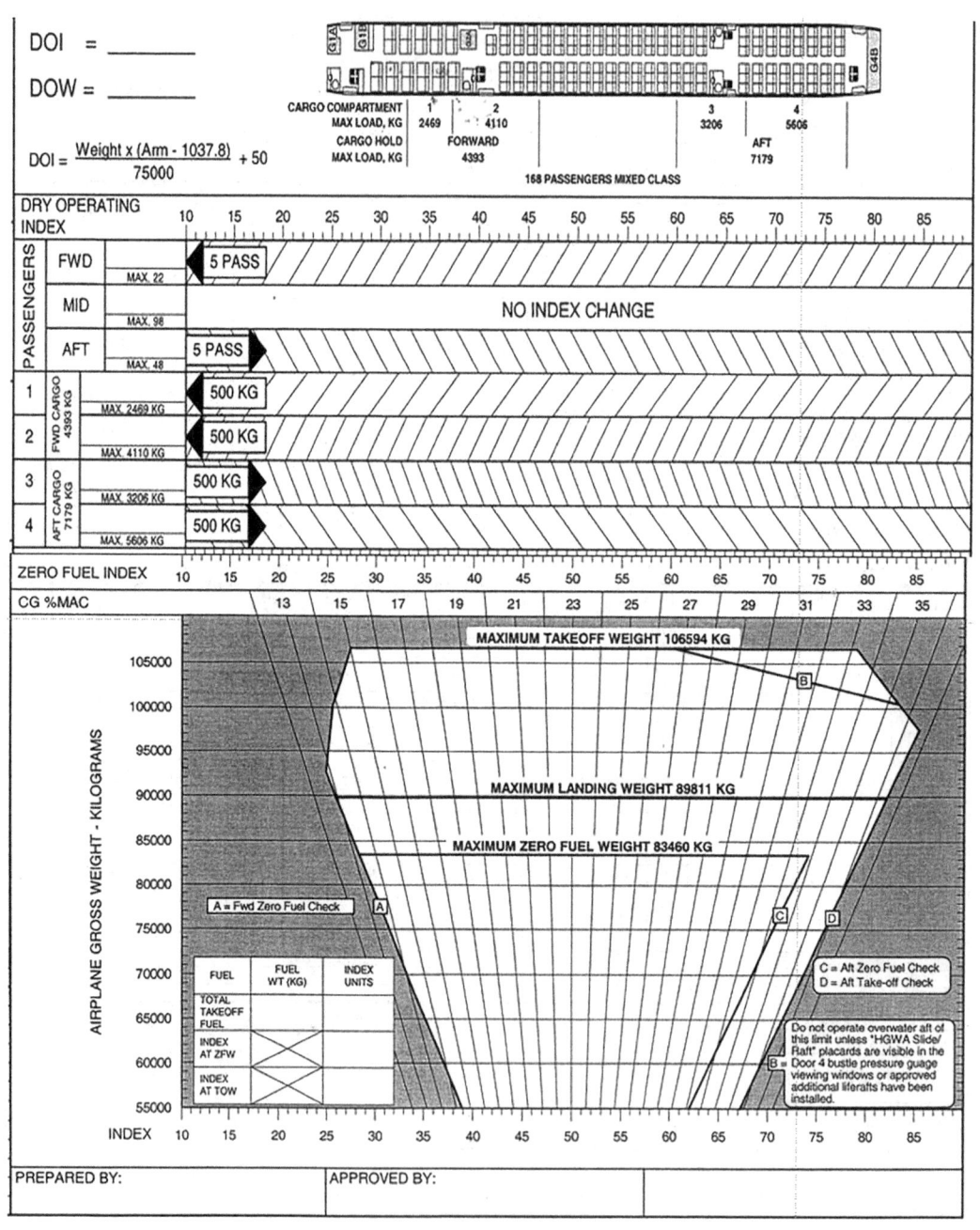

图 9-3　飞机平衡图示意

第五节　客机腹舱装载优化

目前，客机腹舱是航空货运的主要运力。如何保障客机腹舱配载安全、如何提高宽体客机腹舱装载效率、如何提高集装器和腹舱空间利用率，从而降低航空货运成本，在提高航空运输效率和提升货运效益方面具有一定的理论和现实意义。

一、客机腹舱装载及其特点

客机腹舱运输是目前航空货运的主要运力，利用腹舱承运货物的客机机型有多种，一般将其分为两大类，即宽体客机与窄体客机，考虑到窄体客机腹舱装载一般不采用集装化装载的方式，所以本节主要聚焦于宽体客机腹舱的装载。

目前人工装载货物主要靠经验，一般由专门人员根据个人经验决定装载的货物类型、顺序以及放置的位置，装机随意性强，不能整体考虑装载工作，造成货物或集装器装入顺序和装载位置的合理性与科学性保障程度低。据了解，目前人工装载集装器的容积利用率处于 70%～80%，但由于人为因素参与过多，整个装载过程容易出现空间浪费较大的现象甚至出现错误。

（一）机航段与航线固定

客机腹舱装货的数量和种类受到旅客、行李的影响和制约。客机的飞行时间一般多在白天，并且一般对于准点率的要求较高，这就要求客机装载工作要准时进行并且在飞机准点出发前完成，客机的航线一般情况下都是固定的，在货物装载时要考虑飞机中转等因素对货物的影响。

（二）腹舱剩余舱位不确定

目前客运航班主要是根据客运收益管理系统进行调整的，以运输旅客为主，所以对于货物来说货舱剩余的空间就存在着很大的不确定性，大批量的货物在客机腹舱运输时的需求很难得到确定性的满足，不得不被分批次进行运输工作。旅客上飞机后，旅客的托运行李会被装入飞机下部腹舱中，一般来说是进行集装后装入腹舱，这就导致了腹舱剩余的舱位有了较大的变数，使得装载工作也存在较大的不确定性。另外，季节、天气以及节假日等旅客流量也导致了货物的可装载空间变化，进而影响了腹舱装载货物数量。比如旅游淡季同一航线客流量减少，腹舱剩余空间较多，可以运输更多的货物；在春节期间，由于旅客人数的急剧上涨，春运期间大家的行李都比以往多，这就对腹舱剩余内部空间造成很大冲击。通常在飞机起飞前才能确定腹舱行李装载完成后的剩余舱位，并且负责行李装载和货物装载的分别为两个部门，剩余舱位的不确定性和两部门间的沟通不及时等因素都给货物装载工作带来较大的困难。

（三）对货物种类以及尺寸有严格要求

客机腹舱装载货物，要保证"先客后货"，首先为保证飞机的安全性，对于客机来说，考虑到旅客的安全，一般来说危险品不通过客机运输，都是通过货机进行运输。其次，货物在装载时要考虑到不同货物之间的隔离问题，有特殊要求的货物不能摆放在一起，要保证航空运输的安全性。集装舱装货时还要考虑到舱尺寸对于集装箱的限制，不同的飞机的舱门尺寸也是不同的。

二、宽体客机腹舱装载优化模型构建

(一) 装箱问题的分类

1. 一维装箱

通常，一维装箱问题可利用数学语言描述如下：首先设定存在正整数 c 以及一组数列 L，其中 $L=(a_1, a_2,\cdots, a_n)$，$0<a_i<c$，一维装箱问题的目标就是采用分拆的方法（暂定于方法 A）将数列 L 分成一堆互相没有交叉的子集 B_j，须满足 $L=B_1 \cup B_2 \cup \cdots \cup B_m$ 和 $\sum_{a_i \in B_j} a_i \leq c$ 两个约束，并且设定 m 为符合该问题约束的最小整数。比如一批货物中待装载的货物可表示为 $L=\{a_1, a_2,\cdots, a_n\}$，其中 a_i 表示第 i 件货物占据空间的大小。设定货物装载时的箱子只有一种空间为 c 的箱子，一维装箱问题就是指怎样可以在满足客户装载的基本要求下，使用最少数量的箱子。

2. 二维装箱

二维装箱问题可分为两种，其用数学语言描述如下。

（1）假设目前存在 n 个矩形，组成数列 $L=(a_1, a_2,\cdots, a_n)$（$a_i=(x_i, y_i)$，$x_i, y_i \in (0,1]$，$i=1, 2,\cdots, n$），拟将这 n 个矩形放入宽为 1，长度无限制的箱体 A 中，要求这 n 个矩形的装载方式不能叠加，目标是求方案使得箱子内部装载高度最小。

（2）假设目前存在 n 个矩形，组成数列 $L=(a_1, a_2,\cdots, a_n)$ 及数量足够的尺寸相同矩形箱体，装载目标是将 $a_1, a_2,\cdots, a_n$ 以定向的方式装进矩形箱体中，目标是求占用箱体数量最少。

3. 三维装箱

三维装箱问题就是现实生活中的装箱问题，故而相比于一维和二维装箱，目前研究最多，应用范围也最为广泛。通常三维装箱问题主要存在于火车和汽车的陆路集装箱运输、海运集装箱运输以及航空货物集装器运输中。

三维装箱问题也可分为两种，数学语言描述如下。

①假设目前存在 n 个矩形，组成数列 $L=(a_1, a_2,\cdots, a_n)$，其中 $a_i=(x_i, y_i)$，$x_i, y_i \in (0,1]$，$i=1, 2,\cdots, n$，现在拟将其装入底部面积为 1×1，无限高度的长方体箱 A 中，研究问题的目标就是寻找一种摆放方式使得所占用箱体 A 的高度最小。②假设目前存在 n 个小长方体以及数量足够的尺寸相同大长方箱体，装载目标是将所有的小长方体以固定方向的方式放置进大长方箱体中，如何能使用最少数量的箱体。

对表述①中的三维装箱问题，如果我们假设每个矩形体的高度为定值并相同，并对货物进行定向装填，即可将此类三维装箱问题转换为二维装箱问题。对②中的装箱问题假如矩形体的宽与箱子宽相同，那么这类三维装箱问题也可转换为二维装箱问题。

4. 在线装箱

在线装箱问题就是指在装入每一件货物 a_i 的时候，对于货物 a_i 的所有信息都处于已知状态，也即货物装箱时的装载顺序不需要做出任何调整，只需根据货物抵达的顺序进行装载即可。传送带装载货物即为生活中最为常见的在线装箱问题。

5. 离线装箱

在装载货物之前对所有的货物信息都是已知状态，提前预订装箱方案并将所有货物一起装载的问题称为离线装箱问题。在现在的货物配送运输中，多数都为离线装箱问题，因为多数货主都是根据订单委托装载运输或自行装载运输。客机腹舱装载问题就属于典型的离线装箱问题，货物在装载前涉及报单安检等环节，货物各种信息都是可知的，然后根据货物信息进行离线装箱。

（二）问题描述

客机腹舱装载问题属于复杂度较高的装箱问题，是三维装箱问题的一个延伸。与一般的三维装箱问题不同的是，客机腹舱在装载方面有其特殊性。首先在选择空运集装器的时候，不同的承运飞机由于舱门尺寸的不同，因此对于集装器型号有着不同的限制，使用的集装器种类也不同，在选择合适的集装器时要参考待运货物的体积重量等参数。飞机货舱内壁的不规则也影响着集装器的形状，通常，为了契合飞机货舱的形状，集装器的形状也不具规则性，这对装箱的优化带来了很大的难度。其次，每一种集装器都有其规定的标准的规格，对于装载货物的重量和体积限制也很明确。最后，在优化货物装载方式的同时，要注意保证飞机的重心偏移处于安全范围内，从而保证飞机的飞行安全。

客机腹舱装载优化问题描述如下：装载问题的核心就是求解满足目标的最优装载方案，但不同问题对于装载目标的追求也不一致，选择以提升集装器的空间利用率为优化目标，暂不考虑货物价值、装载成本等影响因素，即将待运行李和货物按一种预先计算好的装载顺序与位置，并满足约束条件分别装入集装箱或集装板中，提高集装器的整体空间利用率，减少行李在装载时占用的舱位，增加货物装载可利用空间，并通过减少货物装载时的空间浪费，实现货运收益的最大化。

（三）目标函数和约束条件

1. 目标函数

客机腹舱装载问题的目标函数可以选择一个目标，也可选择多个目标，这些目标之间一般也都存在着关联。根据参考文献以及之前学者的研究经验，解决客机腹舱装载问题的常用目标函数为：所用箱体个数最少；集装器的载重利用率最高；集装器的容积利用率最高；一次运输中装载最多的货物；在一次货运中腹舱装载货物的价值最高；在一次货运中货物的运输成本最低。

综合之前学者的研究并结合实际考虑，目标函数选择以空间利用率最优，即载重利用率和容积利用率综合最优作为客机腹舱装载优化模型的目标函数。由于客机腹舱承运货物的实际情况多为轻泡货物，一般来说在集装器中体积所占较大，因此在目标函数中偏向于容积利用率，侧重于提高容积利用率。

2. 约束条件

通常在优化客机腹舱装载问题时，要注意如下几个限制。

（1）货物装载顺序限制：一般来说，需要进行中转的货物应该后装载，保证在到达中转站时减少装卸的工作量。不需要中转的货物如无特殊要求则遵循"先到的货物后装载"原则，这样也能保证简化货物到达目的机场后的装卸搬运工作。

（2）货物编号：对于来自同一个订单或同一票的货物，除非出现舱位不够等特殊情况，否则需要保证这批货物装载在同一集装箱或集装板中，这样不仅可以简化前期的装箱工作，也能大大减少后期装卸搬运工作量。

（3）载重约束：集装器内货物的总重量不能超过其规定载重。

（4）体积约束：装载在集装器上货物的总体积不能超过其规定的容积限制。旅客、散货、旅客行李以及腹舱内货物的总体积必须小于飞机规定的最大体积约束。

（5）承载能力约束：货物在集装箱或集装板的摆放时要根据货物的材质和属性考虑到货物的承载能力，防止出现一些不必要的货物损坏情况，也能减少货物在运输途中出现滑落或翻倒的情况。

（6）稳定性约束：在集装器中装载货物时，禁止货物出现悬空放置的情况，而且要将货物固定牢固，防止出现货物在集装器中滑落，导致对其他货物损坏的情况。放入集装器底部必须是具有支撑能力的货物，保证整体具有较好的稳定性。

（7）配置位置：当对一些特殊物品进行摆放时，如易碎产品、新鲜水果和海鲜等，要注意这些货物摆放的位置不能是随意的，比如海鲜和新鲜的水果摆放在一起会造成水果与海鲜味道混合，把重量货物放在易碎产品上，有可能会导致易碎产品损坏。

（8）隔离限制：注意一些货物不能和其他货物混合摆放在一个包装箱中或集装器内，要保证对其进行隔离。

（9）舱门限制：货物装入集装箱或集装板后，要经过飞机舱门装入预留的舱位中，所以不能超过舱门的尺寸限制，不同的机型舱门对于集装器和货物尺寸都是不同的，要根据实际情况进行限制。

（四）客机腹舱装载优化模型

1. 模型假设

为便于研究，做出如下假设。

（1）不对货物进行方向上的限制，即货物可向任意方向旋转。

（2）不同的货物可混合装入同一集装器中，并且各自包装隔离，不互相影响。

（3）所有货物都能装入符合飞机尺寸的任何集装器。

（4）待装集装器型号齐全并且数量充足，满足货物装载需求。

（5）信件、邮件等全部装入散货舱中，暂不考虑由于信件、邮件装入散货舱所带来的重心的偏移。

（6）假设集装箱为规则矩形体。

（7）假设待装货物都已包装完毕并且都为矩形体，重心就是几何中心。

（8）对于由联程导致的飞机机型改变，从而需要更换符合标准的集装器，货物重新装载这种情况暂时不予考虑，假设货物在运输途中保持装载在一个集装器中。

对于模型的设置不仅应用于待装载的货物，也应用于旅客行李，这能提高旅客行李的装载效率，节省装载空间。货舱剩余舱位增多，对于提高运输效率也有重要意义。

2. 模型建立

模型的决策变量和相关参数设定如表9-6所示。

表9-6 模型中的参数

符号	说明
D_M	客机的最大装载量
M_k	乘客 k 的总重量
M_s	邮件和信件 s 的总重量
M_l	乘客行李的总重量
M_j	第 j 个集装器的重量
m_i	第 i 件货物的重量
m_j	集装器 j 的限定载重量
D_V	客机腹舱的最大装载体积
v_i	第 i 件货物的体积
V_s	邮件和信件 s 的总体积
v_j	第 j 个集装器的最大容积
V_j	第 j 个集装器的容积
L_j, W_j, H_j	第 j 个集装器的长度、宽度、高度
l_i, w_i, h_i	第 i 件货物的长度、宽度、高度
(x_{ij}, y_{ij}, z_{ij})	货物 i 的重心坐标
(ϕ_x, ϕ_y, ϕ_z)	客机装载货物和行李之后的重心坐标位置
(x_e, y_e, z_e)	客机在装入行李和货物之前的整合重心坐标
$[x_{\min}, x_{\max}]$	客机腹舱长度方向重心范围
$[y_{\min}, y_{\max}]$	客机腹舱宽度方向重心范围
$[0, z_{\max}]$	z 轴方向的重心偏移安全范围

$$\mu_j = \begin{cases} 1, & \text{第} j \text{个集装器装入腹舱} \\ 0, & \text{其他} \end{cases}, j=1, 2, 3, \cdots, m$$

$$v_{ij} = \begin{cases} 1, & \text{第} i \text{个货物装载进第} j \text{个集装器} \\ 0, & \text{其他} \end{cases}, i=1, 2, 3, \cdots, n, j=1, 2, 3, \cdots, m$$

客机腹舱装载优化的数学模型如下：

$$\max C = \alpha \sum_{j=1}^{m} \left(\sum_{i=1}^{n} \frac{m_i v_{ij}}{m_j} \right) + (1-\alpha) \sum_{j=1}^{m} \left(\sum_{i=1}^{n} \frac{v_i v_{ij}}{v_j} \right)$$

其中，α 为根据经验或实验法得出的值，$0 \leqslant \alpha \leqslant 1$。

模型的约束条件设置如下。

（1）装入飞机的货物以及旅客总重量不能超过客机的限定载重，货物的总体积不能超过客机腹舱的限定装载体积：

$$M_k + M_l + M_s + \sum_{i=1}^{n} m_i + \sum_{j=1}^{m} M_j \mu_j \leqslant D_M$$

$$V_s + \sum_{j=1}^{m} V_j \mu_j \leqslant D_V$$

（2）装入集装器的货物要满足其限定载重，装入集装器的货物体积要满足其限定体积：

$$\sum_{i=1}^{n} m_i v_{ij} \leqslant m_j \mu_j$$

$$\sum_{i=1}^{n} v_i v_{ij} \leqslant v_j \mu_j$$

（3）集装器和货物的体积：

$$v_j = L_j W_j H_j$$
$$v_i = l_i w_i h_i$$

（4）重心约束：

$$\phi_x = \frac{(M_k + M_s + M_l)x_e + \sum_{j=1}^{m}\sum_{i=1}^{n} m_i v_{ij} x_{ij}}{M_k + M_s + M_l + \sum_{j=1}^{m}\sum_{i=1}^{n} m_i v_{ij}}$$

$$\phi_y = \frac{(M_k + M_s + M_l)x_e + \sum_{j=1}^{m}\sum_{i=1}^{n} m_i v_{ij} y_{ij}}{M_k + M_s + M_l + \sum_{j=1}^{m}\sum_{i=1}^{n} m_i v_{ij}}$$

$$\phi_z = \frac{(M_k + M_s + M_l)x_e + \sum_{j=1}^{m}\sum_{i=1}^{n} m_i v_{ij} z_{ij}}{M_k + M_s + M_l + \sum_{j=1}^{m}\sum_{i=1}^{n} m_i v_{ij}}$$

$$x_{\min} \leqslant \phi_x \leqslant x_{\max}$$
$$y_{\min} \leqslant \phi_y \leqslant y_{\max}$$
$$0 \leqslant \phi_z \leqslant z_{\max}$$

（5）货物 i 的重心坐标：

$$x_{ij} = \frac{\sum_{i=1}^{n} m_i l_i}{\sum_{i=1}^{n} m_i}$$

$$y_{ij} = \frac{\sum_{i=1}^{n} m_i w_i}{\sum_{i=1}^{n} m_i}$$

$$z_{ij} = \frac{\sum_{i=1}^{n} m_i h_i}{\sum_{i=1}^{n} m_i}$$

（6）每个货物只允许装入一个集装器中：

$$\sum_{j=1}^{m} v_{ij} \mu_j = 1$$

$$\mu_j \in [0,1]$$

$$v_{ij} \in [0,1]$$

客机腹舱装载问题属于 NP-hard 问题的一种，常规计算方法无法进行求解，一般需要引进智能算法作为求解模型的工具，如混合遗传粒子群算法等。以行李装载为例，可以达到以下效果，如图 9-4～图 9-6 所示。

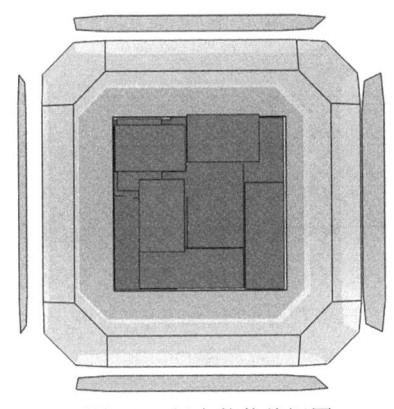

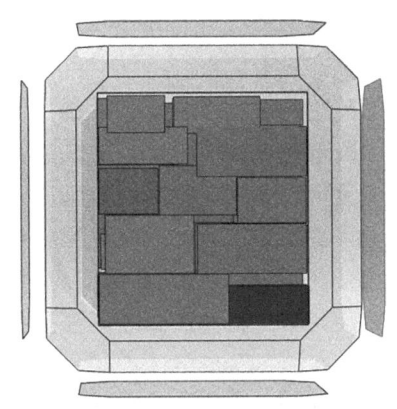

图 9-4　行李装载俯视图　　　　图 9-5　行李装载前视效果

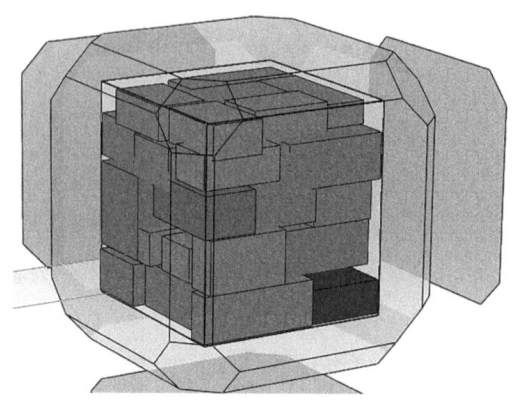

图 9-6　行李装载侧视效果

> **延伸阅读：谁是中国民航安全运行背后的"最强大脑"**
>
> 　　配载，是指根据飞机重心的特点及相关技术数据，通过合理安排机上人员、货物、燃油、餐食等一切重量的分布，确保在任何时刻，飞机重量不超过允许的最大值，且飞机重心不超出安全范围，以实现安全运行。因此，民航配载系统、配载员，堪称民航安全运行背后的"最强大脑"。
>
> 　　为了满足航空公司对于配载系统升级换代的市场需求，中国民航信息集团有限公司打造新一代旅客服务系统（passenger service system，PSS），将配载系统作为新一代旅客服务系统的重要子模块开展建设。2017 年，新一代配载控制系统完成开发，中国民航有了自己的安全运行"最强大脑"。称其为安全运行"最强大脑"，是因为国产的新一代配载系统并非仅对原有主机配载系统简单翻译和界面开放化，而是融合了行业业务发展的新要求和新思路。
>
> 　　相比上一代产品，新一代配载控制系统操作更便捷，配载工作由输入指令变为在图形化界面操作，业务操作通过图形界面流程化，配载人员可以直观了解到哪些工作已完成或未完成。
>
> 　　功能更丰富：在自动化方面，加入了航班动态、油量等数据自动导入、复核等功能；在智能化方面，可以实现数据复核，还有智能化预警，当油量、机组性能等数据变更时，或系统检测到数据可能存在异常，将主动提醒配载人员。
>
> 　　效率更提升：新一代配载控制系统计算结果准确性可达到 99.9%，生产效率也从人均处理 10 个航班提高到人均 50 个航班的日处理量。同时，新系统可提供最佳配平解决方案，提升燃油经济性；支持全球集中一站式自动化配载，能进一步降低生产运行成本。
>
> 　　资料来源：《谁是中国民航安全运行背后的"最强大脑"》，https://baijiahao.baidu.com/s?id=1744114163131476625&wfr=spider&for=pc，2022 年 9 月 16 日。

第十章 民航客货运输凭证

本章概要：本章主要介绍民航客货运输中合同的性质，包括客票和货运单以及民航客货运输中客票和货运单的地位与作用，重点掌握客票和货运单的数据构成以及这些凭证的填写方法与具体要求。

第一节 运输合同概述

一、运输合同的内涵

运输合同是承运人将旅客或货物运到约定地点，旅客、托运人或收货人支付票款或运费的凭证。其特征有：运输合同是有偿的、双务的合同；运输合同的客体是指承运人将一定的货物或旅客运输到约定的地点的运输行为；运输合同大多是格式条款合同。

二、旅客运输合同内涵与当事人权利、义务

（一）旅客运输合同内涵

客运合同又称为旅客运输合同，是指承运人与旅客签订的由承运人将旅客及其行李运输到目的地而由旅客支付票款的运输凭证，一般指的是客票。

（二）旅客运输合同特征

（1）旅客既是合同一方当事人，又是运输对象。
（2）客运合同通常采用票证形式。
（3）客运合同包括对旅客行李的运送。

（三）当事人的权利义务

旅客的主要义务包括持票乘运的义务；按时乘运的义务；限量携带行李的义务；遵守安全规则的义务。

承运人的主要义务包括按约定的时间将旅客运达目的地的义务；不得擅自变更运输路线的义务；保障旅客在运输途中安全的义务；提供必要生活服务的义务。

三、货物运输合同含义与当事人权利、义务

（一）货物运输合同含义

货物运输合同是指承运人与货主或代理人签订的由承运人将货物运输到目的地而由

货主或代理人支付运费的凭证。

（二）当事人的权利义务

托运人的主要权利包括要求承运人按合同约定的时间安全运输到约定的地点；在承运人将货物交付收货人前，托运人可以请求承运人中止运输、返还货物、变更到货地点或将货物交给其他收货人，但由此给承运人造成的损失应予赔偿。

托运人的主要义务包括如实申报货运基本情况的义务；办理有关手续的义务；包装货物的义务；支付运费和其他有关费用的义务。

承运人的主要权利包括收取运费及符合规定的其他费用；对逾期提货的，承运人有权收取逾期提货的保管费，对收货人不明或收货人拒绝受领货物的，承运人可以提存货物，不适合提存货物的，可以拍卖货物提存价款；对不支付运费、保管费及其他有关费用的，承运人可以对相应的运输货物享有留置权。

承运人的主要义务包括按合同约定调配适当的运输工具和设备，接收承运的货物，按期将货物运到指定的地点；从接收货物时起至交付收货人之前，负有安全运输和妥善保管的义务；货物运到指定地点后，应及时通知收货人收货。

收货人的主要权利包括承运人将货物运到指定地点后，持凭证领取货物的权利；在发现货物短少或灭失时，有请求承运人赔偿的权利。

收货人的主要义务包括检验货物的义务、及时提货的义务、支付托运人少交或未交的运费或其他费用的义务。

四、航空运输合同的内容构成

航空运输合同不是一个独立的单一书面文本，而是由一系列书面文件组合而成的。由于航空运输合同的核心内容是合同主体之间的权利和义务，因此，凡是有关规制航空运输合同主体之间权利和义务的相关文件，都是运输合同的组成部分。

航空运输合同的内容一方面体现于客票、行李票、航空货运单上载明的简要合同条件；另一方面，还包括航空公司单方制定的并经民航主管机关批准的旅客、行李和货物运输总条件（国内和国外），以及航空公司公布的有关旅客、行李和货物运输的各类管理规定。例如，航空公司的安全管理手册、客运手册、地面服务保障手册（行李运输业务、旅客运输业务、货物运输业务、危险品运输业务）、航空公司电子客票操作手册、旅客须知、客票使用条件、安全运输提示、客票行李规定、付费选座产品购买须知、航班延误应对计划、超售声明和补偿计划，以及各种公示的服务协议等。

在上述合同内容构成中，经核准并订入合同的航空运输条件是合同的核心内容和精髓，客票虽可以证明当事人之间的合同关系，但其背面的"合同条件"只是运输条件部分条款的摘述。因此，《中华人民共和国民用航空法》的民航规章以及国际航空运输公约均规定，客票、行李票、航空货运单等运输凭证只是合同订立及运输合同条件的"初步证据"，这些运输凭证并不是航空运输合同的全部。

第二节 民航旅客运输凭证

民航旅客运输凭证，包括客票、行李票，客票又分为纸质客票和电子客票。电子客票是纸质客票的电子形式，是一种电子号码记录，电子客票将票面信息存储在订座系统中，可以像纸电子客票依托现代信息技术，实现电子化的订票、结账和办理乘机手续等全过程。

一、纸质客票主要栏目

（一）"旅客姓名"栏

该栏填写旅客姓名。按照旅客订座单上的旅客全名填写，旅客订座单上的姓名必须与旅客身份证上的姓名和订座记录上的姓名一致。外国旅客的姓名先写姓氏，其后画一斜线，再填写名字和称谓。如果名字不便使用或此栏无足够的地方填写时，可以用名字的首个字母取代。当姓氏中包含连字符或复姓氏时，要去掉连字符或空白间隔。此外，如需填写表明特殊用途的代号时，将代号填在姓名后，特殊称谓代号如表10-1所示。

表10-1　特殊称谓代号

代号	说明
CHD	儿童
INF	婴儿
CBBG	占用座位的行李
DEPU	无人押解的被遣返旅客
DEPA	有人押解的被遣返旅客
DIPL	外交信使
EXST	占用一个以上座位的付费旅客
SP	无自理能力或病残等原因需要特别护理的旅客
STCR	使用担架的旅客
UM	无成人陪伴儿童（填写年龄）

（二）运输有效航段"自…至…"栏

该栏填写旅客的航程。在"自…"栏内填写始发城市名称，在"至…"栏内填写每一个连续的中途分程，衔接（联程）点或目的地。若一个城市有两个或两个以上机场，应在城市名旁加上机场三字代码，不得使用城市三字代码或简语填写城市名称。

（三）"承运人"栏

该栏为各航段上已经申请座位或订妥座位的承运人两字代号。不定期客票不指定承运人时，此栏可不填或填入YY；指定承运人时，应填入承运人的二字代码。

(四)"航班号"栏

该栏填写各航段已经申请座位或订妥座位的航班号。

(五)"座位等级"栏

该栏填写各航段已经申请座位或订妥座位的舱位等级代号。舱位等级代号必须与票价一致。

(六)"日期"栏

该栏填写各航段已经申请座位或订妥座位的乘机日期和月份。日期在前面,用两位数字示,如8日为08;月份用英文的月份简语表示。

(七)"时间"栏

该栏填写各航段已经申请座位或订妥座位的航班离站时间。时间用24小时制表示。离站时间均为各始发地当地时间,到站时间均为目的地当地时间。

(八)"订座情况"栏

表10-2介绍了订座情况代号。

表 10-2　订座情况代号

代号	说明
OK	座位已订妥
RQ	已申请订座,但尚未确认,或列入候补
NS	婴儿不占座
SA	运价或规定不允许订座,利用空余座位

(九)"票价级别/客票类别"栏

该栏填写旅客所付票价的级别及折扣代号。

(十)"免费行李额"栏

该栏填写旅客所持客票的座位等级或所付票价享受的免费行李额。一般F舱填40 kgs;C舱填30 kgs;Y舱填20 kgs。

(十一)"票价计算"栏

该栏填写票价的计算过程或票价的使用依据,如果票价是分段相加组合的,应将各航段的票价列明。

(1)革命伤残军人票价应填写伤残军人证书及证书号码,如"革命伤残军人证00128"。

(2)免票、优惠客票填写授权出票通知单号码,如"授权通知书011288"。

（3）一团一议的团体票价填写经审批同意的票价代号。

（4）旅客误机应盖上"NO SHOW"印章，并注明时间。

（十二）"票价"栏

该栏填写全航程的票价总额，在票价总额前加上货币代号"CNY"。

（十三）"实付等价货币"栏

如果用旅费证或预付票款通知换开的客票，应填写其实付货币代号和金额。国内客票一般不填。

（十四）"税款"栏

该栏填写货币代号和税金，在国内运输中，目前民航发展基金以及燃油附加费填写在此栏目。在国际运输中，则根据各国有关税款的规定进行填写。

（十五）"总数"栏

将票价栏的金额加上税款栏的金额计得的总金额填入。

（十六）"付款方式"栏

该栏填写旅客付款方式的代号，见表10-3。

表10-3 付款方式代号

代号	说明
CASH	现金
CHECK/CHEQUE	支票
TKT	客票
PAT	预付票款通知
MCO	旅费证

（十七）"始发地/目的地"栏

旅客的航程只需填开一本客票时，此栏可不填。

（十八）"座记录编号"栏

该栏填写旅客订座记录编号。

（十九）"旅游编号"栏

该栏填写旅游编号，无编号可空着不填，也可填写。

（二十）"换开凭证"栏

该栏填写使用换开客票的原客票，旅费证或预付票款的凭证的号码。

(二十一)"连续客票"栏

如果全航程使用两本(含)以上客票时,在每一本客票的此栏内填写全部客票的所有客票号。

(二十二)"原出票"栏

如果该客票是换开的,在新客票此栏填写换开凭证的出票承运人、凭证号、地点、日期营业员号。

(二十三)"签注"栏

该栏填写使用整本客票或某一乘机联时需要特别注明的事项。大致分三项内容:签转、更改、退款。当旅客有更改客票的要求时,应特别注意此项内容。

(二十四)"出票日期和地点"栏

该栏填写出票日期和地点以及出票人签字,加盖业务用章。

二、电子客票

(一)电子客票的含义

电子客票是普通纸质客票的一种电子映像,存储在航空公司的电子客票数据库中,是一种通过电子数据形式来实现客票销售、旅客乘机以及相关服务的客票方式。

(二)电子客票的票面

图 10-1 是旅客 CHEN/FENG 的香港—重庆—香港的来回程电子客票的票面,票号是 9991694849922,通过相应指令可以在订座系统或离港系统中查看票面。

```
ISSUED BY: 1B                    ORG/DST: HKG/HKG      ISI: SITI      ARL-1
E/R: NON - END/RER/REF/*HKG6FL720
TOUR CODE: ARRCC
PASSENGER: CHEN/FENG  MR
EXCH:                            CONJ TKT:
O FM:1HKG CA        OPEN      K OPEN        Y1RT      20APR/20APR   20K REFUNDED
          RL:                 /PCDTQO1B
O TO:2 CKG CA       OPEN      K OPEN        Y1RT      22APR/22APR   20K REFUNDED
          RL:                 /PCDTQO1B
FC: HKG  CA  CKG Q4.23 279.32CA  HKG279.32NUC562.87END  ROE7.78676*O/B  VLD
5FEB-30JUN8 EXCEPT 19MAR-23MAR8*TKT VLDTY 2-14DAYS*VLD ON FLT/DTE  SH
FARE:     HKD4390         |FOP:MS3/INVAGT
TAX:      120HK           |OI:
TAX:      101CN           |
TAX:      250YR           |
TOTAL: HKD4861            |TKTN: 999-9991694849922
```

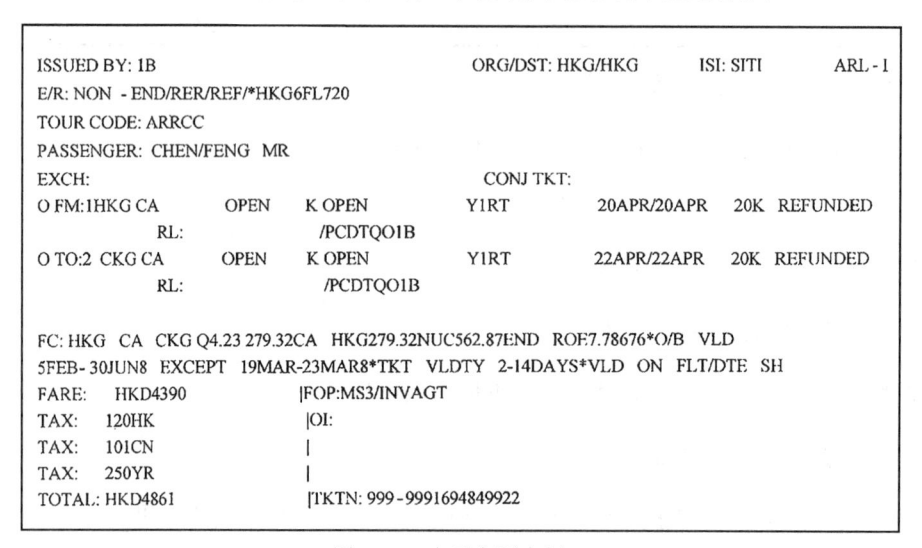

图 10-1 电子客票实例 1

（三）电子客票票面项目名称

旅客 SUN/PEI 购买的大连至旧金山的客票票面如图 10-2 所示，括号内的数字为对应各项的序号。

```
DETR:TN/9995969529492
ISSUED BY: 1E              ORG/DST: DLC/SFO        ISI: SITI        BSP-I
                                (19)                                  (25)
E/R: NONEND/RER/REF2000CNY/REB1500CNY/IDI1T08-241
    (21)
TOUR CODE:  1A201
    (12)
PASSENGER: SUN/PEI MR
           (1)
EXCH:                      CONJ TKT:
(23)                         (24)
O FM:1DLC   CA     1606   S 21DEC 0820   OK   LLXABO    /  2PC      USED/FLOWN
   (2)      (3)    (4)    (5)   (6)     (7)    (8)   (9)(10)  (11)
       RL:DN0Z6       /QH  2M9 1E
          (20)
O TO:2PEK   CA      985   Q 21DEC 1530   OK   LLXABO    /  2PC      USED/FLOWN
       RL:DN0Z6       /QH2M9 1E
TO: SFO
FC: 21DEC10 DLC CA X/BJS CA SFO 553.77 NUC553.77END/ROE7.945500 XT CNY40.00YC
CNY115.00US CNY40.00XA CNY533.00YR CNY32.00YQ
 (13)
FARE:            CNY 4400.00| FOP:CK3
(14)                          (18)            (15)
TAX:             CNY140.00CN| OI:
(16)                          (22)
TAX:             CNY 56.00XY|

TAX:             CNY760.00XT|

TOTAL:           CNY 5356.00| TKTN: 999
 (17)                         (26)    -5969529492
```

图 10-2　电子客票实例 2

电子客票票面包括以下各项：①旅客姓名栏（Name of Passenger）；②航程（From/To）；③承运人（Carrier）；④航班号/等级（Flight No/Class）；⑤出发日期（Date）；⑥出发时间（Time）；⑦订座情况（Status）；⑧票价级别/客票类型（Fare Basis）；⑨在…之前无效（Not Valid Before）；⑩在…之后无效（Not Valid After）；⑪免费行李额（Allow）；⑫旅游代号（Tour Code）；⑬运价计算区（Fare Calculation Area）；⑭票价（Fare）；⑮实付等值货币（Equivalent Fare Paid）；⑯税费（Tax/Fee/Charge）；⑰总金额（Total）；⑱付款方式（Form of Payment）；⑲始发地/目的地（Origin/Destination）；⑳航空公司记录/订座记录编号（Airline Data/Boarding Reference）；㉑签注/限制（Endorsements/Restriction）；㉒原出票栏（Original Issue）；㉓换开凭证（Issued Exchange for）；㉔连续客票（Conjunction Ticket）；㉕客票销售类型（Sales Type）；㉖票号（Ticket No）。

大部分项目在客票栏目中已有所介绍，其中"在…之前无效"（Not Valid Before）栏是指如果票价不允许旅行在某一日期前开始或完成时，应在乘机联的该栏目中填写相应的日期；"在…之后无效"（Not Valid After）栏填写根据票价确定的客票失效日期。

第三节 民航货物运输凭证

一、航空托运书

据《华沙公约》第六条（1）和（5）款规定，货运单应由托运人填写，也可由承运人或其代理人代为填写；实际上，目前货运单均由承运人或其代理人填制，为此，作为填开货运单的依据——航空托运书，应由托运人自己填写，而且托运人必须在上面签字。

（一）托运书一般性规定

（1）托运书（shippers letter of instruction）是托运人用于委托承运人或其代理人填开航空货运单的一种表单，表单上列有填制货运单所需各项内容，并应印有授权于承运人或其代理人代其在货运单上签字的文字说明。

（2）托运人托运货物，应先填写货物托运书一份，并对所填写事项的真实性与正确性负责，并在托运书上签字或者盖章。货物托运书应使用钢笔、圆珠笔书写，有些项目如名称、地址、电话等可盖戳印代替书写。字迹要清晰易认，不能潦草，不能使用非国家规定的简化字。国际货物托运书应当用英文填写。

（3）一张托运书的货物，只能有一个目的地、一个收货人，并以此填写一份航空货运单。

（4）运输条件或性质不同的货物，不能使用同一张货物托运书托运。运输条件不同，不能使用同一张货物托运书，如活体动物和服装。不同时效的货物，不能使用同一张货物托运书，如急救药品和普通货物。

（5）货物托运书应当和相应的货运单存根联以及其他必要的运输文件副本放在一起，按照货运单号码顺序装订成册，作为核查货物运输的原始依据。

（二）托运书的填写

国内货物托运书样式见图10-3。

（1）始发站、目的站：填写货物空运的出发和到达城市名。城市名应写全称，如广州、北京、上海，不能简写为穗、京、沪或CAN、BJS、SHA等。

（2）托运人及收货人姓名或单位名称、地址、邮政编码、电话号码：填写个人或者单位的全称、详细地址、邮政编码和电话号码。不能使用简称，对于保密性的单位可以填写单位代号。

（3）储运注意事项及其他：填写货物特性和储存运输过程中的注意事项，如易碎、防潮、防冻、小心轻放，急件或最迟运达期限，损坏、丢失或死亡自负，货物到达后的提取方式等。

（4）声明价值：填写向承运人声明的货物价值。若托运人不声明价值时，必须填写"NVD"或"无"字样。

（5）保险价值：填写通过承运人向保险公司投保的货物价值。如果已经办理了声明价值的，可以填写"XXX"或空白。

托 运 书

现委托你公司空运以下货物，一切有关事项开列如下：

始发站		目的站	
托运人姓名或单位名称		邮政编码	
托运人地址		电话号码	
收货人姓名或单位名称		邮政编码	
收货人地址		电话号码	
储运注意事项及其他		声明价值	保险价值

件数	毛重	运价种类	商品代号	计费重量	费率	货物品名（包括包装、尺寸或体积）

说明：1. 托运人应当详细填写或审核本托运书各项内容，并对其真实性、准确性负责。2. 有不如实申报价值的货物发生丢失、损坏或被冒领的赔偿价值以此托运书的注明为准，造成赔偿不足的责任由托运人或收货人负责。3. 承运人根据本托运书填开的航空货运单经托运人签字后，航空运输合同即告成立。

托运人或其代理人
签字（盖章）：_____

托运人或其代理人
身份证号码：_____

货运单号码
784—

经办人	X光机检查	
	检查货物	
	计算重量	
	填写标签	
	____年____月____日	

注：黑色粗线部分由收运人员填制。

图 10-3 国内货物托运书样式

（6）件数：填写货物的件数。若一批货物内有不同运价种类的货物，则须分别填写总数。

（7）毛重：在与件数相对应处填写货物的实际重量，总重量填写在下方格内。

（8）运价种类：分别以 M、N、Q、C、S 等代表货物不同的运价。

（9）商品代号：以四位数字或者英文代表指定商品的货物类别。

（10）计费重量：根据货物毛重、体积折算的重量或采用重量分界点运价比较后最终确定的计费重量。

(11) 费率：填写适用的运价。

(12) 货物品名（包括包装、尺寸或体积）：①填写货物的具体名称，不得填写表示货物类别的不确定名称。例如，苹果、黄橙不能写成水果，手提电话、手机不能写成通信器械。②填写货物的外包装类型，如纸箱、木箱、麻袋等。如果包装不同，应分别注明包装类型和数量。③填写每件货物的尺寸或该批货物的总体积。

(13) 托运人或其代理人签字（盖章）：必须由办理托运的托运人签字或盖章，代理人不可代替托运人签字。

(14) 托运人或其代理人的身份证号码：填写托运人的有效身份证件的名称、号码。

(15) 经办人：分别由 X 光机检查员、货物检查员、过磅员、标签填写员签字并打印货运单号码和填写日期，以明确责任。

二、航空货运单

(一) 航空货运单基础知识

1. 航空货运单概念

航空货运单是托运人（或其代理人）和承运人（或其代理人）之间缔结的货物运输合同契约，同时也是承运人运输货物的重要的证明文件。

航空公司或其代理人使用的航空货运单分为有出票航空公司标志的航空货运单和无任何承运人标志的中性货运单两种。

航空货运单既可用于单一种类的货物运输，也可用于不同种类货物的集合运输。既可用于单程货物运输，也可用于联程货物运输。

航空货运单不可转让，所有权属于出票航空公司，即货运单所属的空运企业。在货运单的右上端印有"不可转让"（Not Negotiable）字样，任何 IATA 成员公司均不得印制可以转让的航空货运单，"不可转让"字样不可被删去或篡改。

一张航空货运单只能用于一个托运人（根据一份托运书）在同一时间、同一地点托运的由承运人承运的，运往同一目的地同一收货人的一件或者多件货物。

2. 航空货运单的有效期

航空公司或其代理人根据托运书填制好货运单后，托运人（或其代理人）和承运人（或其代理人）在货运单上签字或盖章后货运单即开始生效。货物运输至目的地之后，收货人提取货物时，在货运单上的交付联或提货通知单上签收认可后，货运单作为运输的初步证据，其有效性即告结束；但是作为运输契约，其法律依据的有效期则延至自运输停止之日起两年内有效。

3. 航空货运单的组成

1) 国内航空货运单

国内使用的航空货运单由一式八联组成，其中正本三联，副本五联。国内航空货运单各联的名称具体用途如表 10-4 所示。

表 10-4 国内货运单各联构成

顺序	名称	颜色	用途
1	正本 3	淡蓝色	交托运人
2	正本 1	淡绿色	交财务部门
3	副本 7	白色	交第一承运人
4	正本 2	粉红色	交收货人
5	副本 4	黄色	交付货物的凭证
6	副本 5	白色	交目的站
7	副本 6	白色	交第二承运人
8	副本 8	白色	制单人留存

2）国际航空货运单

国际航空货运单一般由一式十二联组成：三联正本、六联副本和三联额外副本。货运单的三联正本背面印有英文的有关运输契约涉及航空货物运输的相关事项，如索赔、保险、改变承运人等。国际航空货运单各联的名称具体用途如表 10-5 所示。

表 10-5 国际货运单各联构成

顺序	名称	颜色	用途
1	Original3 正本 3	蓝	交托运人
2	Original1 正本 1	绿	交财务部门
3	Copy9 副本 9	白	交代理人
4	Original2 正本 2	粉红	交收货人
5	Copy4 副本 4	黄	交货收据
6	Copy5 副本 5	白	交目的站机场
7	Copy6 副本 6	白	交第三承运人
8	Copy7 副本 7	白	交第二承运人
9	Copy8 副本 8	白	交第一承运人
10	Extra copy 额外副本	白	供承运人使用
11	Extra copy 额外副本	白	供承运人使用
12	Extra copy 额外副本	白	供承运人使用

4. 航空货运单的法律作用

航空货运单是货物托运人和承运人（或其代理人）所使用的最重要的运输文件，其作用归纳如下。

（1）承运人和托运人缔结运输契约的初步证据。

（2）承运人收运货物的证明文件。

（3）托运人支付运费的凭证。

（4）保险证明如托运人要求承运人代办保险。

（5）供向海关申报的文件。

（6）供承运人发运交付和联运的单证。

（7）承运人之间的运费结算凭证。

（8）货物储运过程中的操作指引。

5. 航空货运单的填开责任

根据《华沙公约》《海牙议定书》和承运人运输条件的条款规定，承运人的承运条件为航空货运单由托运人准备，托运人有责任填制航空货运单。规定明确指出，托运人应自行填制航空货运单，也可以要求承运人或承运人授权的代理人代为填制。托运人对货运单所填各项内容的正确性、完备性负责。货运单所填内容不准确、不完全，致使承运人或其他人遭受损失，托运人负有责任。托运人在航空货运单上的签字，证明其接受航空货运单正本背面的运输条件和契约。

根据《中华人民共和国民用航空法》有关条款规定，"托运人应当填写航空货运单正本一式三份，连同货物交给承运人""承运人有权要求托运人填写航空货运单，托运人有权要求承运人接受该航空货运单"。

6. 航空货运单的号码

货运单号码是货运单不可缺少的重要组成部分，在货运单的左上角、右上角和右下角分别标有货运单号码。通过此号码，即可以确定航空货运单的所有人——出票航空公司，它是托运人或其代理人向承运人询问货物运输情况及承运人在货物运输各个环节中组织运输（如订舱、配载、查询货物等）时的重要信息来源和依据。

7. 航空货运单的填制规范

（1）货运单应当由托运人填写，连同货物交给承运人。若承运人依据托运人提供的托运书填写货运单并经托运人签字，则该货运单应当视为代托运人填写。

（2）货运单应按编号顺序使用，不得越号。

（3）货运单必须填写正确、清楚。托运人应当对货运单上所填关于货物的声明或说明的正确性负责。若填写错误涉及收货人名称、运费合计等栏的内容，而又无法在旁边书写清楚时，应当重新填制新的货运单。需要修改的内容，不得在原字上描改，而应将错误处划去，在旁边空白处书写正确的文字或数字，并在修改处加盖戳印。货运单只修改一次，若再发生填写错误，应另填制新的货运单。填错作废的货运单，应加盖"作废"的戳印，除出票人联留存外，其余各联随同销售日报送财务部门注销。

（4）在始发站货物运输开始后，货运单上的"运输声明价值"一栏的内容不得再做任何修改。

（5）国际航空货运单一般应使用英文大写字母，用电脑打制。各栏内容必须准确、清楚、齐全，不得随意涂改国际航空货运单的填写。

（二）国内航空货运单的填写说明

国内航空货运单的样式如图 10-4、图 10-5 所示。

1. 始发站栏

该栏填写货物始发站机场所在城市的名称。地名应写全称，不得简写或使用代码。

国内航空货运单

×××_ 12345675　　　　　　　　　　　×××12345675

始发站[1] Airport of Departure	目的站[2] Airport of Destination		不得转让 NOT NEGOTIABLE 航空货运单　　航空公司中文名称 AIR WAYBILL 航徽　　英文名称
托运人姓名、地址、邮编、电话号码[3] Shipper's Name, Address, Postcode & Telephone No			印发人　　　　地址、邮编 ISSUED BY
			航空货运单一、二、三联为正本，并具有同等法律效力 Copies 1,2 and 3 of this Air Waybill are originals and Have the same validity.
收货人姓名、地址、邮编、电话号码[4] Consignee's Name, Address, Postcode & Telephone No			结算注意事项及其它 Accounting Information　　[22]
			填开代理人名称 Issuing Carrier's Agent Name　　[23]
航线[5] Routing	到达站 To 5A	第一承运人 By First Carrier 5B	到达站 To　5C　承运人 By　5D　到达站 To　5E　承运人 By　5F
航班/日期[6A] Flight/Date	航班/日期[6B] Flight/Date		运输声明价值[7]　　　　运输保险值[8] Declared Value for Carriage　　Amount of Insurance
储运注意事项及其它 Handing Information and Others [9]			

件数 No.Of Pcs.	毛重（公斤） Gross Weight（KG）	运价种类 Rate Class	商品代号 Comm. Item No.	计费重量（公斤） Chargeable Weight	运价 Rate /Kg	航空运费 Weight Charge	货物品名（包括包装、尺寸或体积） Description of Goods (incl Packaging,Dimensions or Volume)
[10]	[11]	[12]	[13]	[14]	[15]	[16]	[17]
[10A]	[11A]					[16A]	

预付 Prepaid [18]		到付 Collect [21]		其它费用 Other Charge [20]
[18A]	航空运费 Weight Charge	[21A]		本人郑重声明：…… 托运人或代理人签字、盖章 Signature of Shipper or His Agent　[27]
[18B]	声明价值附加费 Valuation Charge	[21B]		
[18C]	地面运费 Surface Charge	[21C]		
[18D]	其它费用 Other Charge	[21D]		
[18E]	总额（人民币） Total(CNY)	[21E]		[28A]　　[28B]　　[28C] 填开日期　填开地点　填开人或代理人签字、盖章 Executed on(Date) At(Place) Signature of Issuing Carrier of Its Agent
付款方式[19] Form of Payment				

图 10-4　国内航空货运单样式（正本）

2. 目的站栏

该栏填写货物目的站机场所在城市的名称。地名应写全称，不得简写或使用代码。

3. 托运人姓名、地址、邮编、电话号码栏

该栏填写托运人全名，托运人姓名应与其有效身份证件相符；地址、单位名称、邮政编码和电话号码要清楚准确。

4. 收货人姓名、地址、邮编、电话号码栏

该栏填写与其有效身份证件相符的收货人姓名、地址、邮政编码和电话号码，要清

国内航空货运单

××× 12345675　　　　　　　　　　　××× 12345675

始发站[1] Airport of Departure	目的站[2] Airport of Destination		不得转让 NOT NEGOTIABLE
托运人姓名、地址、邮编、电话号码[3] Shipper's Name, Address, Postcode & Telephone No.			航空货运单　　航空公司中文名称 AIR WAYBILL航徽　英文名称 印发人　　　地址、邮编 ISSUED BY 航空货运单一、二、三联为正本，并具有同等法律效力 Copies 1,2 and 3 of this Air Waybill are originals and Have the same validity.
收货人姓名、地址、邮编、电话号码[4] Consignee's Name, Address, Postcode & Telephone No.			结算注意事项及其它 Accounting Information [22] 填开代理人名称 Issuing Carrier's Agent Name [23]

航线[5] Routing	到达站 To 5A	第一承运人 By First Carrier 5B	到达站 To 5C	承运人 By 5D	到达站 To 5E	承运人 By 5F
航班/日期[6A] Flight/Date		航班/日期[6B] Flight/Date	运输声明价值[7] Declared Value for Carriage		运输保险价值[8] Amount of Insurance	

储运注意事项及其它 Handing Information and Others [9]

件数 No.Of Pcs.	毛重（公斤） Gross Weight（KG）	运价种类 Rate Class	商品代号 Comm. Item No.	计费重量（公斤） Chargeable Weight	运价 Rate /Kg	航空运费 Weight Charge	货物品名（包括包装、尺寸或体积） Description of Goods (incl. Packaging,Dimensions or Volume)
[10]	[11]	[12]	[13]	[14]	[15]	[16]	[17]
[10A]	[11A]					[16A]	

预付 Prepaid [18]		到付 Collect [21]		其它费用 Other Charge [20]	
[18A]	航空运费 Weight Charge	[21A]		本人郑重声明：……	
[18B]	声明价值附加费 Valuation Charge	[21B]			
[18C]	地面运费 Surface Charge	[21C]		托运人或代理人签字、盖章 Signature of Shipper or His Agent [27]	
[18D]	其它费用 Other Charge	[21D]			
[18E]	总额（人民币） Total(CNY)	[21E]		[28A] [28B] [28C] 填开日期　填开地点　填开人或代理人签字、盖章 Executed on(Date) At(Place) Signature of Issuing Carrier of Its Agent	
付款方式[19] Form of Payment					

图 10-5　国内航空货运单样式（副本）

楚准确。此栏只能填写一个收货人，要求内容详细。

5. 航线栏

到达站（第承运人运达站）栏：填写目的地机场或第一中转站机场的三字代码。

第一承运人栏：填写自始发站承运货物的承运人的两字代码。

到达站（第二承运人运达站）栏：填写目的地机场或第二中转站机场的三字代码。

承运人栏：填写第二承运人的两字代码。

到达站（第三承运人运达站）栏：填写目的地机场或第三中转站机场的三字代码。

承运人栏：填写第三承运人的两字代码。

6. 航班/日期栏

航班/日期（始发航班）栏：填写已订妥的航班日期。

航班/日期（续程航班）栏：填写已订妥的续程航班日期。

7. 运输声明价值栏

该栏填写托运人向承运人声明的货物价值。托运人未声明价值时必须填写"无"字样。

8. 运输保险价值栏

托运人通过承运人向保险公司投保的货物价值。已办理声明价值的此栏不填写。

9. 储运注意事项及其他栏

该栏填写货物在保管运输过程中应注意的事项或其他有关事宜，不得填写超出航空公司储运条件的内容。

10. 件数/运价点栏

该栏填写货物的件数。如果货物运价种类不同时，应分别填写总件数。如果运价是分段相加组成时，将运价组成点的城市代码填入本栏。

11. 毛重栏

在与货物件数相对称的同一行处，填写货物毛重。若分别填写时总数应填在 11A。

12. 运价种类栏

可用下列代号填写所采用的运价类别：①M 为最低运费；②N45 为 45 kgs 以下普通货物基础运价；③Q45 为 45 kgs 以上普通货物运价；④C 为指定商品运价；⑤S 为等级运价。

13. 商品代号栏

应根据下列两种情况分别填写：①如果填入指定商品运价代号"C"，则在本栏内填写指定商品代号。（商品代号根据各地区公布运价中确定的指定商品代号进行填写）。②如果填入等级货物运价代号"S"，本栏内应填写适用的普通货物运价的百分比数，如Q150。

14. 计费重量栏

（1）如果按体积计得的重量大于实际毛重，那么应将体积计费重量填入本栏。

（2）采用较低的运价和较高的计费重量分界点，所得的运费低于采用较高的运价和较低的计费重量分界点的运费，则可将较高的计费分界点重量填入本栏。

15. 运价栏

该栏填写货物起止点之间适用的每千克运价。

16. 航空运费栏

该栏填写根据费率和计费重量计算出的货物航空运费额。

17. 货物品名（包括包装、尺寸或体积）栏

该栏填写货物的外包装类型。如果该批货物包装不同，则应分别写明数量和包装类型，如纸箱、铁桶、木箱等。填写货物的名称、每件货物的尺寸和总体积，货物名称应当具体准确，不得填写表示货物类别的统称或品牌，如电视机等不能填写电子产品；心电图仪等不能填写仪器、仪表。私人物品必须详列内容。

18. 预付栏

预付航空运费栏：填写预付栏中航空运费总数。
预付声明价值附加费栏：填写按规定收取的货物声明价值附加费。
预付地面运费栏：填写根据地面运费费率和计费重量计算出的货物地面运费总额。
预付其他费用栏：填写各项费用的总数；填写除航空运费、声明价值附加费和地面运费以外的根据规定收取的其他费用。
预付总额（人民币）栏：填写总数。

19. 付款方式栏

该栏填写托运人支付各项费用的方式，如现金、支票等。

20. 其他费用栏

该栏填写除航空运费、声明价值附加费和地面运费以外的根据规定收取的其他费用。

21. 到付栏

目前国内航空货物运输暂不办理运费到付业务。
到付航空运费栏：填写到付航空运费总数。
到付声明价值附加费栏：填写按规定收取的货物声明价值附加费。
到付地面运费栏：填写根据地面运费费率和计费重量计算出的货物地面运费总额。
到付其他费用栏：填写各项费用的总数；填写除航空运费、声明价值附加费和地面运费以外的根据规定收取的其他费用。
到付总额（人民币）栏：填写总数。

22. 结算注意事项及其他栏

该栏填写有关结算事项，如有关运价协议号码、销售运价文件号码、特别运价通知、代理人或销售单位编码。

23. 填开代理人名称栏

该栏填写填制货运单的代理人名称。

24. 收货人签字日期栏

副本 4 由收货人签字及填写货物提取日期。

25. 收货人有效身份证件及号码栏

副本 4 填写收货人的有效身份证件号码。

26. 交付人签字、日期栏

副本 4 由交付货物的经办人签字及填写货物交付日期。

27. 托运人或代理人签字、盖章栏

由托运人或其代理人签字盖章。

28. 承运人或其代理人的签字、盖章栏

填开日期栏填货运单的填开日期。
填开地点栏填货运单的填开地点。
填开人或代理人签字、盖章栏：填制货运单的承运人或其代理人的签字盖章。

延伸阅读：省内首个！青岛国际机场成功上线航空货运电子运单

2022 年 7 月 29 日，胶东国际机场成功上线川航国内货运电子运单，这是山东省内首个使用航空货运电子运单的机场，将进一步提升胶东国际机场门户枢纽功能。在传统的航空货物运输链条中，航空公司或货运代理首先需要在航空公司系统内完成货物信息录入，生成原始八联纸质运单；其次携带运单、申报文件和货物说明等文件，到机场货站进行货物收运、安检，经海关、安检等部门对货物进行核查核验后加盖海关（国际货物）、安检印章，最终形成正式纸质运单并制作舱单后，才能随货物飞往目的站。在飞机落地之后，目的站机场才能根据随行的纸质运单、舱单信息进行理货和发出到货通知。整个运输过程由于纸质运单的单量巨大，信息传递复杂、低效和烦琐，消耗了大量的人力和物力。

青岛国际机场实现机场货运系统与航空公司系统互联后，进出港环节的货运代理或航空公司无须再制作烦琐的纸质运单，只需在航空公司系统录入货物运输信息，机场货站、海关、安检即可在各自系统中提前获取货物运输信息，并以货运电子数据进行实时互通，货物到站后货站操作人员能够快速地进行收运和理货，海关也能够同步实施放行，大幅度提升了运输效率和通关效率；可以最大限度地消除重复数据的录入，避免了关键信息被恶意篡改，有效降低数据冗余度，提高航空货运服务水平。同时实行货运电子运单也可以大幅减少纸张原材料的消耗，实现降本增效新局面。

面对新机遇和新挑战，青岛国际机场将以川航货运电子运单为试点，乘势而上，加快技术创新业态升级，打破民航专业壁垒，打造更加适合交通运输和航空物流发

展的航空物流信息化平台，推进各类空陆联运、空空联运等多种业务模式对接，实现数据共享、货单鉴真、法律支持、金融服务、物业管理等配套服务，坚持"枢纽建设学仁川、货运发展赶郑州"目标，在货物集疏、保障能力、运行效率等物流全链条实现提质增效，全力打造高能级航空物流发展平台。

资料来源：《省内首个！青岛国际机场成功上线航空货运电子运单》，https://news.qingdaonews.com/qingdao/2022-08-04/content_23315642.htm，2022年8月4日。

第十一章　民航客货运输服务质量管理

本章概要：本章主要介绍民航客货运输服务的内涵、民航客货运输服务质量现状以及民航客货运输服务质量管理的各项活动，即民航客货运输服务质量策划、民航客货运输服务质量保证、民航客货运输服务质量控制以及民航客货运输服务质量改进。通过本章的学习，掌握质量管理的相关概念，掌握质量管理的基本思想、观点、管理方法和理念，能够运用质量管理的常用方法和工具分析解决民航客货运输中的服务质量问题。

第一节　民航客货运输服务相关概念内涵

一、民航客货运输服务的内涵

（一）民航客货运输服务的概念

一项服务就是一次顾客经历，即指顾客从进入到离开一个服务系统的经历总和。因此，民航客货运输服务可定义为旅客/货主从购票/订舱开始到旅客乘机/货物装机，直到到达目的地而实现空间位移愿望的整个航行经历的总和。民航客货运输服务虽然是无形的，但是具有多重层次和丰富的内涵，可将民航客货运输服务分为三类，即核心服务、形式服务和外延服务。

（1）核心服务：是指为顾客提供的本质的、最基本的服务。民航客货运输的核心服务是提供满足旅客和货物空间位移需求的服务，满足旅客出行和货物运输的需求。顾客购买机票和托运货物不只是为了购买飞机上的一个座位或吨位，而是为了实现快速从甲地到乙地的空间位移，为了获得保证空间位移所提供的相应服务需求的满足。核心服务是整体服务的中心，是顾客追求的核心利益。

（2）形式服务：是指为了顾客能够实现核心服务而常常设有的一些必要服务，如果缺少它核心服务就无法实现。民航客货运输的形式服务是保证航班运营的必要服务。民航旅客运输的形式服务是通过售票、值机、行李托运、安检、候机、登机、客舱以及行李提取等服务，使旅客完成出行。民航货物运输的形式服务是通过订舱、交运、报关报检代理、地面处理、装卸飞机、提货等服务，使货主完成货物运送。

（3）外延服务：是指用来使服务增值或有别于竞争对手的服务，是核心服务发挥最大效用的服务。民航客货运输的外延服务是使客货运输服务增值的服务。民航旅客运输的外延服务包括逾重行李、选座、保险、酒店、租车、景点门票等，如深圳机场 2021 年新推出的"航延悦途"服务。旅客可在合作店铺享用定制航延套餐，在同城同质同价的基础上再享受打折优惠，60 岁及以上老年旅客可在机场 20 余家便利店、零售店免费获取矿泉水一瓶。民航货物运输的外延服务包括配送服务、保险服务等。例如，三峡机场物流公司货运"落地配"业务是基于货主在货物提取需求的基础上，衍生出来的配套服务措施，通过"最后一公里"的配送服务，实现了货物"门到门"的实体流动。从飞机落地开始，货物经过快速卸机，严格消杀，仔细检查核对，最终安全高效地配送至货主手中。相较于以往仅能机场自提的单一提货模式，"落地配"在安全性、便利性和时效性等方面更具优势。货主只需拨打机场货站服务电话，提供货物重量及配送地点，即可在家享受"快递"般的服务。

形式服务与外延服务的界限并不很明确，在某种情况下属于形式服务的可能在另一种情况下就是外延服务。但从管理角度看，区分形式服务与外延服务很重要。形式服务是强制性的、必不可少的，应对它进行精心设计，树立服务的特色，促进服务的差别化；而外延服务则是充当竞争手段的，缺了它核心服务仍能使用，但会降低整个服务的吸引力和竞争力。

（二）民航客货运输服务的基本特征

民航客货运输服务的基本特征包括以下几个方面。

（1）无形性：指服务不具有有形的、可以看得见、接触得到的外表或形状，但是服务经常借助于有形物品来实现。民航客货运输服务属于无形产品，与有形产品不同，往往是不可触摸的，但民航客货运输服务与一些有形的物品相关联，如旅客花钱购买机票/订舱位，不是买飞行器，而是借助于飞行器，通过航空公司提供给旅客/货主的乘机服务/运送服务，来实现空间位移的目标，达到旅行的目的。

（2）不可分性：指服务的生产与消费同时进行，顾客参与生产过程，核心价值在买卖双方的相互作用中产生。民航客货运输服务的不可分性是指服务的生产过程与消费过程同时进行，也就是说服务人员提供服务给旅客/货主时，也正是消费服务的时刻，两者在时间上不可分离，而且，旅客只有且必须加入到服务的生产过程中才能最终消费到服务。

（3）不可存储性：指民航客货运输服务不能储存。民航客货运输服务——旅客与货物的空间位移，是与被运输的客货结合在一起的。航空公司提供给旅客的服务不能因为旅客的多少而储存，进行经济批量生产。民航客货运输服务的不可分性决定了运力不可储存。旅客一进入航空服务系统，航空公司服务就开始生产；旅客一离开航空公司服务系统，航空公司服务就被消费完毕。

二、民航客货运输服务质量现状

随着人们出行需求的日益增长，对航空运输业的服务需求也日益增加。旅客从开始购票到完成旅行，不同旅客在不同运输服务阶段，既有共同的需求和关注点，也有个性化的需求。民航旅客服务测评2017年9月发布的《民航服务体验分析报告》和携程旅行网2018年12月发布的《2018中国旅行口碑榜飞行数据大报告》显示，我国民航业服务质量还有许多方面不尽如人意，旅客的关注焦点是全方位的，优质服务更多体现在细节上。例如，成田国际机场标识设置简洁明了，将地贴、立牌、悬吊等多种方式结合，实现流程引导和点位标识。旅客从轨道交通站点到候机楼，跟着地贴的路线走就能到达所要去的航站楼，简单明了好辨识。大家出行时会遇到航班不靠廊桥的时候，如果遇到雨雪天气旅客的体验就非常差。春秋航空在上海虹桥机场针对不靠桥的航班，使用移动式廊道，很好地解决了这一问题。优质的服务正是从这些细节出发，不断提升旅客体验，提高旅客满意度。

民航旅客服务测评发布的《2021 上半年航空公司净推荐值（NPS）分析报告》指出行业净推荐值全面下滑，民航服务竞争力整体下降。旅客结构发生了较大的变化，推荐者大幅减少，贬损者成倍增加。2021 年上半年，全服务航空公司和差异化航空公司服务竞争力均降幅明显。在净推荐值呈现断崖式下降的背后，餐食品质、人员服务、航司品牌、航班准点率四个方面是关键影响因素。同时，旅客对流程效率、信息通达提出更高要求。

民航货物运输服务也存在一些不尽如人意的方面。加强民航货物运输能力建设承载着畅通供应链和延伸产业链的重任，但发展中的难点问题不少，需要加以解决，主要表现为货运航空运力不足，我国航空货运 1/3 是由航空货机实现的、2/3 是由客机的腹舱实现的；货运航空公司竞争力不强；货运航空支撑体系不够，即货运综合基础设施投入不够、货运航班时刻的安排不利于集货、地面交通支撑不够、物流供应链与产业链连接质量不高等。

总体来说，民航客货运输服务质量还有待提升，应真正认识到质量的重要性，要真正从顾客的角度体验和感受，在制定服务标准和流程时以顾客为导向，促进航空运输企业流程的完善和改善，通过细节灵活的服务让顾客感受到细致的关怀。

三、服务质量与质量管理的内涵

（一）质量概念的沿革

随着科学技术和市场需求的不断发展，质量的概念也在逐渐地拓展、深化和完善。人们对质量概念的认识大致经历了符合性质量、适用性质量、顾客及相关方满意的质量、战略导向下可持续发展的质量的发展过程。

（1）符合性质量。克劳士比（Crosby）将质量定义为"符合规定的要求"。这一定义在 20 世纪 80 年代得到普遍认可。但这一定义的局限性是规定或要求是生产者或供方给出的，它很可能并不是顾客真正想要的或愿意接受的。符合性质量的判断依据是标准，符合标准的产品就是合格品。符合性质量是一种静态的质量观，难以全面地反映顾客的要求，特别是隐含的需求和期望。

（2）适用性质量。适用性是指"产品在使用时能成功地满足顾客要求的程度"。适用性质量最早是由著名质量管理专家朱兰提出的。适用性质量概念的判断依据是顾客的要求。任何组织的基本任务就是提供能满足顾客要求的产品（或服务），这样的产品（或服务）既能给生产该产品（或提供服务）的组织带来收益，也不会对社会造成危害。

（3）顾客及相关方满意的质量。ISO（International Standards Organization，国际标准化组织）提出的"一组固有特性满足要求的程度"的质量概念，实际上提出了好的质量不仅要符合技术标准的要求（符合性），同时还必须满足顾客的要求（适用性），满足社会（环境、卫生等）、员工等相关方的要求。质量评价的对象也从产品扩展到过程、体系等所有方面。

（4）战略导向下可持续发展的质量观是一个广义的质量观，是追求卓越、可持续发展的质量。

质量概念演化的四个方向，归结起来为：第一个方向是生产主导型的质量，是符合性质量（优劣），是标准化的概念，重视证明。第二个方向是达到顾客的要求，是顾客主导型的适用性质量，是变化的概念，重视改进。第三个方向是重视相关方利益的平衡的质量，重视协调。第四个方向是战略导向下，企业在超越中追求卓越的经营性质量，重视可持续发展。

随着生产方式从规模生产向规模定制的转变，在个性化需求日益增长的背景下，不少学者提出了主观质量的概念，认为符合性质量观是一种客观的质量观，是绝对质量观，而顾客满意是以顾客为中心的主观质量观，是相对质量观。

综上所述，质量定义为产品、体系或过程的一组固有特性满足顾客和其他相关方要求的能力。从定义可以看出，如果将满足顾客和相关方要求的能力视为"质量"的话，企业的整体质量水平是一个"广义"的概念，不但是指产品或服务质量，还包括"体系的质量"和"工作过程质量"等。过程是指"一组将输入转化为输出的相互关联或相互作用的活动"。例如，客运工作可以划分为旅客市场调查研究、航班计划、市场营销、订座、客票销售、旅客班车服务、办理乘机手续、候机服务、载重平衡、通知上客、机上服务、旅客到达服务等。体系质量则是为了使过程质量和产品质量满足顾客的要求，组织在管理职责、工作标准和管理制度规范等方面的完善程度，它反映了组织各方面工作安排对满足顾客需求的保证程度。体系质量、过程质量和产品质量三者之间存在密切的相互关系。体系质量是过程质量的基础和保证，过程质量是产品质量的基础和保证，产品质量又是各方面、各环节过程质量和体系质量的一种综合反映。因此，做好产品或服务质量，首先应当是建立一个有效的质量管理体系，通过质量管理体系管好工作过程质量。

（二）服务质量的定义及质量特性

1. 服务质量的定义

芬兰学者格罗鲁斯结合心理学知识就顾客对服务质量的感知进行了研究，他指出服务质量属于主观内容，它主要通过顾客将自己持有的对服务质量的期望与自身实际所感知的服务进行对比体现的，也就是期望服务质量与体验服务质量二者的对比。如果后者高于前者，那么顾客对该服务质量表现为满意，相反的则表现为不满意。格罗鲁斯还对服务质量作了分类，将其划分为功能质量与技术质量，其中功能质量是顾客怎样获得该服务，它包括过程和结果两方面的服务，同时明确了对服务质量产生影响的营销因素；技术质量指的是服务过程的产出，也就是在接受服务后顾客的所得。

美国服务管理研究组织也就该问题作了深入探讨，在1985年，该组织构建了差距模型，它认为顾客对服务持有的期望和对实际服务的感知之间存在的差距就是服务质量，具体而言服务质量就是顾客期望与体验之间存在的差距。

由此来看，服务质量有着较高的主观特征，因此它不可能像有形产品一样进行标准化建设，但是它可以借助相关标准来对其进行量化。面对同样的服务质量，顾客不同所得感知必然不同，即便是同一位顾客由于接受服务的时间不同，其需求也会发生变化，因此在面对同样的服务时其所得感知也会存在差异。服务质量并非单方面形成的，它是由服务提供者与接收者之间的互动而产生的，不过前者无法确保其所有服务都完全一致，因此后者就必须做出相应的配合与响应，不然该服务过程必然失败，服务质量也难如人意。

服务质量是指服务能够满足规定和潜在需求的特征与特性的总和，是指服务的一组固有特性满足要求程度。与有形产品显著不同的是，服务产品的生产一般都要有顾客的参与，这就要求服务产品的生产要坚持以顾客的需求为导向。因此，顾客个体的素质与生活背景会影响其对于服务产品的感知与评价。即使是同一个服务产品，不同的顾客因其需求不同，所获得的体验和感知也会不一样。具体而言，服务质量可以从五个层面理解：①服务质量是被顾客感知的；②服务质量的好坏不但需要科学的工具进行客观评价，还需要通过顾客的主观感知进行验证；③服务质量的发生涵盖了服务的生产和服务的交易的整个过程；④顾客对于服务质量的评价是由顾客对服务的预期值和实际感受值之间的对比差值决定；⑤顾客对服务质量进行评价时，不光重视服务的结果，也会关注服务的实施过程。

根据服务质量的内涵与航空运输业的特点，民航客货运输服务质量可以定义为：航空公司通过与民航机场、空中交通管制、边防、联检等相关机构协作，为顾客提供准时、安全、快捷的空中位移服务，是持续满足航空旅客/航空货物从出发地到目的地这一过程中需求的程度。民航客货运输服务质量的内涵可以从以下几方面进行理解：①对于民航客货运输服务质量而言，最为根本的是服务的安全性，安全性是航空运输业的生命线。②民航客货运输服务质量的核心在于航空运输的准点率。对比其他的运输方式，快捷是航空运输工具无可比拟的优势，也是顾客选择航空运输工具的关键因素。如果航班经常出现延误的状况，就会严重稀释这一优势。因此，保障民航客货运输服务质量的关键就是确保航空运输的准点率。③保障民航客货运输服务质量的前提条件是保证航空运输各个链条中子系统能够开展有效的协作。航空运输需要一个系统性的体系作为支持，航班的运营除了航空公司之外，还需要与机场、地勤和空管这些支持单位协调沟通。④不同的客户对于航空服务质量的感知和效用都存在着个性化的差异。

2. 服务质量特性

美国著名营销学家贝利、帕拉休拉曼等经过大量研究指出，对服务质量的评价主要依据五个指标，即可靠性、响应性、保证性、移情性和有形性，也构成了顾客感知服务质量的五个维度。

（1）可靠性（reliability），指可靠、准确地履行服务承诺的能力。从更广泛的意义上说，可靠性意味着公司按照其承诺行事，公司向顾客承诺的事情都能及时完成且第一次就把服务做好；顾客遇到困难时，能表现出关心并帮助；能够正确记录相关的活动，当出现问题时能够及时查找到其真实的记录。

（2）响应性（responsiveness），指帮助顾客并迅速提高服务的愿望，强调在处理顾客要求、询问、投诉等问题时的专注、快捷、及时和准确。让顾客等待，特别是无原因的等待会给顾客感知带来消极影响。

（3）保证性（assurance），指员工所具有的知识、礼节以及表达出自信与可信的能力。员工的行为能够增强顾客对企业的信心，同时让顾客感到安全、放心。这也就意味着员工要有诚意以及拥有解决顾客问题所必须具备的知识和技能。

（4）移情性（empathy），指设身处地为顾客着想和对顾客给予特别的关注。移情性的本质是通过个性化的或顾客化的服务使每一个顾客感到自己是唯一的和特殊的。

（5）有形性（tangibles），指服务企业有策略地提供服务的有形线索，是服务过程中能被顾客直接感知和提示服务信息的有形物，包括有形的设施、设备以及服务人员的仪表等。有形性是顾客评价服务质量的重要依据。有形的环境条件是服务企业对顾客更细致地照顾和关心的体现，对这方面的评价可以影响其他正在接受服务的顾客的行动。

对于民航客货运输服务质量来讲，保证航班的安全是基本环节，因此，可以增加一个安全性维度。以民航旅客运输服务质量为例，各个维度的具体特性要求如表11-1所示。

表11-1 民航旅客运输服务质量维度

服务质量维度	一般要求
安全性（S）	保证旅客的人身及其财产的安全无损
可靠性（A）	航班准时起飞；较低的行李差错率和停机坪事故；能准时地提供所承诺的各项服务
响应性（B）	告知旅客准确的服务时间和相关信息；航班延误时能及时提供旅客所需服务；旅客在各服务环节的等待时间短
保证性（C）	服务人员具备所需的专业知识和技能；具有良好的信誉和声誉
移情性（D）	能为特殊旅客着想；能为旅客提供个性化服务；能够接近旅客，敏感而有效地理解并满足旅客的需求
有形性（E）	运输服务各环节所使用的设备、场地环境干净整洁，舒适美观；设施布局合理和人性化；服务人员服装统一、整洁

资料来源：赵凤彩，陈玉宝（2009）

（三）质量管理的内涵

1. 质量管理的概念

国际标准ISO 9000对质量管理（quality management）的定义是："在质量方面指挥和控制的协调活动。"在质量方面的指挥和控制活动，通常包括制定质量方针和质量目标以及质量策划、质量控制、质量保证和质量改进，如图11-1所示。

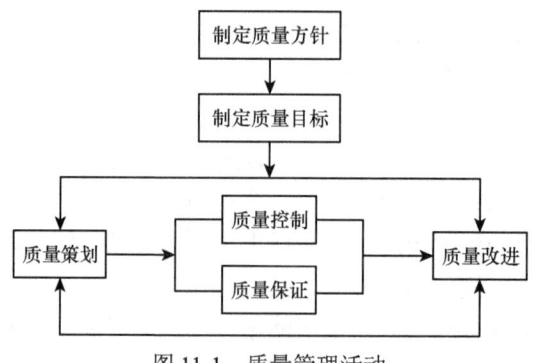

图11-1 质量管理活动

质量管理要求首先企业要制定质量方针，由组织的最高管理者正式发布的该组织总的质量宗旨和方向，也就是企业在质量方面的追求，相对比较宏观，因此，在制定了质量方针后，就需要把它细化为质量目标，即企业在质量方面要实现的结果，必须明确、具体、可衡量。

在明确质量方针和目标基础上，就要开展具体的质量管理活动。

质量策划是质量管理活动的起点，是质量控制和质量改进工作的前提。质量策划活动简单来说，就是确定正确的事、符合要求的事是什么，如何实现。

质量控制是质量策划的延续，确保制定的计划、标准被有效执行，不出现偏差，就是致力于正确地做事，第一次就把事情做对，满足质量要求。

质量保证则是使企业具备做正确的事和正确做事的能力，获取顾客信任。质量保证是推进质量策划、质量控制和质量改进工作有序开展的基础。

质量改进是在质量控制基础上找出问题，寻找改进的机会，为质量策划提供依据，就是致力于增强满足质量要求的能力，时刻保证做正确的事。

由于竞争和顾客需求的不断变化，组织在实施质量管理时，必须对质量的本质有以下几方面清楚的认识。

（1）质量是顾客对企业所提供的产品或服务所感知的优良程度。要提供顾客满意的产品或服务，首先要知道谁是企业的顾客，顾客想要从企业提供的产品或服务中得到什么，即清楚地认识顾客的需要和期望。

（2）质量的好坏、高低是相对于不同顾客的不同需要而言的。由于顾客的性别、年龄、习惯、文化背景、支付能力等的不同，不同顾客对于同一产品或服务的需要和期望是不同的，因此对质量的感知是不同的，这就意味着企业必须决定服务于哪类顾客。

（3）由于顾客的需求是在不断变化的，这就要求企业必须不断研究顾客需求的变化趋势，同时根据顾客需求的变化，不断改进和提高产品与服务质量，而产品和服务质量的改进是通过对产品生产及服务提供过程的不断改进与完善来实现的。

（4）必须掌握质量管理的思想观点和理论方法，注重人的管理，从质量管理的组织、体系到企业文化建立，从资源的优化到经营成果的评价，都必须注重组织协调工作。

（5）注重"经济的水平"与"充分满足顾客需求"的统一。企业必须从长远发展的战略角度考虑问题，合理有效地配置和使用资源，综合考虑数量、成本和价格等因素，控制成本，讲究经济效益，而不应为了眼前的利益损害社会和顾客的利益。

2. 质量管理的发展阶段

随着生产和科学技术的发展以及人们认识的不断深化，质量管理也随之得到了不断的发展。从质量管理实践中解决质量问题的手段和方式来看，质量管理发展至今的全过程，可分为质量检验、统计质量控制和全面质量管理三个阶段。

1）质量检验阶段

在第二次世界大战之前，人们对质量管理的认识还只限于对产品质量的检验，通过严格的检验来保证出厂或转入下道工序的产品质量。因此，质量检验阶段的质量职能主要内容就是质量检验工作。

2）统计质量控制阶段

由于以"事后检验把关"为主的质量管理不断暴露其弊端，一些著名的统计学家和质量管理专家开始研究运用数理统计学的原理来解决这些问题。美国贝尔电话实验室的工程师休哈特提出了统计过程控制（statistical process control，SPC）理论——应用统计技术对生产过程进行监控，以减少对检验的依赖。这种新方法解决了质量检验事后把关的不足。1924年5月16日，休哈特设计出了世界上第一张控制图。1930年，贝尔电话实验室的另外两名成员道奇和罗米格又提出了统计抽样方法，并设计了"抽样检验表"，解决了全数检验和破坏性检验在应用中的困难。

第二次世界大战后，日本、英国等很多国家开始积极开展统计质量控制活动，并取得成效。利用数理统计原理，将事后检验变为事前控制的方法，使质量管理的职能由专职检验人员转移到专业的质量控制工程师来承担。这标志着将事后检验的观念改变为预测质量事故的发生并事先加以预防的观念的形成。但在这个阶段，由于过分强调质量控制的统计方法，忽视了其组织的管理工作，人们误认为"质量管理就是统计方法"，并且由于数理统计方法理论比较深奥，因此人们认为这是"质量管理专家的事情"，影响了数理统计方法的普及和推广。

3）全面质量管理阶段

20世纪50年代以来，随着社会生产力和科学技术的迅猛发展，产品更新换代的加速，市场竞争的加剧以及社会经济、文化等方面的发展变化，人们对产品质量和质量管理方面的要求与期望出现了许多新的情况。这些变化主要体现在以下几个方面。

（1）人们对产品质量的要求更高、更广。过去，人们对产品的要求通常注重于产品的一般性能，如可用性，后来又增加了可靠性、安全性、经济性等要求，时至今日，许多人开始追求新潮、时尚、品牌、文化等非功能性的质量。

（2）在企业管理中广泛地应用了系统分析的概念。影响质量的因素是多方面的系统因素的集合，这就要求企业管理者必须用系统的观点来分析研究质量的形成过程和质量管理方法。

（3）在管理理论方面也有了一些新的发展。其中突出的是"重视人的因素""参与管理"，强调人在质量管理中的作用。

（4）20世纪60年代以来，随着"保护消费者利益"运动的兴起，各种保护消费者利益的组织如雨后春笋般出现，保护消费者利益的运动已成为一种世界性现象。

（5）随着国际市场竞争的加剧，各国企业为了参与竞争，都纷纷提出"产品责任"和"质量保证"等质量承诺。

由于上述情况的出现，仅仅依赖质量检验和运用统计方法是很难保证与提高产品质量，同时，把质量职能完全交给专业的质量控制工程技术人员承担也不妥当，要求质量管理必须在原有基础上有一个新的发展。美国通用电气公司质量经理费根堡姆和质量管理专家朱兰等人先后提出了新的质量管理观点，即全面质量管理观点。他们在1981年给全面质量管理下的定义是"为了能够在最经济的水平上，并考虑到充分满足顾客要求的前提下进行市场研究、设计、制造和售后服务，把企业内各部门的研制质量、维持质量和提高质量的活动构成为一体的有效体系"。

进入 21 世纪，全面质量管理思想已经得到了进一步的发展，以人为本、可持续性和和谐发展的管理思想，以及顾客让渡价值最大化等顾客价值创新理论，对企业质量管理观念必将带来重要的影响。

综上所述，质量管理发展的三个阶段的区别是：质量检验阶段主要靠事后把关，是一种防守型的质量管理；统计质量控制阶段主要在生产过程中实施控制，通过控制手段而实现预期的目标，是一种预防型的质量管理；而全面质量管理阶段以满足顾客的要求为目标，对产品生命周期的整个过程实施管理，是一种"全面的、全过程的、全员的、综合性"的质量管理。

第二节 民航客货运输服务质量策划

出行（或运输）方式那么多，顾客为什么选择航空运输方式？顾客面对如此多的航空公司，为什么选择我们？我们卖的仅仅是飞机上的座位（或舱位）吗？回答这些问题，是民航客货运输服务质量策划所要解决的核心问题，即为航空旅客或货主提供什么样的服务。而民航客货运输服务质量策划核心任务就是了解顾客服务需求，设计服务产品，制定服务标准规范和服务提供过程要求及方案。简而言之，质量策划就是做正确的事，即符合要求的事。

一、质量策划的内涵

质量策划是指制定产品、体系和过程等的质量目标与质量要求，并规定必要的运行过程和相关资源以实现质量目标的活动。质量策划的主要内容包括以下方面。

（一）产品或服务策划

了解顾客对产品和服务的需求，识别能够满足顾客需求的产品和服务质量特性，对不同类型的质量特性进行分类，确定质量目标和衡量方法、明确质量要求和实现质量目标的约束条件。对于产品策划来讲，其结果是要产生对产品的质量要求、产品特性和衡量标准。对于服务策划来讲，其结果是要产生服务规范。

民航运输产品和服务策划，重点是通过分析顾客对民航客货运输产品和服务质量的需求，识别民航客货运输产品和服务的质量特性与衡量标准，确定质量目标以及实现质量目标所需的各种条件。服务规范是民航企业服务策划的结果之一，它不仅用于规定民航运输企业应该提供什么样的服务，对所提供的服务进行完整而精确的描述，同时也作为编制服务提供规范和质量控制规范的依据。

（二）管理和操作策划

管理和操作策划是为了实现质量目标而进行的管理体系的策划、组织工作以及进度安排、管理和作业程序等。管理和操作策划主要是对产品生产过程或服务提供过程的策划，其结果是分别产生产品生产过程规范和服务提供规范，以及对产品生产过程、服务提供过程和最终结果进行测量与评价的质量控制规范。这些过程规范通常以程序标准来表现，最终形成质量手册。

（三）编制质量计划和做出质量改进的规定

民航运输企业质量计划是根据顾客需求的变化和民航运输业的竞争环境，确定航空运输企业的质量改进项目、质量改进目标和各种质量管理活动的组织安排及实施计划。对于某一具体质量改进项目，还需要明确其资源配置、活动安排、时间要求、质量保证和改进措施。

质量策划应把标准建立在顾客而非企业的基础上，但在很多情况下，服务企业使用的语言及对质量的测量方式，明显地示意出它们是以生产为导向，而不是以顾客为导向。民航客货运输的服务质量标准反映了其生产导向的思维方式。例如航班时刻表总是标明了航班离港和到达的时间，但并未告知在飞机起飞之前旅客应在何时到达机场，或是飞机到达后，旅客多久才能离开机场。在乘坐航班时，机长向旅客宣布飞机已经按时在某机场着陆，但却并没有告诉旅客飞机还要滑行 8～12 分钟才能完全停下来，然后才会有一辆机场摆渡车把旅客带到"到达入口"。而旅客关心他们总共要在飞机座位上待多久，以及除了飞行，他们在办理机场手续方面还需要花费多少额外的时间。

二、质量策划的过程

（1）识别顾客及其需要。由于顾客构成的差异性，不同顾客对航空运输企业提供的产品和服务质量要求也会有一定的差异性。如新航、英航等将高端旅客作为航空公司的主流旅客，其市场定位是满足高端旅客对航空运输服务的需求。而一些低成本航空公司则将自费和休闲旅客作为目标市场，重点研究对价格敏感的经济型旅客的需求特性。因此，在质量策划时，需要根据企业的市场定位列出顾客清单。对不同类型顾客进行调查时，要求顾客用自己的语言表述对产品和服务的要求。在此基础上，针对不同类型旅客的需求特征分别进行质量策划，或针对大众化的普遍需求进行服务策划。

（2）将顾客需要转换为能够测量和评价的质量特性指标，并确定质量特性指标的测量单位和测评方法。顾客对民航客货运输安全、准时、方便、快捷、经济等方面的具体质量要求，必须转变成可以衡量的质量特性指标，如顾客对航班正点的要求可以转换成航班正点率指标。但对于许多软性的顾客服务质量需求，则很难用定量的质量特性指标表示，如顾客对服务人员的礼貌、尊重、文明、文化敏感等心理上的需求，则需要根据顾客心理分析和顾客实际感知方面的信息进行服务规范性描述，最后采用"顾客满意度指数"等综合性的质量评价指标来评价其服务满足顾客需求的程度。

（3）产品或服务设计的优化。根据企业的经营战略目标，考虑顾客需求的变化、本企业目前的质量水平、竞争对手的情况等多种因素，确定影响企业质量水平的关键因素，以及在这些关键因素上应该达到的质量目标值及其测评、控制和改进方法等。

（4）确定产品或服务提供过程的质量要求。针对产品和服务提供过程中每一环节的特点，分析其满足规定质量要求所应该具备的各种条件，包括对输入要素与输出结果的要求、过程标准和不同环节的衔接要求等。

民航客货运输服务质量策划的输入包括：①顾客和其他相关方对民航客货运输的需求及期望；②民航客货运输产品和服务特性；③满足民航客货运输服务质量目标所需的质量管理体系过程要求；④过去民航业管理过程中的经验教训；⑤改进的机会等。

民航客货运输服务质量策划的输出包括：①民航客货运输企业实施质量改进计划的职责和权限；②满足民航客货运输服务需求所需的技能和知识；③改进的途径、方法和工具；④有效和高效地满足顾客服务需求的运输生产与服务过程及资源；⑤民航客货运输服务质量的业绩评价指标；⑥运输服务过程中的文件和记录要求；⑦运输服务过程优化及生产能力的测定等。

三、民航客货运输服务的需求特征分析

（一）质量策划的出发点——顾客需求分析

在质量策划过程中，顾客需求的识别非常重要，是质量策划的首要工作。

1. 顾客需求的多样性

顾客的需求具有以下特点：①不同的产品或服务是为了满足顾客不同的需求；②不同的顾客对同一产品或服务可能有不同的需求；③顾客的需求随时间、环境及顾客自身的变化而变化；④实际的顾客需求是可以明确的，即可以用适当的方法评价顾客需求的满足程度。

顾客的需求可以从以下五个方面的问题反映出来：①当购买航空公司的产品或服务时，顾客期望得到什么？（即对产品或服务本身的描述、说明或要求，类似于对产品或服务本身质量特性的描述）②这是否是顾客所期望的？（即所提供的产品和服务是否与规定或要求相符）③是否能够一直与顾客的期望相符？（即可靠性，也就是所提供的产品和服务随时间变化与顾客期望相一致的程度）④顾客愿意付多少钱？（即价格因素）⑤交货（或提供服务）是否及时、快捷？（即是否能够按照顾客期望的时间要求为顾客提供方便和快速的服务）

2. 顾客需求信息的来源

要准确把握顾客的需求，必须通过一定的手段和方法来实现，一般可以通过以下几种途径获得。

（1）来自顾客的意见，如顾客的抱怨、不满，或以口头、书面信函、电子邮件等形式对企业提出的意见、建议要求等。航空运输企业可以通过在网上或服务现场设置顾客意见箱，通过网上或现场进行的问卷调查等方式了解顾客的意见。

（2）来自与顾客接触面上的现场服务人员的意见。与顾客直接接触的企业员工或服务人员，他们在销售、服务及其他方面与顾客接触时，会对顾客的需要、要求和期望有一定的体验与感受，应随时听取他们的意见或汇报。如新加坡航空公司在每个航班结束后收集乘务人员对顾客书面和口头意见的反馈信息等。

（3）市场调查的方法得到的信息。在细分市场及选择特定市场的基础上，通过抽样调查的方法了解顾客对企业各方面工作质量的评价、意见和建议，或通过对常客、有经验的专家等进行问卷调查的方法得到顾客需求方面的信息。

航空运输企业除了通过上述途径收集顾客需求信息外，其他途径得到的信息也会为航空运输企业发现问题提供机会，如 IATA、ICAO、行业协会、消费者协会等机构发布的有关旅客需求预测、满意度评级、顾客投诉等方面的信息，都可以为航空运输企业提供不断改进的机会。中国航空运输协会、民航资源网等也定期对航空公司、机场等进行网上评价、评选活动。这种通过问卷调查、网上评价等方式对各航空公司、机场、销售代理人等部门的服务工作质量进行评价，其调查结果也能反映出各部门工作中存在的问题。

（二）民航旅客运输服务的需求特征分析

1. 不同类型旅客的需求特性分析

研究和分析航空公司的目标市场（如航线）的旅客构成、旅行目的以及不同旅客需求的特性，是设计航空公司产品、服务及其服务提供过程的基础，也是航空公司服务质量管理的出发点。

从旅客的旅行目的来看，主要包括商务或公务出差旅客、休闲度假旅客、探亲访友旅客、其他旅客（如学习、就医等）。商务旅客和休闲度假旅客对于服务的期望存在一定差异。相对于休闲度假旅客来讲，商务旅客一般对时间更为敏感而对价格不太敏感，他们通常到达机场的时间较晚，而对办理登机和联检手续的快速方便性要求更高，对休息室的环境、航班的准时起飞和优质的行李服务等也有更高的要求。

从旅客的旅行距离来看，可划分为短途旅客和长途旅客。短途旅客和长途旅客对机场地面服务的需求也有一定的差异。由于短途旅客在航班两端机场内花费的时间占整个旅行时间的比例较高，甚至有可能要超过飞行时间，因此短途旅客对机场地面服务条件的要求较高。相反，长途旅客对机上服务要求更高。

针对不同类型旅客的需求，航空公司应设计与其需求相符的服务产品。如东航西北分公司针对首乘旅客特点，制定并推出了包含"便捷购票、地面畅行、空中温暖"三大类 20 项"首乘"服务举措。在服务过程中，发现首乘旅客中老年旅客占比较大。因而，对老年旅客群体进行细分统计，推出精准贴心服务。对有认知能力的首乘老年旅客，空地服务人员要及时主动为其提供服务、主动介绍乘机流程并进行地标指引，要有足够的耐心，为他们提供一个轻松愉快的旅途氛围。对认知能力受限的首乘老年旅客，为避免产生沟通障碍和误解，空地服务人员要以平和的语气、合适的语速、通俗易懂的语言为其提供服务。认知能力受限及半自理的首乘老年旅客是空地服务人员重点关注的群体，主动引导老年旅客至爱心服务柜台，根据老年旅客实际情况提供个性化服务（如轮椅服务等），并由专人保障通过快速安检通道，组织优先登机。

2. 旅客和航空公司关注的主要因素

旅客选择承运人和航班时考虑的主要因素是航班时刻、票价、服务质量、安全记录、机型、航空公司的形象、航班正点等因素。航空公司的优势应来自为旅客提供更加便捷、舒适、可靠和高附加值的服务产品，通过发自内心的服务建立与旅客之间更加亲密的关系，通过增加旅客忠诚度来留住顾客。

在满足旅客需求方面，不同类型的航空公司正在形成自身的服务质量定位和差异化竞争，如低成本航空公司以满足顾客的基本需求——"点对点"式的直达服务、低廉的价格、简便的网上购票等，而传统航空公司则致力于通过提供增值服务来满足旅客对舒适性、个性化的服务质量需求，通过为旅客提供周到、细致、发自内心的服务来提高旅客的忠诚度。旅客和航空公司关注的主要因素也在随着顾客需求的变化而变化，如图11-2所示。

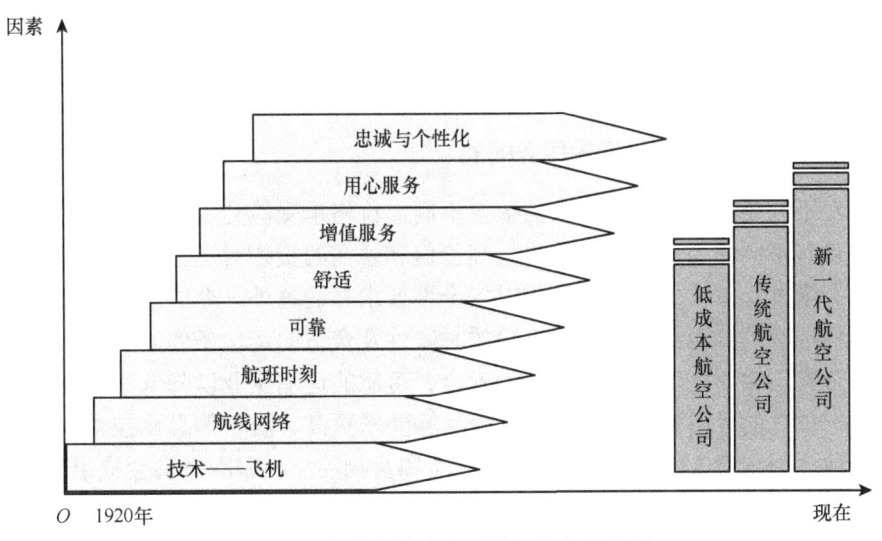

图 11-2　旅客和航空公司关注的主要因素

（三）民航货物运输服务的需求特征分析

从货物运输的质量需求特性来看，顾客对民航货物运输服务的需求可以分为以下几个方面。①时效性：即由于生产和销售的需要，要求运输过程在一定的时间期限内完成，并保证在顾客要求的时限内交付。②安全性：即保证整个运输过程中货物的完好无损和无差错。③方便性：即顾客能够方便地进行订舱、货物交运、查询货物运输状态和货物提取，同时能够按顾客指定的地点收货和交付。④经济性：即顾客对运输价格、各种服务性收费和提供附加价值的要求。

货主对民航货物运输服务的需求是货物从起始地机场（或门）到最终目的地机场（或门）的空间位移和服务。具体来讲，航空货运企业可以根据细分市场的不同需求特征，细分为不同的民航货物运输产品。

1. 先进航空运输企业的产品

为满足不同货物需求的差异性，先进的货运航空运输企业都有自己的细分产品和为顾客量身定做的运输服务。以大韩航空公司为例，其货运产品分为四大类。

（1）快件包括小件和大中件。对于小件快件（每件不超过 70 kgs，总量不超过 300 kgs），不要求预订舱位，最迟在航班起飞前 1.5 小时交运。对于大中快件（每件货物大于 70 kgs 而低于 300 kgs），要求提前订舱，航班起飞前 3 小时交运，优先保留预订航班或保证通过确定的航班运输。有按时交付的承诺，延误交付超过 3 小时则最高退还 100%的运费，同时提供实时货物跟踪信息。

（2）经济货物包括到中国沿海多个城市和世界其他国家的普通货物两类。可以通过空海联运，提供多种运价选择，承诺一周内到达。

（3）特种货物包括艺术品、危险品、高档服装、鱼类、保鲜货物、大件超重货物、活动物、汽车、贵重货物在内的所有特殊需要和服务的货物运输，提供货物在途状态跟踪和查询，承诺延迟交付退款。

（4）为顾客量身定做的服务。为了适应企业准时生产（just in time，JIT）的需要，大韩货运公司提供基于货主、货代和航空公司三方合约的一站式服务。

2. 不同类型货物对航空运输服务的要求

客户对不同类型货物运输需求的数量不同，价格承受能力不同，对运输及交付的时间、地点也有不同的要求。一般来讲，高价值和急需的货物对运输安全性要求更高，除本身价值因素外，单位价值高的货物对安全性要求高的另外一个原因与民航货物运输损坏赔偿的标准有关；而鲜活货物对运输的时限性及合适的运输条件要求较高；对单位价值较高的货物运输，托运人会选择更为安全、可靠的运输企业以降低其责任成本；快件则对提供一体化的"门到门"服务和便捷运输要求更高。随着信息化技术的发展，货主对更方便地选择承运人、了解运价信息、订舱和货物的全程跟踪查询会提出更高的要求。

3. 货主选择运输方式的重要因素

通过对货主、货代公司的调查以及有关资料的分析，影响货主选择运输方式的重要因素顺序如图 11-3 所示。

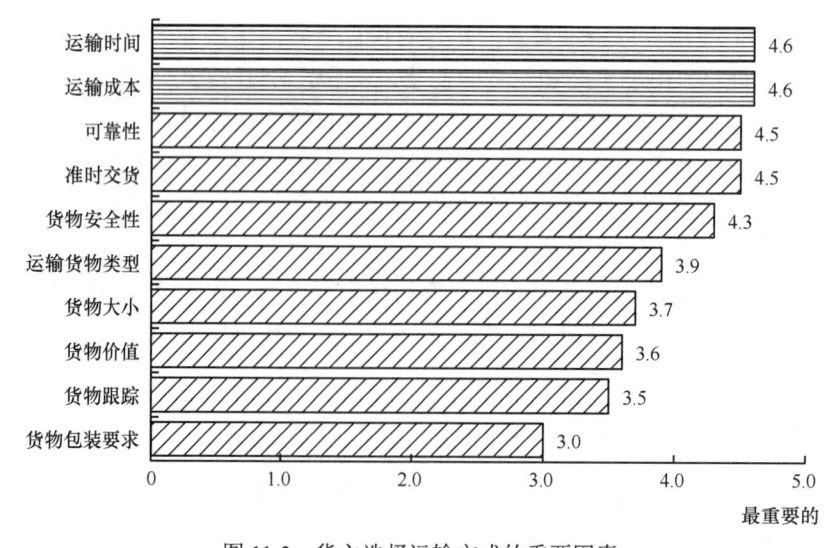

因素	评分
运输时间	4.6
运输成本	4.6
可靠性	4.5
准时交货	4.5
货物安全性	4.3
运输货物类型	3.9
货物大小	3.7
货物价值	3.6
货物跟踪	3.5
货物包装要求	3.0

图 11-3 货主选择运输方式的重要因素

从客户调查结果可以看出，客户选择运输方式时考虑的首要因素是运输成本和运输时间，准时交货和可靠性也具有相同的重要性，其次是货物安全性。这些因素在一定程度上反映了客户对民航货物运输的需求特征。

第三节　民航客货运输服务质量保证

民航客货运输服务质量保证所要解决的核心问题是如何确保企业具备符合顾客要求的服务能力。民航客货运输服务质量保证核心任务是构建完善的质量管理体系。简而言之，质量保证就是使企业具备做正确的事和正确做事的能力，获取顾客信任。

一、质量保证与质量管理体系

（一）质量保证的含义

质量保证就其本意来说，是指企业在质量方面对顾客所做的一种担保。具体来说，质量保证是指对某一产品和服务能满足规定要求，提供适当信任所必需的全部有计划、有系统的活动。

（二）质量保证的类型

（1）外部质量保证。其目的在于对顾客提供担保，使顾客确信企业的产品或过程的质量能够满足规定要求所进行的一切活动。

（2）内部质量保证。其目的在于使企业领导确定本企业产品或服务质量满足规定要求所进行的活动。

（三）质量管理体系的内涵

企业是一个有机整体，是一个复杂的系统，进行质量保证活动必须是系统的、有计划的、持续的，为此，就必须建立质量管理体系。质量管理体系是指企业为了保证产品或服务质量满足顾客的需要，由组织机构、职责、程序、活动、能力和资源等构成的有机整体。建立以顾客需求为导向的质量管理体系是实现民航长远可持续发展的基础。质量管理体系的外在表现形式是体系文件，质量管理体系文件可分为四个层次，如图11-4所示。

（四）质量保证体系与质量管理体系

企业质量体系包括质量保证体系和质量管理体系，两者的区别与联系表现如下。

（1）质量管理体系建立的目的是实施内部质量管理，而质量保证体系建立的目的是实施外部质量保证。

（2）质量管理体系既存在于合同环境又存在于非合同环境，而质量保证体系只存在于合同环境。

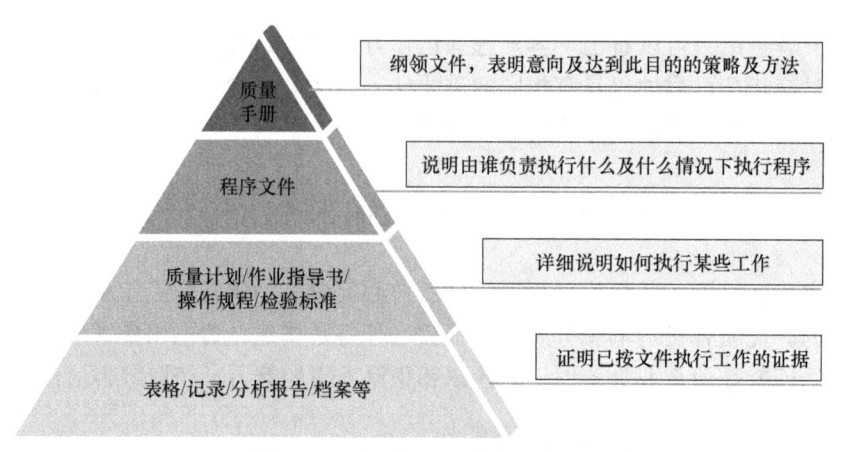

图 11-4　质量管理体系文件构成

（3）合同环境下，质量管理体系按合同要求对已建立的质量管理体系进行补充，包括质量保证体系各要素；而质量保证体系按合同或第三方要求建立，各要素纳入质量保证体系，是其组成部分。非合同环境下，质量管理体系包括产品、生产特点等内容，企业自行选择体系要素。

（4）一个企业一般只建立一个质量管理体系，而按产品合同建立，当各需方有不同要求时，质量保证体系可能有多个。

二、质量管理的七项原则

（一）以顾客为关注焦点

质量管理的主要关注点是满足顾客要求并且努力超越顾客的期望。组织只有赢得顾客和其他相关方的信任才能获得持续成功。与顾客相互作用的每个方面，都提供了为顾客创造更多价值的机会。理解顾客和其他相关方当前与未来的需求，有助于组织的持续成功。

（二）领导作用

各层领导建立统一的宗旨及方向，他们应当创造并保持使员工能够充分实现目标的内部环境。统一的宗旨和方向，以及全员参与，能够使组织将战略、方针、过程和资源保持一致，以实现其目标。

（三）全员参与

整个组织内各级人员的胜任、授权和参与，是提高组织创造价值和提供价值能力的必要条件。为了有效和高效地管理组织，各级人员得到尊重并参与其中是极其重要的。通过表彰、授权和提高能力，促进在实现组织的质量目标过程中的全员参与。

（四）过程方法

只有将活动作为相互关联的连贯系统进行运行的过程来理解和管理时，才能更加有效和高效地得到一致的、可预知的结果。质量管理体系是由相互关联的过程所组成。理解体系是如何产生结果的，能够使组织尽可能地完善体系和绩效。

（五）改进

成功的组织总是致力于持续改进。改进对于组织保持当前的业绩水平，对其内外部条件的变化做出反应并创造新的机会都是非常必要的。

（六）循证决策

基于数据和信息的分析与评价的决策更有可能产生期望的结果。决策是一个复杂的过程，并且总是包含一些不确定因素。它经常涉及多种类型和来源的输入及其解释，而这些解释可能是主观的，重要的是理解因果关系和潜在的非预期后果。对事实、证据和数据的分析可导致决策更加客观，因而更有信心。

（七）关系管理

为了持续成功，组织需要管理其与有关的相关方（如供方）的关系。相关方影响组织的绩效。组织管理与所有相关方的关系，以最大限度地发挥其在组织绩效方面的作用。因此，对供方及合作伙伴的关系网的管理是非常重要的。

三、ISO 9000 标准的产生与发展

（一）ISO 9000 族标准介绍

在 1979 年，英国标准学会（British Standards Institution，BSI）向 ISO 提交了一份建议，要求 ISO 制定有关质量保证技术和实践的国际标准。ISO 成立了一个质量管理和质量保证技术委员会来制定质量保证国际标准，这就是 1987 年初出版的 ISO 9000 系列标准，该标准成为 ISO 标准中销路最好的一个。该标准分别于 1994 年、2000 年、2008 年进行了修订，2015 年再次修订。

ISO 9000 标准包括四个核心标准，即 ISO 9000《质量管理体系 基础和术语》、ISO 9001《质量管理体系 要求》、ISO 9004《质量管理体系 业绩改进指南》和 ISO 19011《质量和（或）环境管理体系 审核指南》。企业的管理手册、程序文件的依据均来源于 ISO 9001《质量管理体系 要求》，且该标准是唯一需要第三方认证的标准。

（二）ISO 9000 族标准发展历程

（1）1987 版：ISO 分别于 1986 年和 1987 年发布了六项标准，被称为 1987 版 ISO 9000 系列国际标准。

（2）1994 版：从 1990 年开始，TC/176 又陆续发布了一些质量管理和质量保证标准，且于 1994 年对上述 ISO 9000 系列标准进行了第一次修订，通常称为 ISO 9000 族第二版标准，实现了规定—执行—记录的一致。

（3）2000 版：ISO/TC176 在完成第一阶段的修订工作后，随即启动第二阶段的修

订工作,采用 PDCA[plan(计划)、do(执行)、check(检查)、act(处理)]循环的过程方法进行"彻底修改"。

(4) 2008 版:未增加具体要求,完善了某些条款的描述。

(5) 2015 版:做了大修订,基于风险的思维,使用 PDCA 循环的过程方法。

四、ISO 9000 在民航客货运输服务中的应用现状

一些具有现代管理观念的航空公司和民航运输企业,通过推行 ISO 9001 质量管理体系标准,完成了质量管理体系认证工作。还有一些企业正在按照 ISO 9001 的质量管理体系标准要求进行分部门、分阶段的推进。但 ISO 9000 系列标准在我国航空运输企业的应用仍存在问题,主要表现在缺乏系统的质量策划和整体推进。

不论是民航旅客运输还是货物运输,整个运输过程的组织与管理工作是一个由多方共同参与完成的系统,包括客货运输服务代理、机场地面服务、航班运行控制、地面指挥、空中交通管理、航空餐食与配餐管理、航空燃油供应和保障、机务维修等关键的航班运营保障工作。这些工作通常是由不同的组织单位或公司来完成的,形成了一个相互配合和协调的系统,其中任何一项工作出现问题,都难以保证整个运输过程的质量。在信息技术不断发展的今天,民航业引入了各类信息管理系统,但是航空公司、机场、客货运输服务代理及其他保障单位引入的计算机订座系统、离港系统、货运系统、航班运行控制系统等都是相互独立的,各种相关信息不能实现有效地互联,造成许多问题无法通过综合的统计数据分析进行系统的改进。许多质量问题的产生也正是由信息的不通畅造成的。

由于整个民航客货运输服务组织管理过程的实时性和系统性很强,因此,在进行质量策划时,应该围绕顾客对航空运输的需求进行整体质量策划,对一些关键的质量指标如航班正点率、行李差错率等在相关部门进行整体质量功能展开,明确各部门、各单位人员在工作过程中的职责、信息传递方式和协调方式,建立一个由不同部门和单位人员共同组成的质量管理委员会,进行定期(如每周或每月一次)或不定期(遇有紧急或重要问题时)的沟通和协调,对顾客反映的主要问题进行研究和分析,提出质量改进建议。

第四节 民航客货运输服务质量控制

民航客货运输服务质量控制所要解决的核心问题是如何确保服务标准或规范不打折扣地被执行。民航客货运输服务质量控制核心任务是监控服务过程,测评服务质量。简而言之,质量控制就是正确地做事,第一次就把事情做对,确保每一个节点都是正确的,高度重视预防。

一、质量控制的内涵

质量控制是指设定质量目标和标准,测量当前活动过程是否符合规定目标和标准,当发现偏差时分析偏差产生的原因并采取纠正措施的过程。

（一）质量控制的过程

质量控制的过程一般分为三个步骤：一是制定质量控制目标和标准；二是测量生产和工作现场的质量现状（通常根据质量策划时制定的测量方法进行），将测量结果与质量控制标准进行对比，如果发现存在偏差，则需要分析偏差产生的原因；三是采取纠正或质量改进措施。

在三个步骤中，为了能及时发现问题并进行改进，必须掌握反映有关质量问题的真实数据资料。对获取的信息资料，必须尽可能地进行分类整理，使反映出的问题尽量与工作过程中的某一环节或部门、岗位相联系，才能分析出问题的真正原因；只有对反映生产、服务工作过程的质量状况信息资料进行准确和及时的搜集、整理与分析，对工作现场的过程质量和顾客满意情况进行准确判断，才能及时发现问题进行改进。

（二）质量控制的内容

影响质量形成的所有因素和过程都需要控制，对各个过程环节进行有效控制是质量控制的主要内容。也就是说，一切可以控制并需要控制的对象都是控制的内容。

二、服务质量测量和评价的理论与方法

（一）服务质量测量和评价的理论

1. 顾客感知服务质量模型

格罗鲁斯第一次提出了顾客感知服务质量概念，理论核心是"质量是由顾客来评价的"。他认为顾客感知服务质量是顾客对服务期望（expectation）与实际服务绩效（perceived performance）之间的比较。因此，服务质量管理的主要目标就是要追求最佳（即性能/价格比最高）的顾客感知质量。

格罗鲁斯将顾客感知服务质量分解为技术质量和功能质量，并在此基础上提出了自己的服务质量模型，即如图 11-5 所示的顾客感知服务质量模型。

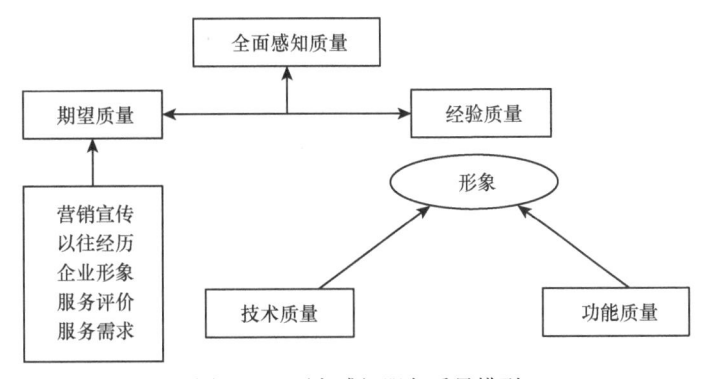

图 11-5 顾客感知服务质量模型

1）技术质量与功能质量

技术质量与服务的产出有关，是在服务生产过程中和买卖双方的接触过程结束之后顾客所得到的客观结果，表示顾客得到的是什么（WHAT），便于顾客客观地评估。功能质量与服务的过程有关，是在服务生产过程中，通过买卖双方的接触，顾客所经历和所感受的东西，表明顾客是如何得到这些服务结果（HOW），具有主观色彩，一般很难客观地评定。

2）期望质量与经验质量

期望质量就是顾客在头脑中所想象的或期待的服务质量水平。它是一系列因素的综合作用的结果，包括：①营销宣传，如广告、邮寄、公共关系、推销等；②以往经历，顾客以往接受的相同或类似服务的经历，作为质量标杆，对顾客的期望产生影响；③企业形象，提供服务的企业形象越好，顾客对其服务的期望值就越高；④服务评价，其他顾客接受类似服务后所做的评价也会影响某个顾客的服务评价；⑤服务需求，顾客对服务的需求越强烈紧迫，对服务质量的期望值就越低。

经验质量是指顾客在接受服务的过程中，通过对服务的技术质量和功能质量的体验与评价而得到的印象。

但是该模型忽略了几个重要因素对服务质量的影响，如价格等，没有对顾客感知服务质量与顾客满意和顾客忠诚的关系进行更进一步的探讨，也没有对模型中所涉及的变量进行界定。

2. 服务质量差距分析模型

在格罗鲁斯模型的基础上，帕拉休拉曼、贝利等人于1985年提出了服务质量差距模型，也称5GAP模型，如图11-6所示，是专门用来分析质量问题的根源。差距5即顾客期望与顾客感知的服务之间的差距——这是差距模型的核心。要弥合这一差距，就要对以下四个差距进行弥合：差距1——不了解顾客的期望；差距2——未选择正确的服务设计和标准；差距3——未按标准提供服务；差距4——服务传递与对外承诺不相匹配。

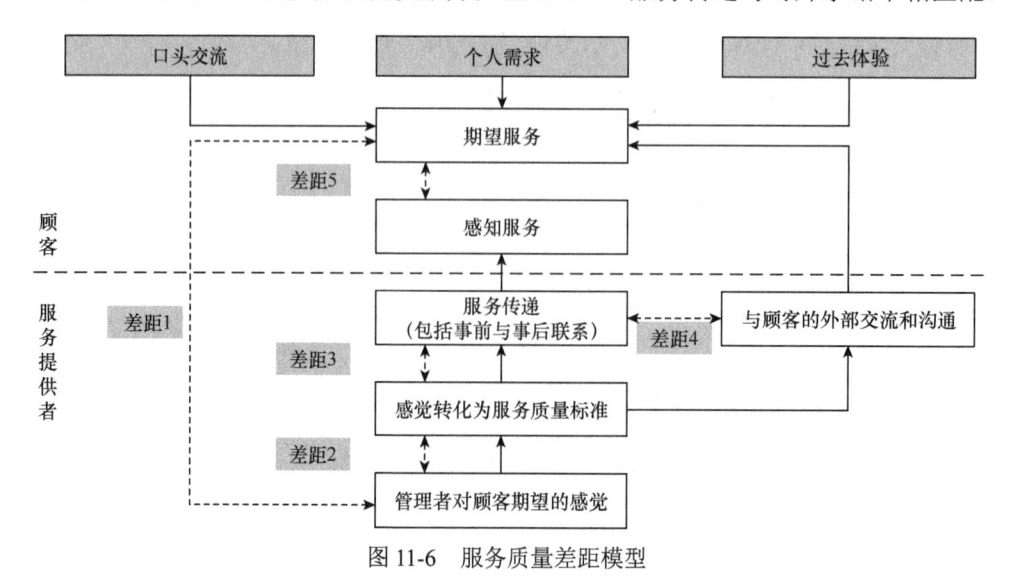

图 11-6 服务质量差距模型

差距 1：顾客的期望与管理者认知之间的差距。导致这一差距的原因是管理者对顾客如何形成他们的期望缺乏了解。

差距 2：管理者认知和服务质量标准之间的差距。管理者可能正确估计了顾客的需要，但没有建立适当的服务质量标准，或者服务质量标准没有被详细说明或难以执行和测量。

差距 3：服务质量标准与服务传递之间的差距。即使形成了正确的服务质量标准，但员工在提供服务过程中仍然可能会出现问题，导致服务传递（服务提供）过程不能达到规定服务质量标准。

差距 4：服务传递和外部交流沟通之间的差距。企业运用多种方式方法宣传自身的服务，但有时会夸大其词，使得顾客产生过高的期望，而实际所能提供的服务水平又难以达到宣传的标准，致使实际提供的服务与宣传的不符，造成顾客不满。

1993 年，拉曼、赞瑟姆、贝利对上面的模型进行了修正，将容忍区域纳入到模型当中，并对期望的概念进行了分解和细化。

（二）服务质量测量和评价的方法

1. SERVQUAL 评价方法

SERVQUAL 评价体系是进行服务质量评价的经典工具，其体系框架是建立在服务质量差距模型的基础上。该方法将感知服务质量分成有形性、可靠性、响应性、保证性和移情性五个维度，形成了 SERVQUAL 评价量表，用来度量顾客对服务的期望和对服务的感知，由此计算出两者之间的差异，并将其作为判断服务质量水平的依据。SERVQUAL 评价量表如表 11-2 所示。

表 11-2 SERVQUAL 评价量表

要素	定义	组成项目
有形性 tangibles	实际设施、设备以及服务人员的外表	有现代化的服务设施；服务设施具有吸引力；员工有整洁的服装和外表；公司的设施与其所提供的服务相匹配
可靠性 reliability	可靠地、准确地履行服务承诺的能力	公司对顾客承诺的事情都能及时完成；顾客遇到困难时，能表现出关心并提供帮助；公司是可靠的；能准时提供所承诺的服务；正确记录相关的服务
响应性 responsiveness	帮助顾客并迅速提高服务的愿望	能够告诉顾客提供服务的准确时间；能够为顾客提供及时的服务；员工总是愿意帮助顾客；员工能够在顾客有需求时立即提供服务
保证性 assurance	员工所具有的知识、礼节以及表达出自信与可信的能力	员工是值得信赖的；在从事交易时顾客会感到放心；员工是有礼貌的；员工可从公司得到适当的支持，以提供更好的服务
移情性 empathy	关心并为顾客提供个性化服务	公司能够针对不同的顾客提供个别的服务；员工会给予顾客个别的关怀；员工会主动了解顾客的需求；公司能够优先考虑顾客的利益；公司提供的服务时间符合所有顾客的需求

利用该方法对服务质量进行评价可以了解顾客的期望和服务感知过程，能够对同一行业的不同企业的服务质量水平做出评价，并了解企业服务质量的发展趋势和不同顾客群对不同服务质量维度的认识。

2. 顾客满意度指数模型

如图 11-7 所示，顾客满意度指数模型中总体满意度被置于一个相互影响、相互关联的因果互动系统中。该模型可解释消费经过与整体满意度之间的关系，并能指示出满意度高低将带来的后果，从而赋予了整体满意度前向预期的特性。顾客满意度指数模型是由多个结构变量构成的因果关系模型，其数量关系通过多个方程的计量经济学模型进行估计。

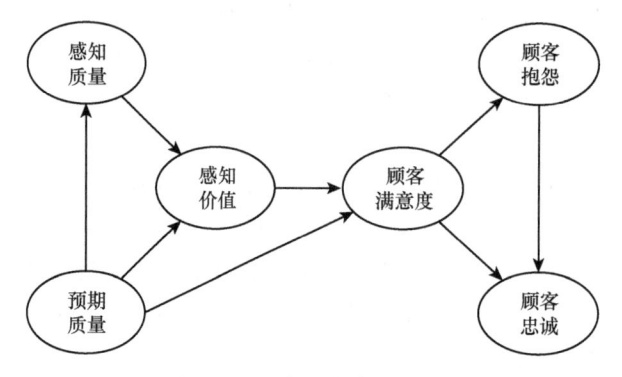

图 11-7 顾客满意度指数模型

该模型共有六个结构变量，顾客满意度是最终所求的目标变量，预期质量、感知质量和感知价值是顾客满意度的原因变量，顾客抱怨和顾客忠诚则是顾客满意度的结果变量。模型中六个结构变量的选取以顾客行为理论为基础，每个结构变量又包含一个或多个观测变量，而观测变量则通过实际调查收集数据得到。

3. 服务质量指数模型

服务质量指数模型是由上海质量管理科学研究院有限公司自主研发的重要成果之一，它将对服务质量的测评和分析延伸到服务质量从形成到实现的全过程。该模型综合考查了服务能力、服务过程和服务绩效，并可对不同服务行业及不同服务企业进行服务质量的水平对比，为企业评估服务质量水平、提升质量竞争力提供了有效工具。

该模型以顾客需求为输入，以顾客对所接受服务的感知作为输出。管理者对顾客需求进行识别和认知后，进行相关服务资源的配置；然后通过服务过程，提供给顾客所需求的服务质量；顾客在接受服务后形成感知，并与其期望值相比较，对服务质量进行评价。整个模型包括服务要素（能力）、服务过程、服务实现三个循环过程，模型的框架结构见图 11-8。

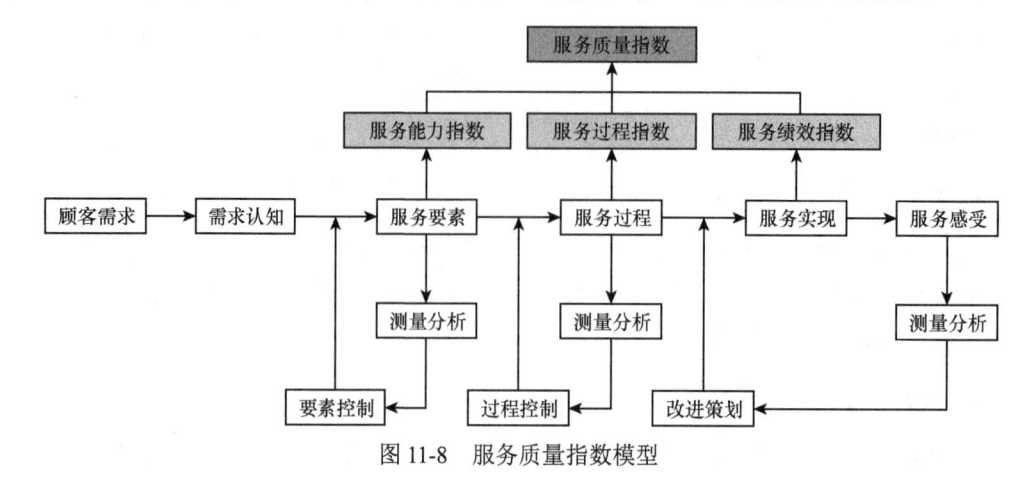

图 11-8 服务质量指数模型

三、民航客货运输服务质量分析与控制方法

质量控制统计工具有很多,最常用的包括排列图、因果图、调查表、直方图、控制图、散布图、分层表、六西格玛管理、过程能力指数等。

(一)排列图(帕累托分析)

排列图也被称为 ABC 分析法或者主次因素分析图。由于帕累托(Pareto)是该方法的提出者,因此学界也把它叫作帕累托分析。该方法一般可以用来区分影响质量特性的主要因素,这些关键因素在事物中具有决定性作用,也就是与 20∶80 原则的哲理思想是一致的。借助柱状图,排列图能够反映出所有问题在总质量损失中的占比情况。柱状图根据从左到右递减的顺序排列,使用者可以非常方便地查找出造成质量损失的主要因素,分析出其基本原因,明确改进工作的关键点,同时对其整个改进过程进行动态监控。

帕累托分析属于石川馨质量改进工具,借助它可以更好地识别不同因素带来的缺陷,它也被称为排列图,其表现形式为柱状图,如图 11-9 所示,是根据事件发生的频率来构建的,可以用来体现由不同原因造成的缺陷所具有的排列或数量上的不同,帕累托分析可以用来帮助辨别导致服务或产品缺陷的原因。只有明确造成缺陷的因素,才能够有针对性地采取办法来改进以获得更大的收益。在柱状图中,其顶端曲线被称为帕累托曲线,该曲线能够用来表现造成失败的原因。由于各因素的排列存在差异,因此可以将其用于调整措施,换言之,累计频率在 0~80% 的因素,首先要对其采取措施进行改进。

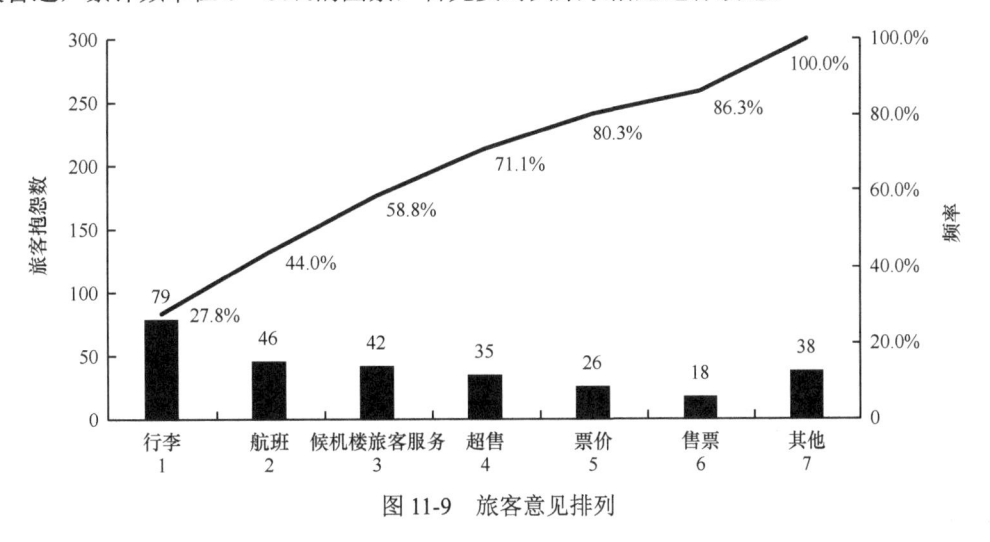

图 11-9 旅客意见排列

(二)因果图

因果图也被称为石川馨图、鱼骨图,是由日本学者石川馨提出的。它能够用于体现质量特性波动与潜在影响因素具有的关系,借助鱼骨图可以体现其产生的原因,但是无法反映二者之间的因果联系,此外因果图也可以用来分析质量特性与影响因素之间存在的联系。在构图的过程中,如图 11-10 所示,务必要注意对影响产品质量特性的所有因素进行全面分析,一般可以从人(man)、机(machine)、料(material)、法(method)、

环（environment）方面着手探讨。

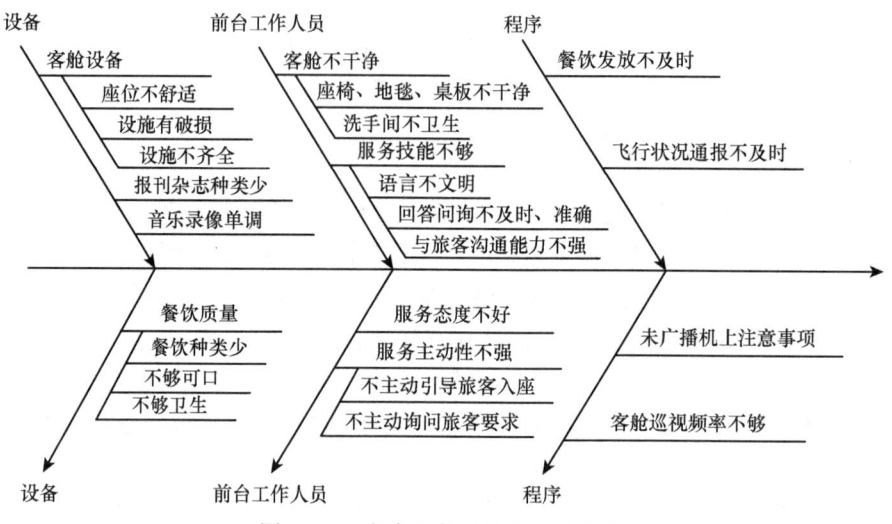

图 11-10 空中服务质量问题因果图

因果图主要按照如下过程来绘制：确定选题，通过分析对象来明确质量具有的特征；通过头脑风暴来发现对质量产生影响的全部因素；分析所得因素之间存在的因果关系，并按照因果关系在图上用箭头表示；按照这些因素对结果产生的影响，用明显的符号来标注具有重要影响的因素；把有关信息在因果图上展现出来。

（三）调查表

调查表是为了调查客观事物、产品和工作质量，或为了分层收集数据而设计的图表。常用的调查表包括以下三种。

1. 不良项目调查表

一项工作不符合标准或规格要求的质量项目叫不良项目，也称不合格项目。例如，在统计航班不正常原因时，可以按照可能出现的不正常原因设计调查表，以便采用分层方法进行统计。

2. 缺陷位置调查表

缺陷位置调查表宜与措施相联系，能充分反映缺陷发生的位置，便于研究缺陷为什么集中在那里，有助于进一步观察、探讨发生的原因。例如，可使用缺陷位置调查表调查统计货运差错出现在货运流程中的哪些工作环节，以便针对这些工作环节进行质量改进。

3. 检查确认调查表

检查确认调查表是对所做工作及其质量进行总体检查与确认。预先把应检查的项目统统列出来，然后按顺序，每检查一项在相应处做记号。例如，按照安全检查的项目对每个航班进行航前和航后检查时采用检查确认调查表（检查单）进行检查。

除了以上调查表外，还有其他类型调查表，如频数调查表等。

（四）直方图

通过收集某一工序或生产岗位的某一质量特性的数据值，并将其分组，即可绘制每组数据分布的频数直方图，如图 11-11 所示。观察直方图的形状和位置，可判断工序或生产岗位是否处于稳定状态。通过直方图可以分析数据分布的形态，以便对其总体的分布特征进行推断，并对产品或作业的质量水平及其均匀分布程度进行分析。

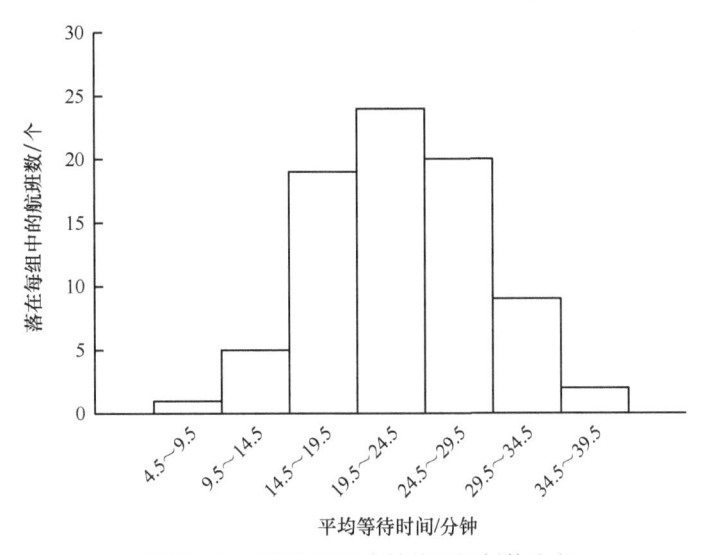

图 11-11 旅客提取行李等待时间频数分布

对直方图的观察主要有两方面的目的：一是分析直方图的形状，能够发现生产过程存在的质量问题；二是把直方图和质量标准比较，观察质量是否满足要求。

（五）控制图

控制图是判断和预报生产过程中质量状况是否发生波动的一种有效方法，其样式如图 11-12 所示。

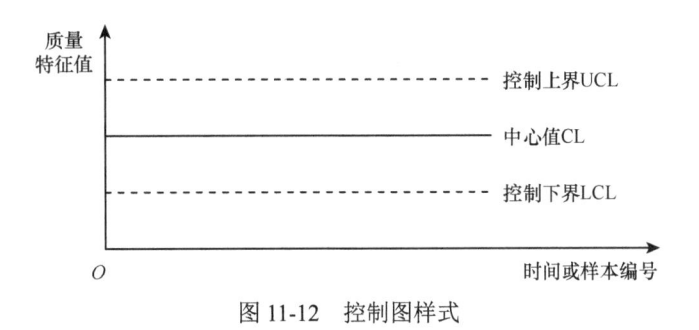

图 11-12 控制图样式

1. 控制图界限

控制图是依据正态分布的"3σ"原则确定控制界限的。控制图中的上、下控制界限，一般是用"三倍标准偏差法"（又称 3σ 法），把中心值确定在被控制对象（如平均值、极差、中位数等）的平均值上，再以中心值为基准向上或向下量 3 倍标准偏差，作为上、下控制界限。

2. 如何选择正确的控制图

参考图 11-13 正确选择控制图类型。其中，n 为样本数，CL 为控制中心线，$\tilde{X}$ 为中位数，$\bar{X}$ 为均值，σ 为标准差，R 为极差，P 为不良率（或不合格品率），C 为缺点数（或缺陷数），U 为单位缺点数（或单位缺陷数）。

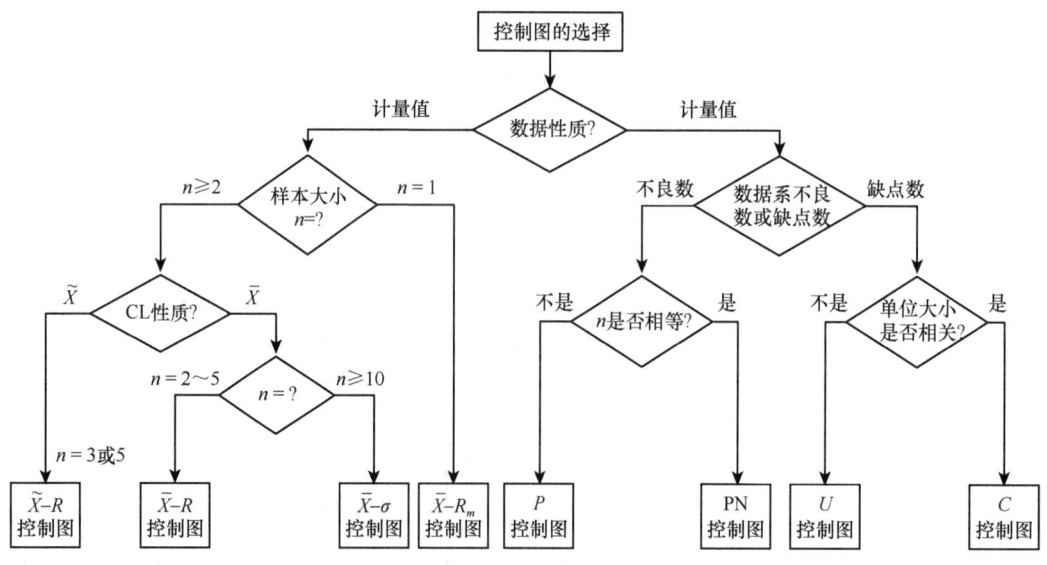

图 11-13　如何正确选择控制图类型

3. 控制图的观察与分析

（1）受控状态：当控制图同时满足下列两个条件时，可以认为生产过程处于控制状态或稳定状态，如图 11-14 所示。①点子没有越出控制界限。②点子在控制界限内的排列没有缺陷（异常）：样本点均匀分布，位于中心值两侧的样本点约各占 1/2；靠近中心值的样本点约占 2/3；靠近控制界限的样本点极少。

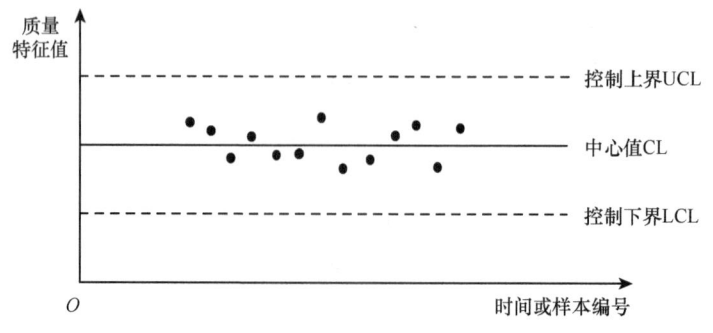

图 11-14　受控状态图例

（2）典型的失控状态有以下几种：多点连续出现在中心值一侧；出现七个点子连续上升或下降的倾向；点子出现周期性变化；点子在控制界限附近连续出现等。

（六）六西格玛管理

六西格玛（six sigma，6σ）是一种管理策略，它是由当时在摩托罗拉任职的工程师比尔·史密斯（Bill Smith）于 1986 年提出的。这种策略主要强调制定极高的目标、收集数据以及分析结果，通过这些来减少产品和服务的缺陷。六西格玛管理背后的原理就是如果检测到项目中有多少缺陷，就可以找出如何系统地减少缺陷，使项目尽量完美的方法。一个企业要想达到六西格玛标准，那么它的出错率不能超过百万分之 3.4。

六西格玛管理包括两个过程：六西格玛 DMAIC 和六西格玛 DMADV，它们是整个过程中两个主要的步骤。六西格玛 DMAIC 是对当前低于六西格玛规格的项目进行定义、度量、分析、改善以及控制的过程。六西格玛 DMADV 则是对试图达到六西格玛质量的新产品或项目进行定义、度量、分析、设计和验证的过程。

（七）过程能力和过程能力指数

过程能力是指过程在一定时间里，处于控制状态（稳定状态）的实际工作能力。过程能力可表示为：$B=(6\sigma)$。因为过程质量特征值服从正态分布时，质量特征值落入均值附近 3σ 的概率为 99.73%，传统上认为这一质量水平是可接受的。

过程能力指数是衡量过程是否满足质量要求的指标。过程能力指数=技术要求/过程能力。$Cp=T/B=T/6\sigma$，其中 T 是公差（质量要求），σ 是总体标准差（或样本标准差 S）。过程能力的评价和判断见表 11-3。

表 11-3 过程能力的评价和判断

Cp 值	级别	判断	双侧公差范围（T）
Cp≥1.67	特级	能力高	$T\geq10\sigma$
1.67>Cp≥1.33	一级	能力充分	$10\sigma>T\geq8\sigma$
1.33>Cp≥1.0	二级	能力尚可	$8\sigma>T\geq6\sigma$
1.0>Cp≥0.67	三级	能力不足	$6\sigma>T\geq4\sigma$
0.67>Cp	四级	能力严重不足	$T<4\sigma$

第五节 民航客货运输服务质量改进

民航客货运输服务质量改进所要解决的核心问题是如何持续提升服务质量，提高顾客满意度。民航客货运输服务质量改进核心任务是制订服务质量改进方案。简而言之，质量改进就是时刻保证做正确的事。

一、质量改进的内涵

（一）质量改进的定义

质量改进是质量管理的一部分，致力于增强满足质量要求的能力。对过程进行持续改进有两条基本途径。

（1）突破性改进，即对现有过程进行改进，或实施新过程。通常由日常工作之外的跨职能部门人员组成的小组来实施。

（2）渐进性改进，是由组织内人员通过工作小组的形式对现有过程进行渐进的持续改进活动。

例如，中国航空油料集团有限公司在加油服务工作流程中仅仅进行了细小调整，就受到了业界的普遍好评。他们在旧的加油程序中，在给飞机加油后，机组人员要等加油人员按程序取下胶管、静电导线、关好飞机油箱接头盖和加油舱盖板、收拾油车轮挡等复杂事项完成后，再让机组人员审核油车流量计读数并在加油单上签字。在程序顺序上稍作调整，把最后一步提前到第一步，也就是加油结束后，机组人员就可审核签字，其他程序依旧。这个小小的举动，节约了机组人员的时间。

（二）质量突破

1. 两类质量问题

质量问题分为急性和慢性质量故障。急性质量故障（偶发性的质量事故）产生的原因明显，影响重大，需要采取"救火式"的应急措施。慢性质量故障（长期性的质量故障）则产生的原因不明，其影响不易被人发觉，但对企业长期发展不利。

2. 质量突破的过程

质量突破是制订一项计划使质量上有所突破，达到前所未有的水平。质量突破解决的是慢性质量故障问题。质量突破具体步骤如下。

（1）论证质量突破的必要性。为了引起企业上层管理者和所有成员的重视，必须提供真实的数据，用科学的方法来论证组织质量突破的重要性。常用的方法是分别用"货币"语言和"实物量"语言来论证问题。例如，论证航空公司提高航班正点率和降低各种类型差错事故的必要性时，可以收集有关的数据资料，估算出每年由于这类质量问题给航空公司带来的损失和浪费。

（2）选择和确定质量突破项目。从发现质量改进机会到引起领导重视，到最后将其变成为质量改进的项目，需要一个过程：①利用帕累托原理（排列图）把关键少数项目同次要的多数项目区分开来；②确定项目（一般选定排列图中的 A 类因素）；③确定项目的先后次序；④得到管理部门的批准。

（3）提高质量的组织工作。对于每个项目，我们都必须对以下两项活动规定明确的职责：①项目的指导，即指挥或指导完成项目的整个过程；②项目的诊断，即进行为发现新的重要问题所必需的具体分析工作。

（4）进行诊断，即认识的突破。诊断过程可分为三个阶段进行：①分析质量问题的现象；②对质量问题产生的原因提出推想，可用因果图进行分析；③验证各个推想，可用散布图等工具分析。诊断人员应该具备三个条件：要具有足够的时间进行调查研究；要具有丰富的专业技术知识和诊断技能；对问题的分析要客观。

（5）"治疗"过程。针对诊断过程查找出的主要原因采取有效措施，明确职责和权限来解决问题。

（6）克服阻力，贯彻实施。主要有两个方面的阻力，即既得利益者方面的阻力和习惯上的阻力。

（7）在新的水平上进行控制。通过监控使人们对新方法、措施手段的执行成为一种习惯，彻底改变原有的方法和观念，为此还需要进行必要的培训。

二、民航客货运输服务质量改进的管理方法

从质量改进的方法来看，具体有明确质量问题并对其准确定义，查找问题原因并提出改进方法等。在质量改进期间，必须坚持按照客观情况与数据信息制定改进决策。持续改进是指把改进工作与活动一直开展下去，为企业竞争优势稳步上升提供保障，让企业不管在何时都可以为顾客提供满意的服务。

（一）PDCA 循环

全面质量管理的思想基础和方法依据就是 PDCA 循环。PDCA 循环是将质量管理分为四个阶段，即 plan（计划）、do（执行）、check（检查）和 action（处理）。在质量管理活动中，要求把各项工作按照做出计划、计划实施、检查实施效果的顺序，然后将成功的纳入标准，不成功的留待下一循环去解决。PDCA 循环分为四个阶段、八个步骤。

（1）P 阶段：确定目标和怎样实现目标的问题，分为四个步骤。①分析现状，发现问题；②分析质量问题中各种影响因素；③分析影响质量问题的主要原因；④针对主要原因，采取解决的措施。

（2）D 阶段：要求所有人都严格按照计划规定的目标和具体方法实实在在去做。要求计划落实到人，每个人都明确怎样去做，达到什么标准，注意哪些问题。

（3）C 阶段：根据计划的规定和要求，检查计划执行情况，检查是否达到了预期目标，还有哪些问题或不足。

（4）A 阶段：分为两个步骤。①总结经验教训，实行标准化；②提出未解决的遗留问题或新出现的问题，转入下一个 PDCA 循环。

PDCA 循环具有如下特征：循环是一环扣一环，大环套小环，形成阶梯式上升，循序渐进；四个阶段的任务是有机统一的整体，不可分割。

PDCA 各阶段可应用的质量控制方法，如表 11-4 所示。

表 11-4 PDCA 各阶段质量控制方法

阶段		老七种工具							新七种工具						
		排列图	因果图	调查表	直方图	控制图	散布图	分层法	KJ法	关联图	系统图	矩阵图	矢线图	PDPC法	矩阵数据解析法
计划（P）	选题	●	○	○	○	○	○	○	●	○					
	确定目标	○									○				
	现状调查	●	○	●	○	○	●	○	●		●				○
	原因分析	●	●	○	●	○	●	○		●	●				○
	制定对策										○		●	●	
执行（D）	对策实施	○			○	●								○	○

续表

阶段		老七种工具							新七种工具					
		排列图	因果图	调查表	直方图	控制图	散布图	分层法	KJ法	关联图	系统图	矩阵图	矢线图	PDPC法	矩阵数据解析法
检查（C）	效果检查	●		○	●	●		○							
处理（A）	巩固措施			○		○						○	●		
	遗留问题	●			○	○									

注：黑圈表示特别有用，白圈表示可用

（二）质量管理小组活动

质量管理小组活动是一种群众性的质量管理活动，是实现企业全员参加管理的良好形式。质量管理小组活动具有广泛的群众性、组织的灵活性、明显的自主性、高度的民主性和明确的目的性的特点。质量管理小组按照 PDCA 循环开展活动。

（三）标杆管理

早在 20 世纪 70 年代美国施乐公司率先导入标杆管理并获得了巨大成功，此后世界 500 强企业中 95%以上都不同程度地开展了标杆管理的应用实践，均取得了骄人的成绩。标杆管理是迄今为止最简单、最直接、最实用有效的一种科学管理方法，是可以衔接任何管理工具的工具，是在集成多种先进方法基础之上的一种扬弃，没有排他性。在我国，不论是政府部门、企业、学校、医院等各个领域各个行业、组织都具有广阔的应用前景和实用空间。

1. 标杆管理的概念

标杆管理是指以最强的竞争企业或其他行业中领先和最有名望的企业在产品、服务或流程方面的绩效及实践措施为基准，树立学习和追赶的目标，进行资料收集、比较分析、跟踪学习、重新设计，并付诸实施。

2. 标杆管理的类型

（1）内部标杆：标杆伙伴是组织内部其他单位或部门，主要适用于大型多部门的企业集团或跨国公司。由于不涉及商业秘密的泄露和其他利益冲突等问题，容易取得标杆伙伴的配合，简单易行。另外，通过展开内部标杆管理，还可以促进内部沟通和培养学习气氛。但是其缺点在于视野狭隘，不易找到最佳实践，很难实现创新性突破。

（2）行业标杆：标杆伙伴是行业内的企业或组织。由于同行业竞争者之间的产品结构和产业流程相似，面临的市场机会相当，竞争对手的作业方式会直接影响企业的目标市场，因此竞争对手的信息对于企业进行策略分析及市场定位有很大的帮助，收集的资料具有高度相关性和可比性。但正因为标杆伙伴是竞争对手，信息具有高度商业敏感性，难以取得竞争对手的积极配合和获得真正有用或是准确的资料，从而极有可能使标杆管理流于形式或者失败。

（3）全球标杆（行业外）：标杆伙伴是不同行业但拥有相同或相似功能、流程的企业。跨行业选择标杆伙伴，双方没有直接的利害冲突，更加容易取得对方的配合；另外可以跳出行业的框框约束，视野开阔，随时掌握最新经营方式，成为强中之强。但是投入较大，信息相关性较差，最佳实践需要较为复杂的调整转换过程，实施较为困难。

3. 标杆管理的流程

如图 11-15 所示，标杆管理的第一阶段为确认关键成功因素及对哪个流程进行标杆管理；第二阶段为调查公司内部工作流程；第三阶段为选择要学习的目标企业；第四阶段为分析目标对象的具体做法；第五阶段为分析自身与标杆企业的差距以及原因，制订行动方案，采取实际行动并追踪结果。

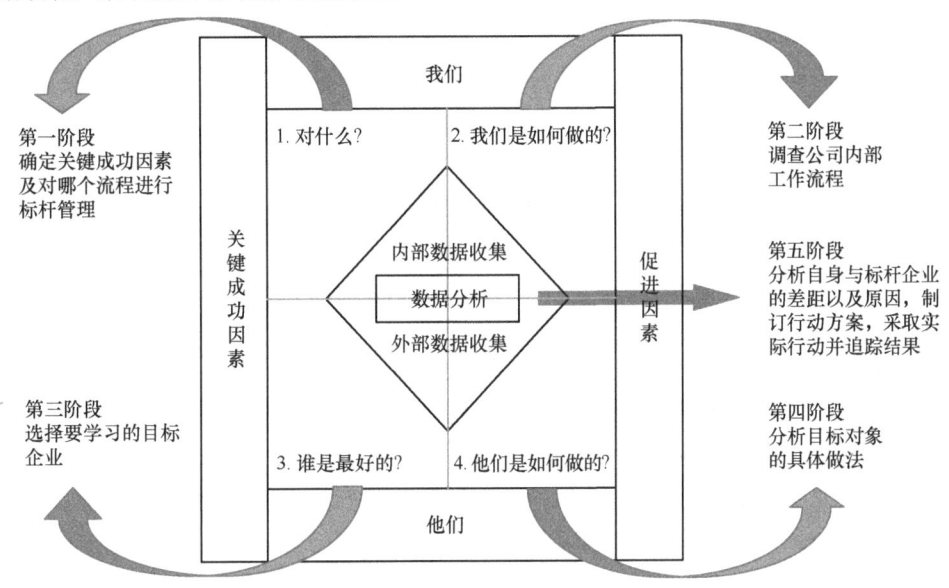

图 11-15 标杆管理工作流程

延伸阅读：体系建得好 服务质量高

今天，民航已是社会大众出行的主要交通方式之一，旅客对于航空出行的需求与日俱增，且多样化、差异化趋势明显。《公共航空运输旅客服务管理规定》的出台，通过明确各方权责关系，进一步提升了民航服务工作的法治化水平；《公共航空运输旅客服务质量管理体系建设指南》的出台，通过推动服务供给侧结构性改革，使有益的管理措施和管理经验体系化、制度化，将有力地推进民航服务质量管理的规范化水平，同时也将成为行政机关履行服务质量监管职责的有效抓手。

建设好旅客服务质量管理体系，要坚持系统谋划的原则。2021年7月召开的全国民航年中工作会议，为2021年下半年工作奠定了"系统观念"的主基调。系统谋划，要加强前瞻性思考，先行构建服务文化，塑造真情服务的强大基因。系统谋划，要加强战略性布局，完善顶层设计，搭建起科学合理的组织架构。系统谋划，要加强整体性推进，成立领导小组，制订实施计划，有步骤地开展服务质量管理体系建设。一艘大船的航行离不开每一个齿轮、每一位水手的同步运作。不管是对服务文化的培育，还是对人力、资金和设施设备的投入，都是确保"大船"扬帆远航的原动力。

建设好旅客服务质量管理体系，要坚持风险防控的理念。很多时候，旅客投诉、服务质量下滑、公司形象受损，都是源于企业对服务风险预判不足。要扭转被动局面，就需要未雨绸缪，防患于未然，建立服务风险管控长效机制。服务质量管理体系的核心理念就是将"事后改进"转变为"事前预防"，提高全员风险意识，从识别服务质量风险源，到开展分析评估，再到制定实施风险控制措施，切实为服务管理站好岗、放好哨。

建设好旅客服务质量管理体系，要坚持以人为本的初衷。人民群众对美好出行的需求，就是民航不断提升服务质量管理水平的灯塔。灯塔可以判断方位，那就是"人民航空为人民"的定位，丈量距离旅客美好出行要求还有多远；灯塔可以指引方向，将旅客满意度和获得感作为评价民航服务的关键指标，也把培养服务质量管理人才、全面发展人才作为推动民航服务发展的主要途径；灯塔可以反照自身，通过对旅客需求、旅客投诉、舆情监测等的分析研究，为服务改进提供依据，不断提升管理水平。

建设好旅客服务质量管理体系，要坚持改进创新的思路。服务理念需要创新，紧跟旅客日新月异的需求；服务产品需要创新，一证通关、定制餐食、机上 Wi-Fi 等，都能够树立企业服务品牌；服务管理也需要创新，建立激励机制，才能够调动员工积极性，变被动为主动。创新还需要依靠新技术的应用，"十四五"期间，智慧民航建设是民航高质量发展的主线。因此，要注重新技术开发和应用、建立智慧化管理平台、注重创新人才培养等，让技术为服务赋能。

资料来源：《体系建得好 服务质量高》，http://www.caac.gov.cn/XWZX/MHYW/202109/t20210903_209120.html，2021 年 9 月 3 日。

第十二章　民航客货运输发展新动向

本章概要：随着信息技术的发展、管理理念的变迁以及旅客、货主等需求的变化，民航客货运输在技术、管理、服务等领域均呈现不同的发展趋势，本章主要从服务、技术及管理新理念等角度出发，介绍民航客货运输的最新发展动向。

第一节　民航客货运输服务新发展

一、自助服务

为了使旅客出行及货物运输更为便捷，2004年11月，IATA在其新加坡年会上确立了"简化商务"计划，主要包括电子客票、通用自助值机、二维条码登机牌、电子货运及RFID（radio frequency identification，射频识别）等五项内容。为了更好地推进"简化商务"计划，IATA进一步推出了便捷旅行（fast travel）项目，该项目将带来各种自助服务选择，简化从订票到抵达目的地的旅行全过程。

便捷旅行（图12-1）简单来说就是由航空公司、机场投入设备设施，实现全流程自助服务，确保旅客出行方便，获得快捷无缝衔接的出行体验。便捷旅行主要涉及以下几个方面的服务：自助值机服务、自助行李托运服务、自助航班再次预订（航班变更）、自助证件查验、自助登机、自助行李查询等。

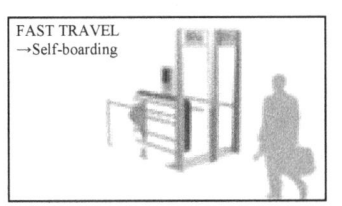

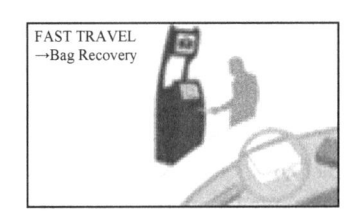

图12-1　便捷旅行项目内容

FAST TRAVEL→Check in：便捷旅行——自助值机服务；FAST TRAVEL→Bags Ready-to-go：便捷旅行——自助行李托运服务；FAST TRAVEL→Document Check：便捷旅行——自助证件查验；FAST TRAVEL→Self-boarding：便捷旅行——自助登机；FAST TRAVEL→Flight re-booking：便捷旅行——自助航班再次预订（航班变更）；FAST TRAVEL→Bag Recovery：便捷旅行——自助行李查询

便捷旅行服务模式是航空业未来发展的趋势和方向,自 2008 年 FAST TRAVEL 项目推广以来,目前全球已经有一百多个航空公司/机场实施了全流程服务项目。截至 2022 年,我国已有多家航空公司和机场获得了 IATA FAST TRAVEL 的白金及金色标识认证。

我国的自助服务开始于 2006 年,最初推出的自助服务产品是自助值机,而后在 FAST TRAVEL 项目推行的背景下,自助行李托运和自助登机产品也相继推出,旅客通过自助方式出行的场景不断丰富。截至目前,包括值机、行李托运、安检和登机等环节在内的全流程自助服务产品体系已经在我国多家机场投入使用。同时,随着旅客出行要求的不断提高,自助服务系统的功能还在不断丰富和完善。例如,增加人脸识别方式进行自助值机,在自助行李托运产品中实现逾重行李自动计算、显示和查询、支付和退款等一系列操作,在自助安检验证闸机上实现分级分类差异化识别、人证合一自动比对等新功能,在自助登机产品中提供多种方式登机等,以满足多类型个性化旅客出行服务需要。由此可见,在自助服务的场景及功能上,旅客将享受到越来越便捷的服务。

二、智慧出行

新一代以信息技术融合应用为主要特征的智慧民航建设正全方位重塑民航业的形态、模式和格局,我国正在推行的智慧民航建设,提出了"出行一张脸、物流一张单、通关一次检、运行一张网、监管一平台"目标,以及科技创新驱动民航高质量发展,体系化提升民航科技自主创新能力的方向。

在智慧民航的发展中,智慧出行、智慧空管、智慧机场、智慧监管是智慧民航运输系统建设的核心抓手和重要内容。智慧出行以缩短旅客综合出行时间、促进物流提质增效降本为目标,以全流程便捷出行、全方位"航空+"服务和综合性航空物流服务为重点,构建便捷舒心的旅客服务生态和高效的航空物流服务体系。围绕旅客行前、行中、机上全流程和航空物流全过程,开展了缩短旅客综合出行时间、提高物流服务质量和效率并降低成本、开展机场"易安检"建设及示范推广、民航货运相关行业标准编制、行李全流程跟踪建设、中转便利化和通程航班服务推广、行李"门到门"和机场覆盖范围扩大等工作。全流程便捷出行将主要实现无感安检、快速通关、适老化服务、便捷签转、行李服务和机上服务。全方位"航空+"服务则提出构建全流程出行产品体系,打造全龄友好的服务产品,支持产品随心定制和无忧变更,实现全渠道一致化服务。综合性航空物流服务则主要提升航空物流数字化、智能化水平,提供便捷化、多层次、个性化的航空物流运输服务。

以民航旅客出行为例,值机、行李托运、安检、登机等各个环节均已采用了各种电子化技术,旅客凭借"刷脸"即可完成整个出行过程。可见,旅客的出行品质与出行体验得到了大幅度的提升。

在民航货运业务的发展中,智慧化、数字化也已成为趋势。各航空物流企业都在加速推动技术变革,如汉莎货运推出了 24 小时数字化实时报价系统,为客户提供 24 小时的个性化、专业性服务;顺丰科技上线"数据灯塔"助力客户进行物流和仓储分析、决策;菜鸟在杭州、香港、吉隆坡、莫斯科、迪拜等地建设海外仓枢纽,打造集秒级清关、智能分拣、极速配送于一体的基础设施等。同时，随着以枢纽机场为核心的信息平台加快建设，行业航空物流信息化水平将得以提高，企业间将逐步打通信息壁垒，以枢纽机场为核心的共享物流将得以快速发展，企业间将逐步实现设施设备、物流资源、数据信息等共享，从而达到降本增效的核心目标。通过广泛推广应用智能设施、建设安保智能设施等，以智慧为变革动力的新导向将为航空物流提供更高品质、更高效率的服务产品。

三、无纸化

（一）旅客出行的无纸化

自电子客票问世以来，民航运输开始不断推行无纸化，身份证件+二维码电子登机牌的验证方式开始普及，生物识别技术也日趋成熟，我国"无纸化"普及程度与覆盖水平在世界上处于领先地位，例如，2021年投入使用的成都天府机场，实现从值机到登机全程自助、全程"无纸化"。

"无纸化"便捷出行在民航业的应用可以追溯到2004年，通过在全行业普及与应用电子客票，旅客第一次感受到"无纸化"对出行方式的改变以及民航服务品质的提升。电子客票实际上是对机票及购票凭证的"无纸化"，旅客在乘坐航班时无须提前获取并在值机时出示纸质机票。若出现旅客变更行程、航班延误等特殊情况，也无须再次打印纸质机票，为旅客和航空公司节约了时间成本，提高了出行便利性。

"无纸化"出行在为旅客带来便捷的同时，也大幅度提升了出行效率。首都机场3号航站楼24小时国际中转旅客信息采集区域启用自助采集通道，整合面部识别、出境航班关联等技术，自动完成旅客资料录入采集、身份核验和航班统计工作，将旅客通关时间缩短至10秒，旅客中转效率提升了3倍以上。

同时，"无纸化"变革也在不断丰富服务产品的内涵。例如，东航通过使用无源电子行李牌，在北京大兴机场实现了行李托运"无纸化"，并推出"行李送到家"等服务；深圳机场创新推广行李"门到门"、提取"无纸化"等应用，当旅客选择行李"门到门"服务并在行李完成托运时，系统将行李提取联信息转为电子版模式，通过机场小程序推送给旅客，旅客凭电子行李提取联即可完成行李提取核验工作。未来，行李"门到门"服务链条将越来越完善，旅客可选择的服务产品也将越来越多样化和个性化。

"无纸化"便捷出行能够节约旅客的时间成本，减少相关纸张和设施设备投资，减少碳排放，通过流程简化、效率提升推动整个行业生产方式的转型与升级。

（二）E-AWB 和 E-Freight

由于货运业务操作中涉及的海量文件，有时会出现信息不精确、丢失以及抄写错误等问题，IATA发起了两个主要的精简沟通流程的项目：电子空运提单项目（E-AWB）和电子货运项目（E-Freight）。

空运提单是托运方（直接托运方或货运代理）和航空公司之间的运载合同，其中一份会附在托运物品上。电子空运提单项目旨在使空运提单电子标准化。这些项目带来多种有利变化,包括提升航司和运输方/代理方的数据交换的精确度、质量与可靠性,降低流程处理成本,以及减少货物处理延误等,进而提升客户服务。

IATA 的电子货运项目是"简化商务"项目中的其中一项,旨在优化服务和降低成本,电子货运项目的目标是移除海关、运输、商业和特殊航空货物所需的文件,实现航空货运无纸化运营。在 IATA 的倡导下,该项目获得了全球航空行业的广泛支持,航空货运公司、货运代理、地面处理商、承运商和海关均参与其中。IATA 电子货运项目简化了航空货运流程,提高了效率和可靠性,同时降低了成本。电子货运实施之前全球平均货物运输时间为 6.5 天,实施后将节省一天的时间。据统计,中国每年有 700 万张主运单交易,货运销售额超 280 亿元,承运总重量 403 万 t,占全球货运市场的 10%。电子货运的全面实施将为中国航空货运业节省 4.2 亿元的文件处理费用,行业间接获益更高达 40 亿元。

四、附加服务

附加服务的定义是由航空公司直接卖给旅客,或者作为出行体验的组成部分间接卖给旅客的客票以外收入的服务项目,主要包括动态打包产品收入、销售产品所得佣金、常旅客运营服务收入、广告等其他收入以及可打包入产品组合或运价组合的产品项等。

Car Trawler(在线汽车租赁分销系统供应商)与 Idea Works Company(辅助收入咨询商)在对全球 109 家航空公司的年度财务数据分析报告中指出,2021 年全球航空辅助收入达到 658 亿美元,比 2020 年的 581 亿美元增长了 13.25%,但比疫情前 2019 年的 1095 亿美元减少了近 40%。2021 年全球航空辅助收入同比增长主要得益于消费者在自选菜单式服务和联名卡消费方面的稳定增长。不同于传统的客票销售收入,航空公司辅助收入的主要来源是航空公司常旅客计划里程销售收入和旅客乘机自选菜单式服务,以及与合作伙伴在酒店、租车预订等方面产生的手续费。

(一)国外航空公司附加服务

1. 常旅客服务

北美四大航空公司的辅营收入大部分来自常旅客运营,只有约四分之一来自其他产品,无论全服务航空公司还是低成本航空公司,传统的"全服务航空公司""低成本航空公司"的分类方法已经过时。前十大航空公司的辅营收入中常旅客收入占比高达 55%,如果只看美国四大航,则常旅客运营的收入占比更高达 76.5%。

常旅客收入主要来源于航空公司和银行的联名信用卡,其他收入来自向会员出售里程,或者向酒店、租车或零售合作伙伴出售里程,2022 年常旅客收入排名前 10 的航空公司如表 12-1 所示。

表 12-1 2022 年常旅客收入前 10 的航空公司

航空公司	常旅客收入/美元	每名旅客收入/美元 (按照旅客证件人数统计)	项目成员平均收入/美元 (按照运输量统计)
美国航空公司	2 890 000 000	30.32	25.13

续表

航空公司	常旅客收入/美元	每名旅客收入/美元 （按照旅客证件人数统计）	项目成员平均收入/美元 （按照运输量统计）
达美航空公司	2 800 000 000	39.92	21.37
美国联合航空公司	2 539 000 000	43.96	25.39
快达航空公司	546 456 696	59.36	40.48
加拿大航空公司	505 873 521	36.76	—
中国国际航空公司	217 372 058	3.16	3.19
北航航空公司	204 498 649	16.22	30.52
中国南方航空公司	168 570 590	1.74	3.44
蓝色海岸航空公司	164 235 885	11.10	13.03
俄罗斯航空公司	128 086 558	6.07	13.07

2. 自选菜单式服务

相比于北美注重常旅客服务，欧洲航空公司普遍更加注重自选菜单式服务，一些低成本航空公司甚至尚未提供常旅客计划，收入完全来自附加服务和销售其他旅游产品的佣金。例如，瑞安航空和易捷航空的辅营收入全部来自附加服务产品，精神航空97%的辅营收入来自附加服务。一些全服务航空公司的附加服务收入情况见表12-2。

表12-2 附加服务收入占比排名前10航空公司

排名	航空公司	2020年附加服务收入占比	2019年附加服务收入占比	2020年相较于2019年增长率
1	维兹航空公司	55.9%	45.4%	10.6%
2	精神航空公司	55.8%	47.0%	8.7%
3	墨西哥廉航航空公司	52.6%	45.0%	7.7%
4	忠实航空公司	51.8%	46.5%	5.4%
5	边疆航空公司	49.2%	43.6%	5.6%
6	沃拉里斯航空公司	42.9%	38.5%	4.4%
7	瑞安航空公司	36.7%	34.5%	2.2%
8	飞马航空公司	33.8%	26.4%	7.4%
9	越捷航空公司	33.4%	25.2%	8.2%
10	美国西南航空公司	27.9%	20.1%	7.8%

通过查阅Idea Works，部分国外航司的附加服务种类汇总如表12-3所示。

表12-3 国外航司的主要附加服务种类

航空公司	附加服务种类
法国航空/荷航集团	经济舱的各种座位选择；出发前已支付的升级费用；托运行李的额外津贴（提前或在机场）；进入休息室；机场的个性化服务（无人陪伴或未成年人）选项适用于青少年；旅游保险；汽车租赁；酒店预订；城市交通；持有票价的"思考时间"选项；城市游览

续表

航空公司	附加服务种类
芬兰航空	新的 SkyBistro 预订餐概念 Fresh&Tasty（在较短的欧洲航班上）和热餐（在更长的欧洲航班上）；座位和餐点配套；旅行取消保险；行李和登机手续捆绑；长途旅行的新产品选择；机上娱乐系统中的电子报纸（部分免费）；窄体机上；Wi-Fi 轻型经济舱票价；提前预订座位；升舱；额外行李托运
新加坡酷航	分配的座位费；提前登机；机上咖啡厅；呼叫中心预订；托运行李；基于佣金的产品；SIM 卡；入境签证；保险；酒店；机场接送；免税商品；经济套票；Fly、FlyBag 和 FlyBagEat；额外的腿部空间座位；额外的随身行李袋可额外提供 7 kgs 的重量（仅在 787 飞机上提供）；允许乘客封锁 1 或 2 相邻的座位可提供更多空间；新加坡机场休息室使用权和提早登机；通过移动应用程序机看电影；无线上网

附加服务的种类应该更加多元化，全球航空公司纷纷做出创新，只有创新才能获取更多收益。以瑞安航空的一项辅营创新为例，瑞安航空根据观察和数据分析发现，前 80 位登机旅客携带的手提行李就可能占满机舱内的行李架（一架 188~190 座的窄体飞机），因此创新性地推出"优先登机+2 件手提行李"的附加服务，并取得了很好的效果。瑞安航空把"优先登机+2 件手提行李"服务（价格不超过 12 欧元）当作一个尝试的平台。首先未购买该服务的旅客在安检排队时看到购买该服务的旅客快速进入安检形成心理落差；其次，如果未购买该服务的旅客带着手提行李，在登机口会被要求托运行李并收取 25 欧元的行李费；最后，瑞安还提供"10 kgs 托运行李+1 小件手提行李"的选项。以上策略灵活调整并组合运用使得"优先登机+2 件手提行李"的服务几乎在每个航班上都被抢购一空，这项服务给瑞安带来大量收入。

（二）国内航空公司附加服务

随着国外航空公司附加服务的大力发展，消费者可支配收入的提高以及航空运输业盈利空间的缩小，国内航空公司也逐渐意识到了附加服务的盈利潜质。早在 1990 年，我国航空公司就开始采用常旅客计划营销手段，它是我国航空公司最早开展的附加服务。以春秋航空为代表的低成本航空公司以低票价吸引价格敏感度较高的旅客，其辅助收入来源主要有付费选座、景点票价、超额行李、度假套餐、租车、酒店、机上餐食、贵宾休息室、机上 Wi-Fi 等。为了获取更多的利润，占领市场竞争优势，我国一些大型航空公司的关注点也逐步转向增值服务领域。中国东方航空认为为顾客提供多样化附加产品和服务是能够满足消费者个性化需求，增强企业竞争力的有效手段。随后，中国国际航空、南方航空、海南航空也接连尝试运营"优先选座""超额行李托运""机上餐食"等附加服务。

2018 年 10 月，天津航空宣布实行差异化服务，从最开始做减法，取消免费托运行李额和餐食，到随后做加法，优化多层级舱位的配套保障、推出定制化机上服务、多渠道升舱等服务；2019 年 1 月，桂林航空全面推出国内航班差异化服务，为购买不同类型客票的旅客提供不同额度的免费托运行李服务。2019 年 1 月，西部航空开始根据飞行里程实行逾重行李差异化收费。2019 年 3 月，乌鲁木齐航空在乌鲁木齐—武汉、乌鲁木齐—郑州、乌鲁木齐—西安三条航线试行差异化定制服务。除此之外，越来越多的航空公司正在将更舒适的乘坐空间、超级经济舱以及基本的选座服务作为辅营收入的常规来源。通过查阅 Idea Works 以及部分航空公司的官网，归纳附加服务种类如表 12-4 所示。

表 12-4　国内航司的主要附加服务种类

航空公司	附加服务种类
中国东方航空	付费休息室使用权；网上值机；预办登机；付费选座；机场接送；机上餐食；中转酒店；行李托运；逾重行李托运；地空联运；改签退票；机上 Wi-Fi；机上视频
中国国际航空	网上值机；预办登机；付费选座；机场接送；休息室预售；餐食；中转酒店；行李托运；地空联运；改签退票；视频；小动物运输；婴儿摇篮
中国南方航空	网上值机；预办登机；付费选座；休息室预售；餐食；中转酒店；行李托运；逾重行李托运；地空联运；改签退票；视频；婴儿摇篮；行动障碍；木棉童飞
春秋航空	机场接送；指定座位（商务椅，机舱前部，加长腿部空间）；景点门票；超重行李；假期套餐；酒店和租车预订；预购餐食；Spring Plus（在第一排的超腿空间），用餐和饮料，总计 25 kgs 行李限额，优先入住和登机，可获得 SpringPass 积分；旅行保险；贵宾休息室；在中国境外旅行的 Wi-Fi 上网网卡
西部航空	休息室预售；餐食；中转酒店；行李托运；逾重行李托运；行李退订；地空联运；改签退票
天津航空	网上值机；付费选座；休息室预售；餐食；行李托运；逾重行李托运；地空联运；改签退票
北部湾航空	休息室预售；餐食；行李托运；逾重行李托运；地空联运；改签退票
福州航空	网上值机；付费选座；餐食；行李托运；逾重行李托运；地空联运；改签；退票
长安航空	网上值机；付费选座；餐食；行李托运；逾重行李托运；地空联运；改签；退票；中转酒店

第二节　民航客货运输技术新发展

一、新分销能力

新分销能力（new distribution capability，NDC）是 IATA 力推的一项分销标准，目的是使用一套统一的通信标准 XML messages（extensible markup language messages，可扩展标记语言信息），以便航空公司在更广的分销渠道上能够实时精准地为客户提供更多的产品和服务选择。

（一）NDC 由来与发展

一直以来，航空公司主流分销模式是向第三方（如 OAG、ATPCO 等）提供航班时刻（schedule）和票价（fare）信息，各全球分销系统供应商（GDS）根据第三方数据库信息，结合与航空公司交互的库存座位信息（availability，有效的）来打包产品，各旅行代理人使用 GDS 进行分销。这种模式下，主要存在如下四方面的弊端：航空公司分销渠道单一，集中在境外 Amadeus、Sabre、Travelport 及国内 Travelsky 等几大 GDS；分销产品受限，主要为机上座位运价产品，即传统意义上的"卖机票"；与终端客户缺乏互动，往往最后才知道谁购买了怎样行程的机票，不了解客户行为特征和偏好；分销成本高，据统计，全球航空公司每年支付的 GDS 订座费高达 70 亿美元。同时，对旅客来说，也存在如下三个方面问题：选择产品时不透明，无法直接获取航空公司的销售价格和销售政策；消费成本高，要花时间和精力比较各航空公司产品价格与属性；购买体验差，不能量身定制适合自己的产品和服务。

随着电子商务的发展，航空公司销售能力尤其是直销能力得到快速提升，亟须在行业低利环境下开源节流，有效解决产品同质化严重和过分依赖价格竞争的问题。同时航空公司对通过销售附加服务（ancillary service）为旅客提供精准、丰富的产品组合来增加收入的需求愈发强烈。

针对这种情况，IATA 于 2012 年秋季提出了 NDC 解决方案，旨在制定一套统一的技术标准，提供行业通用的数据交互格式，使得航空公司能够应用动态产品分销模式，强化与它们的终端客户、分销商及旅行代理等其他第三方的实时信息交互，在所有销售渠道（含直、分销）上根据旅客旅行需求智能精准地展示航空公司的产品，创造便捷的购买体验。

2013 年春季，IATA 向美国交通运输部提交了 NDC 数据传送标准计划——787 决议。2014 年 8 月，美国交通运输部批准了 787 决议。这一 NDC 基础性文件的获批，标志着实施新分销标准的 NDC 进入推广应用阶段。

2015 年初，IATA 公布了 2014 年 NDC 试点项目的进展和 2015 年实施计划，美联航、加拿大航、卡塔尔航、瑞士航空及中国南方航空等均参与了 NDC 计划的试点应用。

从 NDC 发展历程可以看出，行业实施统一标准是大势所趋，但也要看到，伴随着 NDC 标准的推行，行业相关利益方的顾虑与质疑一直不断。对于航空公司来说，要充分了解 NDC 这个新标准的内容，积极参与到行业规则制定中，有的放矢地调整业务模式，通过制定切实可行的实施计划来拓展自身直、分销能力。

（二）NDC 解析

NDC 标准下航空公司直、分销渠道销售模式如图 12-2 所示。

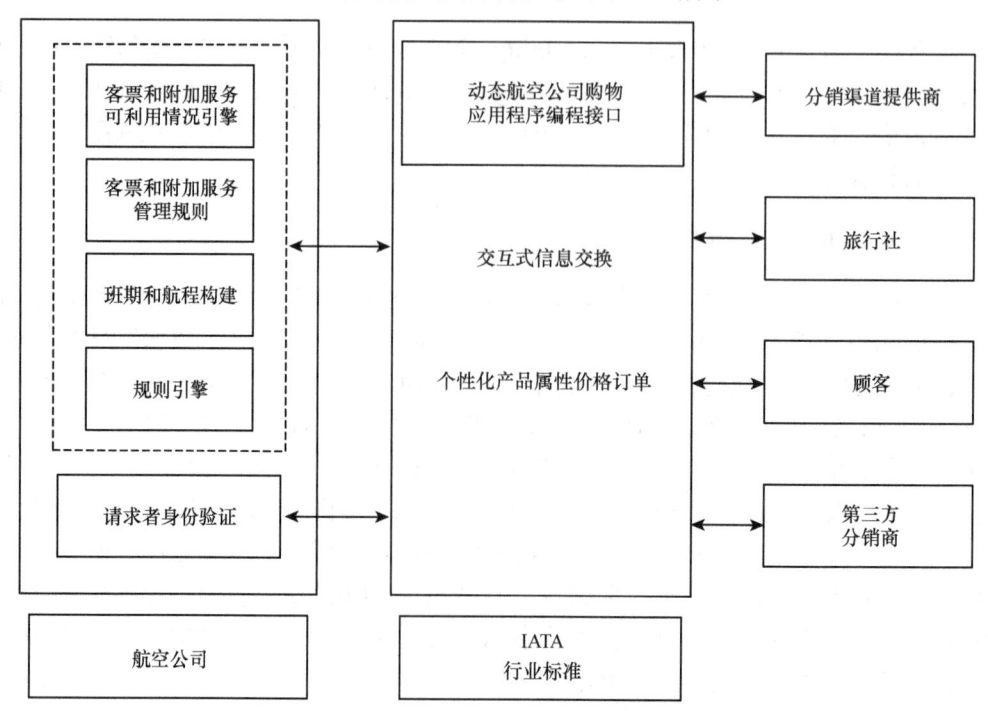

图 12-2 NDC 标准下航空公司直、分销渠道销售模式示意图

如图 12-2 所示，IATA 确立 NDC 数据交互行业标准，航空公司向它们希望的所有销售渠道，如航空公司直销网站、GDS、旅行代理、OTA、差旅管理公司、元搜索引擎等分销渠道供应商开发并提供动态航空公司购物应用程序编程接口（dynamic airline shopping application programming interface，DAS API）。分销商使用 NDC 标准与各航空公司对接，向 DAS API 提交旅客购买申请（request）。航空公司根据申请中的购买需求，基于申请方的身份验证（authentication）信息，整合航程、时刻、座位、票价、附加服务产品以及适用规则来决定提供（offer）什么样的产品和服务，再通过 DAS API 回复申请，并在销售完成后实施订单（order）管理。简而言之，就是要实现在尽可能广的渠道向旅客实时提供精准的产品和服务，并创造便捷的购买体验。

（三）NDC 标准下具体购买服务流程

1. 验证与购买

来自直销或分销渠道的购买申请经由 DAS API 提交给航空公司，航空公司根据接收到的申请信息，完成身份验证，展示产品和服务。

此过程中数据交互包括申请提交者（分销商）信息，如航协号、电子预订服务商号码、公司或组织标识等；旅客信息，如姓名/年龄/婚姻状况、联系方式、常客号码、国籍、购买历史等，以及销售点、旅行日期、航程、公务或休闲旅行类别、旅客种类与人数、航程类别等其他属性数据。航空公司针对购买查询回复的产品展示信息，如申请 ID、产品描述、可选附加服务清单、优惠折扣、产品可用性提示（如剩余座位数）、促销代码与折扣、产品使用条款、使用期限等。经过不止一次的上述查询—回复交互后，购买申请最终确认，进入订单处理流程。

2. 订单处理

直销、分销渠道确认购买，生成订单并完成支付。航空公司后台创建预订记录（PNR），回复确认运输凭证（ET、EMD），完成交易。

此过程包含以下数据交互：旅客详细信息，如姓名、地址、出生日期、性别、常客号码、特殊服务申请、支付信息等；旅行文件信息，如订单 ID、电子客票（e-ticket，ET）、电子杂费单（electronic miscellaneous document，EMD）、产品与服务使用条款、法律声明等。

3. 变更处理

直、分销渠道申请对已确认订单进行变更、增减或退款，航空公司根据产品服务条款修改订单并回复申请。该流程主要交互身份验证、原购买申请、订单变更处理等相关数据。

NDC 标准规定在上述三个流程中，均需遵守：直销、分销渠道与航空公司的申请—应答对话均经由 DAS API 实现；使用 XML 作为与 DAS API 传输数据的标准；旅客旅行与机场服务相关数据须遵守 IATA 783 决议的旅客机场数据交互标准；若产品服务中涉及与外航联运，航空公司与外航交互的订座和出票数据须遵照行业标准，如 UN EDIFACT、

AIRIMP 标准；旅客个人信息（包括支付信息）的传输、留存及使用必须在双边或多边协议下遵守政府隐私法律条款。

二、动态定价

基于 NDC 等技术的发展与推广，民航旅客运输业务的处理与过去相比正在发生着变化，动态定价就是其中一个方面。

动态定价通常被认为是以不同的价格销售同样产品的能力。实际上，它是一整套根据各种标准实时动态定价的策略集合。起初，航空公司的票价受到管制，所以票价一般是固定的。这种固定定价方式意味着航空公司的收益将减少，比如有些人虽然有购买客票的需求，但因票价太高而放弃；还有一些人愿意而且有能力多付钱选购座椅，但航空公司没有提供该产品。为应对这一问题，航空公司转向了动态定价策略。根据市场需求的历史记录，航空公司在销售周期的不同时段对不同的客户群采取不同的客票价格营销策略，可以有效避免某些购买需求被遗漏，同时能够确保价格与市场的平均支付意愿相一致，但传统的分销标准限制了航空公司能够营销的价格范围以及改变这些价格的速度。结合更多可升级技术的 NDC，意味着航空公司将能快速基于数据驱动策略提供无限制的价格点营销方式，这能使航空公司的收益得到更大提升和进一步优化。基于此，目前航空公司可以依据不断呈现出个性化特点的旅客需求进行个性化定价，如依据每位旅客对每种产品愿意支付的价格水平进行定价。当市场需求较弱的时候，航空公司不再给每位旅客提供相同的折扣，而是提前对旅客的购买意愿进行预测，并据此对旅客进行个性化定价。该种定价方式能够避免收益流失，同时也更有效地提升了额外需求。到目前为止，许多航空公司已经开始利用一些技术手段将客户群体分类、细化并进行营销，比如系统可以根据旅客所处的情况确定旅客目前属于哪个群体。领先的网络零售商已经利用人工智能技术完成向高度个性化营销的转变，即"单个分组"营销，该技术利用数据为每个客户创造科学的、独一无二的分组，然后根据分组提供个性化的营销和产品推荐。

三、民航货运新技术的应用

（一）线上平台的发展

为应对客户们日益增长的货运需求，大型货运航空公司通过发布线上预订平台来提升透明度，如汉莎货航（My Air Cargo）。这表明了新的直接预订渠道的到来：不仅报价能立刻显示并实时更新，预订和支付流程也更加便利，客户甚至可以得到"门到门"的服务（包括海关处理手续）。对于希望快捷且省钱地发送任何个人物品的 B2C 客户，航空货运成为一种选择，因为航空货运可能在特定时间段内找到最低价格并确认物品类型和特定的运送要求。

与此同时，线上货运市场不断发展。新秀公司 Hangar A 可以根据出发及目的地机场、运输类型、货物的体积和重量、相关的装运设备选项以及特定价格提供美国国内市场的动态智能航线和报价。类似于线上旅游代理商，这些新数字平台实现了提供方可用时段和价格的清晰对比。其他如 Fleet 或 Cargobase 这样的平台简化了选择货运代理的流程，托运方可以线上提交运输细节，然后接受货运代理的竞标。相比需要给各个货运代理打电话沟通的传统流程，这种方式更容易实现竞价。虽然仍处于发展初期阶段，但这些互联网门户被视为传统货运代理的重新洗牌人。不过，这些平台还远不足以挑战货运代理的角色。货运代理在价值链，包括清关、文书处理、短期储存、最后运送等，仍处于无可撼动的地位。

（二）物联网的应用

物联网和先进分析等新技术应当成为改变航空货运行业的驱动力。物联网能够加速货物处理进程、提升精确度并在货物丢失时进行追踪定位。物联网应用包括预测性维护、路线选择和资产管理优化或对敏感保健物品与动物等的温度监控。一些航空公司已经在这些领域开展了相关项目，比如加拿大航空为货运安装无线射频识别传感器（温度和湿度传感器），以提升客户体验，同时有助于确保在管制条款变化的情况下一直合规。另外，IATA 正在利用交互货运项目（interactive cargo project）推动航空货运现代化。交互货运项目旨在于进一步利用新技术，以追踪和监控货物。这个项目的推广凭借智能系统实现自助检测、发送实时警报、回应偏差以满足客户预期，同时报告货运流程。

（三）商业智能优化运力利用和收益管理

商业智能优化运力利用和收益管理指货物运力与航空公司可售卖的空间相对应，因此和货运收益直接相关。但相比客运，货运预测更为复杂，原因如下：需求波动大、飞机腹舱运力不确定（取决于跑道、天气、客舱人数、装载的燃油）、维度多（取决于流量、重量、集装箱配置）、可选的路线计划多、运输流不对称、预订时期非常短等，需要有强大数据分析解决方案的支持。先进分析基于过去的行为和最近趋势提供可用运力预测与需求预测，同时给出一个市场价格分割以及相关竞价，从而提供可接受的最低价格。一些货运航空公司已经实施了类似货运收益管理系统的商业智能解决方案，以优化货物运力利用和收益管理。

第三节　民航客货运输管理新发展

一、民航客货运输的多业态融合发展

（一）多业态融合的含义

产业融合是技术革命和经济全球化双重作用的结果，是生产力进步和产业结构高度化的表现。产业融合以企业业态为核心，强调主体产业通过跨渠道、跨行业的方式进行转型升级。产业融合是时代发展中必经的过程，它涵盖了文化、艺术等日常生活中的各行各业。随着第三次科技革命的升级和各企业跨行业、跨产业的兼并重组形式创新，各产业的分界线变得模糊化，继而逐渐形成全新的业态融合型产业体系。当前国内外不同学者对产业融合的认识程度不同，但定义都趋于同一个点，即多个产业或者行业间实现

资源整合，以加强彼此的合作关系，主要表现为渗透性、交叉性、重组性三大特征。

目前，民航业也不断进行多业态融合的尝试。例如，航空与餐饮业融合，航空餐食即民航飞机在航程中供应给乘客的餐饮，它也是处于最表面的服务，也最容易被旅客所认知与评价。航空配餐行业是民航运输的保障支持性产业，拥有"临空经济"特有的行业垄断优势。人们日益增长的航空出行需要，已经逐步体现在旅客对机上餐食服务的高度关注和期待上。因此旅客对机上餐食需求的差异化趋势迫使航食公司在改善餐食服务方面不断推陈出新。航空与旅游业融合，旅游产业属于航空关联产业，得益于机场的全球易达性和人流集散中心等特征，国际上航空产业发展较成熟地区的旅游产业，与一般区域的产业发展模式存在较大差异。一般区域旅游产业主要依托当地旅游资源吸引游客，成为旅游目的地，服务对象多样性、产业结构较为松散；但是航空发达区域旅游产业主要集中在该产业价值链高端，市场细分明确，产品服务主要定位于为高端商务及旅游旅客提供旅游服务，能够完成区域旅游资源的整合，充当资源配置中心，位于整个旅游产业链最高端。

（二）民航多业态融合产品示例

1. 航空+旅游的业态融合

随着旅游方式的转变和旅游客户群体及消费习惯的转变，我国旅游产业进入黄金发展期，中国航旅市场面临新的机遇和挑战。据 IATA 预测，2036 年全球航空客运量将达到 78 亿人次，接近 2017 年（40 亿人次）航空客运量的两倍。2024 年 12 月 19 日，空中客车发布《2024—2043 年全球航空服务市场预测报告》，报告显示中国民用航空服务市场将在未来 20 年超越北美和欧洲，成为全球最大的航空服务市场。大数据与人工智能等技术能够串联起"吃住行游购娱"各个环节的销售服务体系，实现对旅客的识别和精准画像，打造线上线下一体的销售+服务网络。

例如，海航旅业利用自身经济优势进行了如下创新探索：海航旅业为消费者提供"航空、酒店、旅游、食品"全产业链产品服务，借助不同环节的核心产品连通整个航旅产业链打造世界级卓越全球旅行生活方式运营商，在塑造品牌价值的同时，带动上下游不同环节的产品销售。强化航旅特色优势，推动业务协同、优势互补和价值延伸，实现旅游产品和服务全面升级。海航旅业将金融业与传统航旅产业结合，发展出旅游金融、投资理财等新型航旅产品，激发旅游产业的潜力，解决市场痛点，拓展新的市场需求，推动市场占有率的增长。海航将以移动互联为支持创造开放旅游生态圈。在互联网信息时代的大背景之下，海航旅业将"互联网+"的概念与航旅融合，打造线上线下结合的新型航旅产品，以新的产品形式开拓更为广阔的空间。

另外，近年来，我国红色旅游蓬勃发展，旅客规模不断扩大，逐渐成为一项全国关注、全民参与、全面兴起的旅游形态，不仅为旅游市场也为航空市场带来了新的巨大增长空间。目前，"航空+红色"旅游的合作模式主要有三种，一是航空公司与高铁合作，如中国东方航空与国铁联运，旅客可乘坐高铁经上海中转至嘉兴，经西安中转至延安，经长沙中转至湘潭、韶山等航空出行不便的红色地区。二是航空公司与红色景区景点合作,如天骄航空与兴安盟开发红色研学项目。三是航空公司与OTA、旅行社合作,如湖南航空与同程旅行联合设计"机+红色主题游"产品,中国南方航空、深圳航空与旅行社合作推出"红色旅游定制服务",共同为旅客提供红旅解决方案。

2. 机酒套餐

机酒套餐是机场公司和酒店公司的联合套餐业务,即购买一张飞机票,附送指定酒店的住宿服务。这可以满足商务、旅客的中转需求,提供"机票+酒店"的一站式服务,同时提高航班的载运率和机场附近酒店的入住率。

当前机酒套餐包括"自由组合票"和"机票+酒店固定套餐"两种形式。海南航空整合亚特兰蒂斯酒店等海南优质酒店资源,打包特价机票,为家庭旅客提供丰富、价优的"机+酒"套餐产品。此外,为免去旅客出行选择焦虑,天津航空推出的"机+酒"产品,已覆盖全国23个城市,不仅实现一次性购买国内机票和星级酒店服务,而且机酒套餐比单买最高立省30%,旅客可以在官网与官方微信服务号预订,可实现"哪便宜去哪儿、何时便宜"的智能搜索,为旅客挑选性价比最高的目的地。

3. 航空物流+制造

航空物流产业链条长,涉及不同市场主体、交通方式,需要加强内外协同、多元融合。一是要加强物流交通方式融合,重点要加快民航与公路、铁路等物流标准信息的对接,推动完善多式联运体系,提升综合运输效能。二是要促进产业融合,需要适应生产变革与消费升级需要,着力推动航空物流与先进制造业、跨境电商、冷链等业态融合,支持物流企业与制造企业合作,满足关键产品等战略物资运输需求,构建产业链、供应链、价值链协同发展的服务体系。三是促进生态融合,重点推进航空物流企业与链条上下游企业建立合作机制,促进航空物流企业实现规模化、网络化、专业化运营,打造多方共赢的良性生态圈。

空铁、空陆联运将是航空物流发展的重要趋势,空中物流网络与地面物流网络通过线路互补、货源互补,有效提升物流需求,提高运营效率,扩大腹地范围,实现服务一体化。但是,目前各种运输方式使用不同的运单,无法实现"一单到底",在一定程度上影响了航空货运的物流运输效率。未来应积极推动航空物流操作标准、信息标准等建设,早日实现多式联运"电子化"和"一单制"。

"航空物流+制造"等多元产业融合将成为提升行业竞争力的重要举措。伴随新一轮产业革命,全球产业布局和全球供应链格局均将发生重大调整。作为生产性服务业的重要组成,航空物流业将在提升制造业核心竞争力方面发挥更加重要的作用,将进一步驱动航空物流业与制造业深度联动融合发展。航空物流企业将通过输出上下游供应链一体化的解决方案等,实现制造、流通和消费的无缝对接,培育具有国际竞争力的全球供应链体系,这将成为航空物流业和制造业深度联动融合发展的核心。

二、绿色低碳与可持续发展

目前,生态环境顶板效应日趋显现,传统粗放发展模式难以为继。民航运输业作为资源密集型行业，是构建低环境负荷系统的重要领域。中国民用航空局已正式向 IATA 提交《2022 中国民航绿色发展政策与行动》，主要目标包括到 2025 年，吨公里油耗达到 0.293 kgs，吨公里二氧化碳达到 0.886 kgs，可持续航空燃料 5 年累计消费达到 5 万 t 等；到 2035 年，绿色低碳循环发展体系趋于完善，运输航空实现碳中性增长，机场碳排放逐步进入峰值平台期，成为全球民航可持续发展的重要引领者。

在向绿色化、低碳化、生态化发展方式转型的过程中，航空公司也在不断推出新的举措推进碳达峰目标、碳中和愿景的实现，全面落实绿色发展理念。例如，国泰航空推出"飞向更蓝天"碳抵消计划的空运方案，旨在带领亚洲航空业为可持续发展出一份力，并期望与客户一起推广可持续的航空货运。在该方案中，国泰航空设立了碳排放计算器，可以令严谨而复杂的计算过程变得直接而简便，以满足客户的需求，同时将有助国泰航空兑现于 2050 年前达至净零碳排放以应对气候变化的承诺。新推出的碳排放计算器让客户通过简单的步骤即可算出货运所产生的二氧化碳排放量及抵消的成本。客户可计算购买碳排放抵消量，精心挑选的碳抵消项目。这些高质量碳抵消项目均已通过"黄金标准"（gold standard）认证，确保项目能确实减少碳排放，同时为当地社会和发展带来裨益。碳排放计算器与全力推广和采用的可持续航空燃油相辅相成，客户可通过一系列获得认证的减排项目灵活地抵消其碳排放量。

参 考 文 献

赖怀南, 彭巍, 陈彦华. 2008. 货物运输业务教程. 北京: 中国民航出版社: 235.
李智, 白军成. 2022. 基于分解集成的航空货运需求区间预测研究. 计算机应用研究, 39: 2773-2778, 2784.
林彦. 2017. 民航配载平衡理论与实务. 北京: 旅游教育出版社: 253.
莫辉辉, 胡华清, 王姣娥. 2017. 中国货运航空企业发展过程及航线网络演化格局. 地理研究, (8): 1503-1514.
漆春华. 2012. 民航与高铁的技术经济特征的比较分析. 空运商务, (23): 7-12.
史进. 2015. 我国航空货运物流面临的挑战及应对策略. 对外经贸实务, (6): 85-88.
孙瑞芬, 吴群琪, 彭志敏, 等. 2018. 旅客出行成本测度研究. 价格理论与实践, (3): 79-82.
万青, 张辉, 郭玉涛. 2015. 飞机载重平衡. 2版. 北京: 中国民航出版社: 263.
王吉寅, 张桥艳. 2017. 民航货物运输. 重庆: 重庆大学出版社: 267.
王培良. 2006. 我国交通运输行业价格走势分析. 综合运输, (11): 59-62.
吴金燕, 李宁海, 赵义馨, 等. 2024. 我国民航客运碳排放因子及影响因素研究. 北京交通大学学报, (1): 159-166, 175.
徐公达, 石丽娜. 2003. 航空旅客运输管理. 北京: 航空工业出版社: 157.
徐玉巧, 田连升. 2007. 浅谈不同运输方式的土地占用. 交通与运输（学术版）, (1): 118-120.
闫妍, 张锦, 唐秋宇, 等. 2021. 航线联盟下航空货运网络枢纽点选址问题研究. 运筹与管理, 30: 64-72.
杨君. 2022. 中国交通运输业碳排放测度及减排路径研究. 南昌: 江西财经大学.
张根岭, 郎德琴. 2019. 民航旅客运输. 北京: 中国劳动社会保障出版社: 135.
赵凤彩, 陈玉宝. 2009. 民航运输质量管理. 北京: 中国民航出版社: 251.
赵桂红, 崔悦, 冯迪, 等. 2020. 我国航空旅客对附加服务选择行为及实证研究. 系统工程, 38: 149-158.
赵桂红, 马晨傲, 赵巧同, 等. 2023. 考虑收益的航空升舱服务产品动态定价方法. 交通运输系统工程与信息, 23: 76-84.
赵桂红, 宁慧慧. 2024. 基于LDA主题模型的航班延误服务补救意见识别研究. 经营与管理, (3): 13-20.
赵桂红, 秦臻, 李建伏. 2020. 航班延误后多航班间车辆调度优化算法和实现. 重庆交通大学学报（自然科学版）, 39: 5-9, 17.
赵桂红, 王典, 邓珺怡. 2020. 航空客票退票费动态定价方法研究: 基于效用均衡理论的阐释. 价格理论与实践, (1): 139-142.
赵桂红, 杨文君. 2022. 航空公司会员营销对提升旅客效用的研究: 基于旅客对华夏航空付费会员购买意愿的分析. 价格理论与实践, (12): 128-131, 202.
Al-Hilfi S, Yu H, Loskot P. 2023. Baggage dissociation for sustainable air travel: design study of ground baggage distribution networks. Transportation Research Interdisciplinary Perspectives, 18: 100797.
Bombelli A, Santos B F, Tavasszy L. 2020. Analysis of the air cargo transport network using a complex network theory perspective. Transportation Research Part E: Logistics and Transportation Review, 138: 101959.
Feng B, Li Y Z, Shen Z J M. 2015. Air cargo operations: literature review and comparison with practices. Transportation Research Part C: Emerging Technologies, 56: 263-280.
Hsiao C Y, Hansen M. 2011. A passenger demand model for air transportation in a hub-and-spoke network. Transportation Research Part E: Logistics and Transportation Review, (6): 1112-1125.

Marschak J. 1960. Binary choice constraints on random utility indicators. Cowles Foundation Discussion Papers: 297.

Tseremoglou I, Bombelli A, Santos B F. 2022. A combined forecasting and packing model for air cargo loading: a risk-averse framework. Transportation Research Part E: Logistics and Transportation Review, 158: 102579.

Zhao G H, Cui Y, Cheng S Y. 2021. Dynamic pricing of ancillary services based on passenger choice behavior. Journal of Air Transport Management, 94: 102058.

Zhao G H, Pan D Y. 2020. A transportation planning problem with transfer costs in uncertain environment. Soft Computing, 24: 2647-2653.

附录：相关代码

附表 A　主要机场代码

三字代码	城市名称		三字代码	城市名称	
BJS	Beijing	北京	MEL	Melbourne	墨尔本
SHA	Shanghai	上海	ADL	Adelaide	阿德莱德
CAN	Guangzhou	广州	AKL	Auckland	奥克兰
CGO	Zhengzhou	郑州	LON	London	伦敦
TSN	Tianjin	天津	FRA	Frankfurt	法兰克福
SHE	Shenyang	沈阳	HAM	Hamburg	汉堡
CGQ	Changchun	长春	MAD	Madrid	马德里
HRB	Harbin	哈尔滨	BCN	Barcelona	巴塞罗那
JIL	Jilin	吉林	PAR	Paris	巴黎
DLC	Dalian	大连	MOW	Moscow	莫斯科
WUH	Wuhan	武汉	BRU	Brussels	布鲁塞尔
HET	Hohhot	呼和浩特	CPH	Copenhagen	哥本哈根
SHP	Qinhuangdao	秦皇岛	OSL	Oslo	奥斯陆
TAO	Qingdao	青岛	STO	Stockholm	斯德哥尔摩
HKG	Hong Kong	香港	AMS	Amsterdam	阿姆斯特丹
MFM	Macao	澳门	RTM	Rotterdam	鹿特丹
TPE	Taipei	台北	ROM	Rome	罗马
TYO	Tokyo	东京	ZRH	Zurich	苏黎世
OSA	Osaka	大阪	BUH	Bucharest	布加勒斯特
SEL	Seoul	首尔	CAI	Cairo	开罗
SIN	Singapore	新加坡	ADD	Addis Ababa	亚的斯亚贝巴
MNL	Manila	马尼拉	NBO	Nairobi	内罗毕
BKK	Bangkok	曼谷	CPT	Cape Town	开普敦
DAC	Dhaka	达卡	JNB	Johannesburg	约翰内斯堡
KUL	Kuala Lumpur	吉隆坡	WAS	Washington	华盛顿
KHI	Karachi	卡拉奇	NYC	New York	纽约
ISB	Islamabad	伊斯兰堡	SFO	San Francisco	旧金山
BOM	Mumbai	孟买	MIA	Miami	迈阿密
DEL	Delhi	德里	LAX	Los Angeles	洛杉矶
DXB	Dubai	迪拜	YTO	Toronto	多伦多
SYD	Sydney	悉尼	YMQ	Montreal	蒙特利尔

续表

三字代码	城市名称		三字代码	城市名称	
MEX	Mexico City	墨西哥城	SCL	Santiago	圣地亚哥
RIO	Rio De Janeir	里约热内卢	HEL	Helsinki	赫尔辛基
SAO	Sao Paulo	圣保罗	LED	Saint Petersburg	圣彼得堡
LIM	Lima	利马	KTM	Kathmandu	加德满都
CCS	Caracas	加拉加斯	NGO	Nagoya	名古屋
LPB	La Paz	拉巴斯	STR	Stuttgart	斯图加特
BUE	Buenos Aires	布宜诺斯艾利斯			

附表 B　主要国家和地区及货币代码

国家或地区代码和名称		货币代码	国家或地区代码和名称		货币代码
CN	中国	CNY	BE	比利时	EUR
HK	中国香港	HKD	DK	丹麦	DKK
MO	中国澳门	MOP	NO	挪威	NOK
TW	中国台湾	TWD	SE	瑞典	SEK
JP	日本	JPY	NL	荷兰	EUR
KR	韩国	KRW	IT	意大利	EUR
SG	新加坡	SGD	CH	瑞士	CHF
PH	菲律宾	PHP	RO	罗马尼亚	RON
TH	泰国	THB	EG	埃及	EGP
BD	孟加拉国	BDT	ET	埃塞俄比亚	ETB
MY	马来西亚	MYR	KE	肯尼亚	KES
PK	巴基斯坦	PKR	ZA	南非	ZAR
IN	印度	INR	US	美国	USD
AE	阿拉伯联合酋长国	AED	CA	加拿大	CAD
AU	澳大利亚	AUD	MX	墨西哥	MXN
NZ	新西兰	NZD	BR	巴西	BRL
GB	英国	GBP	PE	秘鲁	PEN
DE	德国	EUR	VE	委内瑞拉	VEF
ES	西班牙	EUR	BO	玻利维亚	BOB
FR	法国	EUR	AR	阿根廷	ARS
RU	俄罗斯	RUB			